一本书读懂
法律常识

南湖法客◎著

天津出版传媒集团

天津人民出版社

图书在版编目（CIP）数据

一本书读懂法律常识 / 南湖法客著 . -- 天津 ： 天
津人民出版社，2021.6
ISBN 978-7-201 17371-9

Ⅰ．①一⋯ Ⅱ．①男⋯ Ⅲ．①法律－基本知识－中国
Ⅳ．① D92

中国版本图书馆 CIP 数据核字（2021）第 098818 号

一本书读懂法律常识
YIBENSHU DUDONG FALÜCHANGSHI

出　　　版	天津人民出版社
出 版 人	刘　庆
地　　　址	天津市和平区西康路 35 号康岳大厦
邮政编码	300051
邮购电话	（022）23332469
电子邮箱	reader@tjrmcbs.com

责任编辑	王昊静
策划编辑	汲鑫欣
监　　　制	马剑涛
特约编辑	吴海燕
装帧设计	装帧设计

印　　　刷	众鑫旺（天津）印务有限公司
经　　　销	新华书店
开　　　本	710 毫米 ×1000 毫米　　1/16
印　　　张	15
字　　　数	170 千字
版次印次	2021 年 6 月第 1 版　　2021 年 6 月第 1 次印刷
定　　　价	42.00 元

序 言

刚刚过去的2020年是极不平凡的一年。全民投入到了疫情防控之中，每个人都戴着口罩，凭借健康码继续正常的生活。与此同时，法治建设取得了重大进展。2020年5月28日，全国人大审议通过了《中华人民共和国民法典》，自2021年1月1日起施行——这是我国法治事业的一座重大里程碑!《民法典》是一部固根本、稳预期、利长远的基础性法律，是公民权利的百科全书。此外，《刑法修正案（十一）》颁布，新《证券法》生效实施，最高人民法院全面清理民事司法解释，对公民的生活往来都产生着重要影响。

随着人民收入和生活水平的不断提高，大家的钱包鼓起来了，知识和见识不断丰富，投资理财、大额消费和房产买卖已不再是极少数人的专利，成为不少居民日常生活的有机组成部分。老百姓对法律的需求也在升级，很多人已经不再满足于初级、浅显的法律常识，而是希望了解具有一定专业性的法律知识，特别是在上述财产专业领域，熟悉并掌握相应的法律规则，对于一名合格的理财人而言是非常必要的。

我们写作本书的宗旨，就是为新时代的社会大众提供一份兼具普及性和专业性的优质法律公共产品。本书围绕婚姻家事、债权债务、住房物业、消保侵权、劳动者权利、投资理财等主题，精心选取了公众最关心、生活中最重要的二十八个法律专题，深度解说立法原理、适用规则以及风险防范事项，提供协议范本，并配备根据真实案例改编的"以案说法"专辑。我们希望通过自己辛勤而有价值的案头工作，将专业的法律原理和规范转换成通俗易懂的语言，传播给社会大众，帮助您真正理解法律以及法律文本内在的基本原理，从而更好地打理家庭"储钱罐"，保障自身权益。

本书作者"南湖法客"，是由两名检察人和两名律师共同组成的作者团队。我们既是曾经在南湖之畔一起求学的同窗好友，更是属于同一个法律共同体的工作者。在传统思维里，检察机关似乎主要从事刑事业务，和民商法相关度有限，但在"四大检察"协同共进的今天，检察人同样担负着贯彻《民法典》、依法保护人民财产权益的任务，也希望本书能够改变社会上对检察机关及检察官的一些刻板印象。律师则是人们打交道最多的职业法律人，他们在法律咨询、争议解决等方面有着丰富的经验。我们也希望通过本书，促进法律共同体内部的互动交流，从而能够为社会提供更加优质的法律服务。

朱鹏锦

2021年1月于上海

目 录

第一章

结婚与离婚

第一节　六礼之事俱备，周公之仪始成
——彩礼及其返还问题

【关键词】彩礼性质　彩礼返还　返还条件

【引人入胜】

在中国古代，确立婚姻关系固然需要"父母之命，媒妁之言"，但除此之外，还有几项必备的仪式，合称为"六礼"，即纳采、问名、纳吉、纳征、请期、亲迎。汉代的秦嘉在《述婚诗》中写道："敬兹新姻，六礼不愆。"意思是说，婚姻大事不能草率，一切礼仪都必须认真对待。"六礼"中的"纳采"和"纳征"就是男方向女方送聘金，也就是我们今天要探讨的彩礼问题。

【条分缕析】

一、彩礼的性质和认定

（一）彩礼的性质

彩礼作为我国婚嫁习俗之一由来已久，寄托着男女双方家庭对于即将缔结的婚姻的美好愿望。但是如果处置不当，彩礼问题很容易引发家庭纠纷。我国并未明确界定彩礼的法律含义。结合彩礼的固有内涵，并充分尊重民间形成的婚嫁习俗，一般认为彩礼是以缔结婚姻为目的的男女双方或者双方家庭，依照当地风俗给予对方或者对方家庭的较大额财物。所以，一方为了结婚而产生的花销，比如办酒宴等的花费，虽然也是为了缔结婚姻，但是不能认定为彩礼，因为它不是直接给付另一方的财物。

就法律性质而言，彩礼是一种附条件的赠予，是一种具有强烈人身属性的财产关系。彩礼所附的条件应当是男女双方以缔结婚姻为目的，也就是说，给付彩礼是以双方进行结婚登记和共同生活为目的的。如果男女双方进行了结婚登记并且共同生活，那么这种赠予是有效的；如果男女双方没有进行结婚登记或者没有共同生活，那么赠予的一方可以要求对方返还彩礼。

（二）彩礼的认定

那么，如何判断给付的财物是不是彩礼呢？根据最高人民法院《关于适用〈中华人民共和国民法典〉婚姻家庭编的解释（一）》的规定和立法精神，只有满足一定的条件，才能认定为彩礼，进而才属于司法解释规定的返还的范畴。综合来讲，判断一方在婚前给付另一方的财物是否属于彩礼，主要从习俗、目的、价值三项要素来考虑。

1. 当地是否确实存在给付彩礼的习俗

实践中，认定一方给付另一方的财物是否属于彩礼的前提条件是：当地是否有给付彩礼的习俗。如果你去法院起诉，要求对方返还彩礼，那么法院在结合个案具体情况的基础上，会审查男女双方或者收受财物的一方所在地的实际情况，明确是不是确实存在一般条件下，给付彩礼才能缔结婚姻的习俗。如果彩礼习俗确实存在，那么就满足了认定彩礼性质的第一步；如果审查后确定当地并不存在该习俗，那么给付的财物就不能认定为法律意义上的彩礼，不能适用彩礼返还的规定，只能按照赠予进行处理。需要注意的是，按照举证责任的分配原则——谁主张，谁举证，所以向人民法院主张要求返还彩礼的一方应当证明当地确实存在给付彩礼的习俗。

我们以张章和李莉的结婚彩礼为例。①张章和李莉都住在合州县，该县自古以来就存在男方给付女方彩礼的习俗，那么张章为了结婚，按照习俗给李莉家的财物就认定为彩礼。②张章住在合州县，李莉住在三阳县，三阳县有给付彩礼的习俗，张章按照三阳县的习俗给李莉家的财物就认定为彩礼。③张章住在合州县，李莉住在三阳县，合州县有给付彩礼的习俗，三阳县没有该习俗，因此李莉家并未要求给付彩礼，但是张章主动按照老家的习俗给李莉家财物，此时则不能认定为彩礼；如果李莉家主动要求张章给付财物，那么就认定为彩礼。④张章住在合州县，李莉住在三阳县，两县都没有给付彩礼的习俗，此时张章给付给李莉家的财物不宜认定为彩礼。

2. 给付的财物是否以缔结婚姻为目的

在实际的恋爱、婚姻关系中，经常存在一方于婚前给付另一方财物的情况，但是给付财物的动机和目的则有很大的不同。有的给付财物是为了确定恋爱关系，有的是为了维持关系和增进感情，甚至还存在为了发生性关系而给付财物的情况。上述给付财物和彩礼的根本区别在于，给付彩礼是以双方缔结婚姻为目的，其他则不是。如果在婚前一方给付财物不是以结婚登记和共同生活为目的，或者目的与婚姻没有直接关系的，那么就不能认定为彩礼。

3. 给付财物的价值多寡

在符合习俗要素和目的要素的基础上，要准确认定给付的财物是不是彩礼，还应当结合给付财物的价值来综合判断。一般认为，彩礼是数额较大的金钱或者价值较高的实物，包括现金、首饰等贵重物品，给付一方的"传家宝"等祖传之物，还包括汽车、房屋等价值较高的财物。如果给付的是数额较小的小礼品、小红包或者衣服、手机等物品，一般不宜认定为彩礼。至于多高的价值算大额，需要根据当地的社会经济状况以及给付方的经济条件来进行综合认定，无法进行机械的、"一刀切"式的认定。

二、彩礼的返还

之所以要将彩礼进行严格的界定和分析，主要原因是涉及彩礼返还的问题。虽然在经济比较发达的大城市发生彩礼给付纠纷的概率相对较低，但是在广大农村地区，特别是一些贫困地区，许多原本生活就不富裕的家庭，为了给付彩礼债台高筑，使得整个家庭背上了极其沉重的经济负担。正是因为给付彩礼的目的是为了缔结婚姻，因此如果男女双方最终未能进行结婚登记或者共同生活，甚至离婚的，是否返还数额不小的彩礼就成了很难避免的问题。最高人民法院《关于适用〈中华人民共和国民法典〉婚姻家庭编的解释（一）》对于彩礼返还的条件进行了明确规定。我们从请求返还彩礼的权利主体和义务主体、返还彩礼的条件、返还彩礼的范围、返还彩礼是否适用诉讼时效以及对最高人民法院《关于适用〈中华人民共和国民法典〉婚姻家庭编的解释（一）》规定的"生活困难"的准确理解几个方面进行分析。

（一）请求返还彩礼的权利主体和义务主体

在实际生活中，给付和接受彩礼的双方往往不是或者不仅是男女双方，更多情况下是男女双方的父母或者近亲属。那么在请求返还彩礼的诉讼中，双方当事人的界定，就涉及请求返还彩礼的权利主体和义务主体。对于彩礼的给付方和接受方不能进行狭义的理解，也就是说不能将彩礼的给付方和接受方限制在男女双方本人之间。就给付方而言，既可以是男女中的一方，也可以是男女中的一方的父母、兄弟姐妹等近亲属。同理，接受方既可以是男女中的一方，也可以是其父母、兄弟姐妹等近亲属。在真正的生活中，往往是男方全家人筹钱将彩礼给付给女方家庭，这之中真正用于置办陪嫁物品的反倒不多。因此，如果我们狭义地理解和解释彩礼给付方和接受方，不仅不客观、不公平，还不利于类似纠纷的妥善解决。

根据上述理解，当事人在诉讼中，要提起返还彩礼的诉求，其权利主体和义务主体主要分两种情况来认定。

第一，如果是在男女双方已经登记结婚之后，一方提起离婚诉讼，同时提出返还彩礼请求的，直接以男女双方作为彩礼返还的权利方和义务方。如果其中一方认为自己不是彩礼的给付人或者接受人，进而拒绝返还彩礼的，人民法院不予采信。第二，如果男女双方没有进行登记结婚，一方提起返还彩礼的诉求，需要结合具体案情进行具体分析和判断。如果彩礼的接受方就是男女双方本人，就以接受彩礼的男女本人为被告即可；如果实际接受彩礼的是男女双方的近亲属，就需要将实际接受彩礼的人列为共同被告，来承担连带责任，这样处理更加客观、公正，也更有利于解决纠纷，最大限度地保护公民的财产权利。

（二）返还彩礼的条件

男女双方缔结婚姻应当以爱情为基础，国家不提倡、也不支持缔结婚姻以给付彩礼为基础，但是在我国不少地方存在以给付彩礼进行缔结婚姻的情况。如果回避这个问题或者置之不理，反而不利于彩礼返回问题的解决，甚至会增加新的社会纠纷。因此，最高人民法院《关于适用〈中华人民共和国民法典〉婚姻家庭编的解释（一）》规定，在这三种情况下可以请求返还彩礼：一是双方未办理结婚登记手续的；二是双方办理结婚登记手续但未共同生活的；三是婚前给付并导致给付人生活困难的。通俗地讲，就是给付彩礼后双方没有缔结婚姻关系的，原则上接受彩礼的一方应当返还彩礼；如果给付彩礼后双方缔结婚姻关系的，原则上不返还彩礼，只有在一些特殊情形下才支持返还彩礼。可以明确的是，在给付彩礼后，男女双方缔结婚姻关系且共同生活，给付方要求对方返还彩礼的，法院是不会支持该请求的。如果男女双方在起诉离婚时提出彩礼返还请求，判决离婚的，可以根据实际情况做出是否支持当事人请求返还彩礼的判决；判决不准离婚的，彩礼问题就不能再进行判决。

除此之外，在离婚时提出返还彩礼请求的，还需要注意诉讼时效问题，并适当把握返还数额。因为在夫妻生活中，已经给付的彩礼有一部分可能已经用于男女双方共同生活，或者购置共同生活的物品，实际上已经转化为夫妻共同财产或者被共同消耗。因此，在返还的比例和数额方面，需要结合彩礼的使用、消耗情况，以及婚姻关系存续时间的长短等情况进行综合把握、灵活处理。

（三）返还彩礼的范围

下面，我们还是以张章和李莉为例，区分几种不同的情形，来具体分析彩礼返还的范围。

（1）张章家给付李莉家彩礼后，张章和李莉分手，双方没有办理结婚登记手续，也没有共同生活，此时张章家可以要求李莉家返还全部彩礼。

（2）张章家给付李莉家彩礼后，双方按照老家习俗举行婚礼并且共同生活，但是没有进行结婚登记。从法律意义上讲，双方仅形成同居关系，此时张章家因生意资金周转不灵，要求李莉家返还彩礼，这种情况下不能一概而论，而要结合具体案例进行具体判断，法院一般会根据双方共同生活的时间、生育情况、未进行结婚登记的原因、彩礼的数额、彩礼的使用情况、回礼情况以及当地的风俗习惯等，确定是否需要返还以及酌情考虑返还的数额。

（3）张章家给付李莉家彩礼后，双方办理了结婚登记手续，婚后张章就被单位派遣到非洲工作三年，双方并未共同生活。从法律意义上说，张章和李莉办理了结婚登记，就是合法夫妻，婚姻关系受到法律的保护，但是实际上双方有婚姻之名，却无婚姻之实，如果张章和李莉离婚，这种情形属于法律规定的返还彩礼的范围。但是双方毕竟进行了结婚登记，因此返还彩礼的数额还需要根据彩礼的数额、结婚时间长短、未共同生活的事由、当地的风俗习惯等进行综合判定。

（4）张章家给付李莉家彩礼后，双方办理了结婚登记，新婚第二天李莉就去了广东打工，且一去不返，和张章失去了联系。这种以结婚为诱饵收取对方大量财物的行为，极大地损害了对方的利益，如果双方离婚，张章完全可以要求李莉返还彩礼。

（5）张章家给付李莉彩礼后，双方办理了结婚登记手续，也共同生活，但是为了给付彩礼，张章家全家举债，导致张章家生活困难。此时，张章也可以提出返还彩礼的请求。

（四）返还彩礼是否适用诉讼时效

和其他请求权一样，请求返还彩礼也适用民法典关于诉讼时效三年的规定。民法典规定，权利受到侵害，从当事人知道或者应当知道之日起开始。具体到请求返还彩礼的案件中，我们还是用张章和李莉的例子来分析诉讼时效的几种认定情形。

（1）张章家给付李莉家彩礼后，双方分手，没有缔结婚姻关系，这时候张章家就应当及时主张自己的权利，要求李莉家返还彩礼。如果李莉家拒不返还，诉讼时效开始起算。

（2）张章家给付李莉家彩礼后，张章和李莉结婚，婚后一年双方离婚。那么从离婚那一天开始，张章家就应当知道自己的权利受到了侵害，这时候诉讼时效开始起算。当然，请求返还彩礼的诉讼时效，也可以发生中止、中断和延长等情形。

（五）"生活困难"的认定

前面已经谈到，返还彩礼与否，原则上要以男女双方是否缔结婚姻关系为判断标准，在没有特殊规定的前提下，双方已经结婚的，彩礼不返还。司法解释规定的"生活困难"就是一种特殊规定，意思是即使男女双方已经结婚，但是由于给付彩礼导致给付方家庭生活困难，这时候也可以要求返还彩礼。

所谓"生活困难"，有绝对困难和相对困难两种情形。绝对困难是指依靠自己的能力已经无法维持在当地的基本生活水平；而相对困难是指给付彩礼前后的生活水平产生了较大的差距，给付彩礼后，生活变得比以前更加困难了。司法解释中规定的"生活困难"，应当理解成绝对困难。因为彩礼相当于一种附条件的赠予，男女双方已经缔结了婚姻关系，赠予所附的条件已经达到，原则上就不能再要求返还。司法解释之所以规定了这种特殊情况，体现了法律对生活困难一方的关怀。如果我们以较为宽松的标准来认定"生活困难"，不仅不利于婚姻矛盾的解决，反而会增加新的纠纷，也会让彩礼接受方做出不合理的让步。所以，这里的"生活困难"做绝对困难来理解和适用较为合理。

从法律体系方面考量，"生活困难"也应当做绝对困难来适用。《民法典》第一千零九十条规定："离婚时，如一方生活困难，有负担能力的另一方应当给予适当帮助。具体办法由双方协议；协议不成的，由人民法院判决。"相关司法解释对"生活困难"进行了解释，即依靠个人财产和离婚时分得的财产无法维持当地基本生活水平。所以，对返还彩礼中"生活困难"做绝对困难理解，体现了法律的体系性，符合司法解释的指导思想。

【以案说法】

一、案情简介

2017年5月，原、被告通过陌陌平台聊天认识，后在相互往来中确定了婚恋关系。2017年6月12日，被告向原告提出要按地方习俗订婚，原告为了和被告缔结婚姻关系，便同意了被告的要求。2017年6月14日，原、被告订婚，并且原告按地方习俗给付被告订婚彩礼一万两千元。被告收到原告的订婚彩礼之后，一反常态，不仅不接原告的电话、不回短信，甚至还于2017年7月31日外出打工，并将原告的电话拉黑。至此，双方中止了往来。2017年10月22日，原告无意中遇到了被告，遂要求被告返还彩礼，遭到被告拒绝，于是原告向法院提起诉讼。

二、案件分析

给付彩礼属于一些地方的民间习俗，虽然不值得提倡，但是法律也未明文禁止。彩礼是按照当地习俗，为了缔结婚姻关系而给付，并不是简单的赠予。从法律性质上进行分析，彩礼可以认为是一种附条件赠予，所谓附条件主要是指男女双方以缔结婚姻关系为目的，具有比较明显的人身属性。本案中，原告为了和被告缔结婚姻关系，按照当地习俗在订婚时向被告给付了一万两千元，性质应当认定为彩礼。且原告给付彩礼后，原、被告双方并没有办理结婚登记手续，符合司法解释规定的返还彩礼的条件。最终，法院判决被告于判决生效之日起十日内返还原告彩礼一万两千元。

虽然在我国不少地方都存在给予与接受彩礼的习俗，但是我们依然提倡男女双方缔结婚姻要以感情为基础，而不是用彩礼来维系。现实生活中，存在大量因为给付或者返还彩礼导致男女双方感情破裂、两家人反目成仇的案例，甚至出现案例中涉及的"骗婚"情况，最终很可能导致人财两空。在极少数地方，还残留着天价彩礼的陋俗，不仅不利于夫妻双方关系的健康发展，也不利于构建健康和谐的家庭关系，还容易引起纠纷，惹上官司，得不偿失。

第二节　鸳谱已成还待来日，山盟虽在犹需约书
——婚前协议

【关键词】婚前协议的性质和效力　婚前协议的书写和模板　婚前协议的雷区

【引人入胜】

前两年，当代都市情感剧《婚前协议》引发热议，婚前协议这一尚不普遍的做法由此逐渐进入人们的视野。据统计，2019年全国婚姻登记机关共办理结婚登记947.1万对，离婚登记415.4万对，离结比高达44.1%。随着整个社会离婚率的居高不下，通过订立婚前协议，避免分开时的剑拔弩张，成为不少人的选择。如果即将步入婚姻殿堂的男女双方认为确实需要订立一份婚前协议来保护自己的权益，那么就需要充分了解婚前协议的相关法律规定和其性质、效力、要求，避免为了"避坑"反而"入坑"的尴尬。

【条分缕析】

一、婚前协议的性质和效力

《民法典》第一千零六十五条规定："男女双方可以约定婚姻关系存续期间所得的财产以及婚前财产归各自所有、共同所有或者部分各自所有、部分共同所有。约定应当采用书面形式……"可见，法律明确规定了夫妻可以约定婚前财产协议，进而使得婚前财产协议具有了和一般合同相当的效力，受到相应的合同法规定的约束。根据上述法律规定，我们可以归纳出婚前协议的定义。所谓婚前协

议，是指即将缔结婚姻关系的男女双方，为明确婚后双方的财产、债务、权利范围等而自愿约定的、具有法律约束力的书面协议。婚前协议的主要作用在于将男女双方的财产、权利范围等进行独立区分和明确约定，避免在婚后因为登记结婚发生混同。

需要明确的是，婚前协议的外延大于婚前财产协议，但是从《婚姻法》到《民法典》，只是对婚前财产协议做出了规定，并未对婚前非财产协议进行规定，但这并不意味着婚前非财产协议无效，只要双方自愿订立、符合公平原则，且不违反社会公序良俗，都不影响婚前非财产协议的效力。

（一）是否有必要签订婚前协议

对于即将步入婚姻殿堂的男女双方来说，是否需要签订一份婚前财产协议或者一份婚前非财产协议，甚至一份包括财产和非财产的综合性婚前协议，有时候并不是一件很容易决定的事情。从感情的角度讲，双方互相爱慕、互相信任才会决定缔结婚姻关系，维系二人关系的感情当然重于一纸协议。但是从客观、理性的角度来讲，为了消弭婚前的种种顾虑，为了避免婚后的种种麻烦，双方在自愿的基础上，坦诚相见，订立一份"君子协议"未尝不可，操作得当不仅不会伤害到彼此的感情，还有利于婚后各种关系的处理。特别是在婚前有个人企业、父母有较大数额的赠予财产的情况下，签订一份婚前协议就更加重要了。理性地看，订立一份婚前协议至少具有以下几个方面的好处：第一，可以防止在房子等大额财产所有权上产生纠纷；第二，可以避免公司、企业在离婚时遭到毁灭性打击；第三，可以避免无辜承担对方婚前的大额债务；第四，可以避免双方在赡养老人、抚养子女方面的纠纷；等等。

总体而言，随着社会的进步和人们观念的转变，婚前协议被越来越多的人所接受。即将步入婚姻殿堂的男女在双方自愿平等的前提下，完全可以签订婚前协议，对一些双方关注的问题进行明确约定，如此不仅不会影响到双方的感情，还会让即将开始的婚姻关系更加和谐稳定。

（二）如何签订有效的婚前协议

如前所述，我国《民法典》对婚前协议的规定，使得婚前协议具有了一般合同的效力。因此，我们可以从合同的生效要件来分析婚前协议的效力问题。第一，签订主体必须适格。签订协议的双方应当具有相应的民事权利能力和民事行为能力。第二，协议内容必须合法。双方签订的协议应当尊重社会公德，不得扰乱社会经济秩序，损害社会公共利益。第三，协议形式必须符合法律规定。比如婚前协议必须采用书面形式才有效。第四，意思表示必须真实。

具体到婚前协议中，如何才能签订有效的婚前协议？主要从以下几个方面进行考虑。

1. 必须是男女双方自愿签订

婚前协议必须在男女双方平等协商的基础上签订，协议的内容也是双方真实意愿的表达。如果一方不同意签订婚前协议，另一方采取欺诈、胁迫等手段使对方在违背自己真实意思表示的情况下签订，对于这种"婚前协议"，被欺诈、胁迫一方可以提请人民法院或者仲裁机构撤销。

2. 婚前协议必须采取书面形式

虽然一般的合同可以采取书面形式，也可以采取口头形式或者其他形式，但是对于婚前协议，《民法典》明确规定必须采用书面形式才算有效。通过口头形式订立的婚前协议无法得到法律的支持。

3. 婚前协议的生效以男女双方登记结婚为前提

因为婚前协议签订的目的是为了防止男女双方因为缔结婚姻关系而导致一系列财产或者其他关系出现问题，如果男女双方在签订婚前协议后因为种种原因并没有进行结婚登记，那么这份婚前协议就不具备生效条件。另外，既然是婚前协议，那么男女双方签订协议应当在进行结婚登记之前，如果是在结婚登记之后签订的，那么就会因为男女双方已经缔结了婚姻关系导致协议的部分内容或者全部内容无效。

4. 公证并不是婚前协议生效的必备条件

只要男女双方签订的婚前协议主体、内容和形式符合法律规定，协议就是有效的，不一定必须经过公证。当然，在进行公证时，会尽量排除一些无效协议和条款的情形；经过公证的婚前协议其效力会更加难以撼动，也可以避免一些不必要的麻烦。因此，如果条件允许的话，当事人可以选择对婚前协议进行公证，但并非没公证的婚前协议就无效。

二、如何正确书写婚前协议

如前所述，婚前协议可以分为婚前财产协议和婚前非财产协议；在实践中，婚前协议按内容分为财产协议、忠诚协议和抚养权协议三种。当然，这种划分并不是绝对的，一份婚前协议中可能既有财产内容，也有非财产内容。下面我们就介绍一下按照内容分类的三种婚前协议的书写要求及需要注意的事项。

（一）财产协议

婚前财产协议主要是男女双方对婚前财产归属的一种约定。在婚前财产协议中，有几点内容必须要进行明确规定：第一，男女双方在结婚登记前各自所有的财产的具体种类、价值、归属等。第二，男女双方的婚前个人财产在婚后的孳息、收益、债务归财产所有人享有或承担还是男女双方共同享有或承担。

（二）忠诚协议

所谓忠诚协议或者带有忠诚条款的婚前协议，一般是男女双方在婚前对于结婚后双方或者一方遵守夫妻忠诚义务以及违反义务的惩罚性规定。虽然在自愿的基础上，男女双方可以签订忠诚协议，但是考虑到目前司法实践中的不同观点，我们建议男女双方谨慎对待忠诚协议。签订忠诚协议的本意是为了给婚姻上保险，但是往往适得其反，成了双方的精神枷锁。如果确实认为需要签订忠诚协议或者在婚前协议中带有忠诚条款，那么条款内容不要完全由一方拟定，应该双方经过合议协商共同起草，并且条款内容应当具体、有可操作性。在签订忠诚协议或者忠诚条款的过程中需要注意以下几个问题，否则极易导致忠诚条款的无效。第一，协议不能限制一方的基本人权和人格权，比如婚姻自主权、人身自由权、个人隐私权等，以及规定了暴力或者侮辱方式的惩罚措施。下面这些条款就属于无效条款：规定出轨的一方不允许提出离婚，否则就要净身出户，并且赔偿巨额精神损失费；或者出轨的一方需在家闭门思过半年，不准和外界联系；等等。第二，协议可以规定违反忠诚条款的一方进行适当的赔偿，但是约定的赔偿数额不能严重影响过错方的正常生活或者远远超出其承受能力。第三，协议的内容不能违背社会公序良俗。比如约定出轨方在市中心裸奔，或者强制出轨方穿带有强烈侮辱内容的衣服在市中心游行等。第四，实践中往往存在净身出户的规定，如一方出轨则净身出户。这种绝对化的规定是否有效，能否起到签订协议想要达到的目的，都需要双方深思。

（三）抚养权协议

抚养权协议主要是指男女双方对离婚后子女的抚养进行的约定，一般包括子女抚养权的归属、抚养费的数额和支付方式等。需要注意的是，不少人喜欢在该类协议中约定撤销一方监护权或者抚养权的约定，此类约定如果和法律规定不符，很可能是无效的。我国《民法典》第三十四条规定，监护人依法履行监护职责产生的权利，受法律保护。监护人不履行监护职责或者侵害被监护人合法权益的，应当承担法律责任。如果一方不存在不履行监护职责或者侵害被监护人合法权益行为的，用婚前协议来排除他的监护权是无效的。比如，有的协议中规定，出轨方终生不得和子女见面等，不仅违反了法律规定，而且不顾人之常情，只能是无效的约定。

TIPS：

婚前协议书（模板）

（双方的身份信息）

甲方姓名：　　　　　　　　　乙方姓名：

性别：　　　　　　　　　　　性别：

身份证号码：　　　　　　　　身份证号码：

联系方式：　　　　　　　　　联系方式：

住址：　　　　　　　　　　　住址：

（前言）

简要说明双方的情况，以及签订婚前协议的过程、目的。如男女双方于某年某月某日经人介绍认识，准备于某年某月某日登记结婚，现双方自愿就婚前各自所有的财产进行约定，并对婚后生活达成如下协议。

（主要条款）

婚前财产：列明男女双方各自所有的婚前财产，并且在每一项婚前财产中写明财产的详细来源、所拥有的份额等，可以按照动产和不动产的分类进行列举、规定。

债权债务：不论是婚前还是婚后，男女双方个人财产范围内的债权债务各自享有或者承担。这样约定的目的是为了防止出于保护善意第三人的原因，致使一方承担另一方因为个人财产产生的债务。

婚后生活约定：夫妻忠诚义务约定，如违反忠诚义务的一方，必须补偿无过错方人民币××元；共同生活开销约定，针对婚后夫妻共同财产的范围等问题进行书面约定。此外，还可以约定婚后子女的姓氏、子女的抚养等事项。

（其他事项）

本协议正本一式两份，双方各执一份，自双方签字后生效。

甲方签字：	乙方签字：
日期：	日期：
签订地：	签订地：

婚前协议中涉及许多复杂的法律问题，往往比男女双方想象的更复杂，而且实践千差万别，许多个案都有其特殊性。一份完整的婚前协议应当包括双方当事人的基本身份信息，涉及的婚前财产的具体信息，婚前财产在婚后的使用、归属、处分等约定，其他非财产性规定，协议生效的条件和时间等。详细列举如下：第一，双方当事人的姓名、性别、身份证号码、住址、联系方式等；第二，婚前财产的名称、数量、种类、价值等基本情况；第三，婚前财产在婚后的使用、归属、处分、产生的孳息和收益的归属、产生的债务的承担等；第四，其他非财产性约定，如夫妻忠诚义务、子女抚养等；第五，协议的生效条件和时间；第六，双方签名、捺手印。

三、婚前协议中的常见雷区

婚前协议在约定婚前财产、减少婚后争议方面有着积极的意义，但也要清楚地认识到，婚前协议也存在一些雷区，需要多加注意。

（一）雷区一：婚前财产协议约定了不动产归属，这样就万无一失了吗？

关于婚前财产协议中的不动产约定，在实践中有不同的观点：一种观点认为应该依照赠予合同的规定处理，在产权变更登记前，产权人是有权撤销的；另一种观点认为婚前财产协议应当和一般的赠予合同有所区别，婚前财产协议除了具有合同的性质之外，还具有一定的道德性质，不应该赋予其任意撤销权。如果男女双方在婚前协议中约定了不动产的归属，就应该按照协议的约定来执行。基于实践中存在的不同观点，我们建议如果男女双方在婚前财产中约定了将原本归属于某一方的不动产分给另一方，最好及时办理产权登记，以避免不必要的纠纷。

（二）雷区二：婚前财产协议中约定债务归一方承担，另一方就能够免责吗？

婚前协议主要是约束男女双方，双方当事人可以将某些债务约定由特定的一方来偿还。但是为了保护善意第三人的合法权益，如果债权人并不知道男女双方关于债务的约定，则婚前协议中关于债务的规定并不能对抗债权人。

（三）雷区三：婚前协议中约定"如出轨则净身出户"等忠诚条款是否有效？

在前述忠诚协议中对忠诚条款进行过相关分析，鉴于实践中不少婚前协议都规定了类似的条款，因此有必要再次进行强调和分析。其实，在婚前协议中约定类似条款并不一定最终能够实现想要达到的目的。既然约定了"净身出户"，那就意味着，如果一方出轨，在离婚时将分不到任何财产；同时也意味着，这个规定是在双方离婚时才生效的。这样一来就会存在一些问题：第一，在协议离婚的情况下，如果对方反悔，协议离婚不成，这个条款自然没有作用；第二，在诉讼离婚的情况下，这样的条款很可能因为显失公平而得不到法院的支持。所以，男女双方如果确实需要约定忠诚条款，也应尽量避免约定此类法律意义不大的条款，以保证约定的条款可以达到预期的目的。

【以案说法】

一、案情简介

王大锤和白富美在参加"暴走大事件"活动中认识，俩人在2016年12月确定了男女朋友关系。在热恋期，王大锤和白富美签订了两份婚前协议。2017年9

月，双方签订了第一份婚前协议，约定在同居期间，王大锤如果和第三者同居、和第三者存在不正当关系、不理睬白富美超过一个星期、殴打辱骂或者冷暴力对待白富美，王大锤自愿将其名下住宅的一半产权赠予白富美。2018年3月，双方签订了第二份婚前协议，约定王大锤另外一处正在按揭的房产和王大锤购买的一辆SUV为二人共有。2018年4月，王大锤和白富美登记结婚，结婚后，王大锤没有按照上述协议的约定办理房产和车辆的权属变更登记。

天有不测风云，结婚后仅仅三个月时间，王大锤和白富美就因为房子和汽车的问题闹到了离婚的地步。2018年7月，白富美起诉王大锤，要求法院按照第一份婚前协议确认王大锤的房产为双方共有。同时，王大锤也向法院起诉白富美，要求法院撤销他之前对白富美的赠予。

二、案件分析

一审法院判决认为，王大锤和白富美的婚前协议性质上为赠予合同，约定了房产和车辆的部分产权归属。本案中的协议不是"具有救灾、扶贫等社会公益、道德义务性质的赠予合同或者经过公证的赠予合同"，并且房产并未过户到白富美名下。所以，根据相关的合同法律规定，王大锤享有任意撤销权，白富美提出的诉求于法无据，不予支持。白富美对一审判决不服提出上诉。

在二审过程中，王大锤向法庭陈述，他之所以在婚后没有兑现承诺，是因为通过白富美的种种行为让他觉得白富美并不是真的爱他，想和他结为夫妻共同生活，而是为了谋取他的财产，白富美对他并没有什么感情投入。二审法院审理后认为，此案的焦点是王大锤是否可以撤销赠予。本案涉及的赠予包括房产与车辆，房产未过户，车辆也没有实际交给白富美使用。根据相关的物权法律的规定，不动产物权的设立、变更、转让和消灭，经依法登记，发生效力；未经登记，不发生效力，但法律另有规定的除外。因此，本案涉及的财产权利并没有发生转移，一审法院判决合法，二审法院最终决定驳回白富美的上诉，维持原判。

对于真心相爱的人，一纸协议并不能解决婚姻关系中遇到的所有问题，真正美好的婚姻需要两个人互相理解、互相包容、互相信任。

第三节　徒壁之家尚有片瓦，朱门之户难免债务
——个人财产和夫妻共同财产的认定

【关键词】个人财产　夫妻共同财产　个人财产保护

【引人入胜】

谈到婚姻，自然绕不开财产的话题，毕竟失去面包供养的爱情很难长久。但是不少人对于如何保护自己的个人财产感到困惑，也有不少父母因为担心自己赠予子女的个人财产因为婚姻受到影响而倍感焦虑。要解决上述问题，首先就必须要厘清什么是个人财产、什么是夫妻共同财产；其次要明白如何区分和认定个人财产和夫妻共同财产；最后要在法律许可的范围内，在不侵犯他人合法权益的基础上，做出对自己最有利的打算和安排。本节主要从个人财产和夫妻共同财产的认定、区分和保护三个方面展开。

【条分缕析】

一、个人财产的认定
（一）婚前个人财产

婚前财产是指在进行结婚登记前夫妻一方就已经取得的财产。夫妻一方的婚前财产，属于其个人财产，不论是动产或是不动产，也不论是有形财产或是无形财产，只要是其合法取得的，就受到法律的保护，任何人不得侵犯。认定婚前个人财产的时间节点为男女双方进行结婚登记之日，进行结婚登记前，男女一方所有的财产归该方所有，属于婚前个人财产；进行结婚登记之后，男女一方或者双

方共同所有的财产，除了法律另有规定或者夫妻双方另有约定的除外，属于婚后共同财产。

婚前个人财产根据不同的标准，可以进行多种分类。一般而言，根据夫妻一方在婚前获得财产的性质，将婚前个人财产分为以下几类。

（1）一方婚前个人所有的财产，比如：工资、奖金等收入；从事生产、经营取得的收益；知识产权的收益；因继承或赠予所取得的财产和其他合法收入。

（2）一方婚前已经取得的财产权利，如在结婚登记前就已经取得的债权等。

（3）一方婚前财产的孳息，包括婚前个人财产在结婚登记前产生的孳息和婚前个人财产在结婚登记后产生的孳息。比如，一方婚前在银行有一笔存款，那么这笔存款属于该方婚前个人财产，而该笔存款在双方登记结婚前后均有利息产生，该利息就属于孳息，也属于个人财产。

（4）一方婚前以货币、股权等形式存在，而婚后表现为另一种形态的财产。

从以上四种婚前个人财产的类型，可以大概总结出认定婚前个人财产背后涉及的法理，那就是上述财产的取得、增值以及承受的风险等，均与另一方无关，即另一方对于上述财产的取得、增值没有付出时间、智力、金钱、劳动等任何贡献，也没有承担上述财产的风险，因此认定上述财产为婚前个人财产。

（二）婚后个人财产

婚后财产是指在夫妻关系存续期间，夫妻任何一方所得的各种财产。可见，婚后财产侧重于强调时间，也就是财产取得的时间在婚姻关系存续期间。婚后财产不一定是夫妻共同财产，也有可能是个人财产，比如，在夫妻双方婚姻关系存续期间，一方父母为自己子女购买的房子，属于该子女的个人财产，就不属于夫妻共同财产。

婚后个人财产是指在婚姻关系存续期间，根据法律规定或者夫妻双方约定，属于夫妻一方的财产。可见，婚后财产属于夫妻共同财产还是个人财产，主要取决于法律的规定以及双方的约定。如果夫妻双方对婚后财产进行了明确约定，那么婚后取得财产就按照约定分配，进而认定是否为个人财产；如果夫妻双方没有对婚后财产进行约定或者约定无效，那么就需要根据法律规定进行认定。根据《民法典》第一千零六十三条规定，下列婚后财产属于个人财产：

（1）一方的婚前财产。

（2）一方因受到人身损害获得的赔偿或者补偿。

（3）遗嘱或者赠予合同中确定只归一方的财产。

（4）一方专用的生活用品。

（5）其他应当归一方的财产。

除当事人约定外，夫妻婚前的个人财产不再随着婚姻关系的延续而自动转为夫妻共同财产。比如，夫妻一方在婚前的银行存款，不随着双方缔结婚姻关系而转为夫妻共同财产，依然属于一方的婚前个人财产。

除了上述法律规定的属于婚后个人财产的范围，夫妻双方还可以就婚姻关系存续期间所得的财产以及婚前财产进行约定，既可以约定财产归各自所有、共同所有，还可以约定部分各自所有、部分共同所有。如果夫妻双方约定财产归各自所有，那么一方所欠的债务，在第三人知道夫妻有约定的情况下，由该方进行偿还。

二、夫妻共同财产的认定

男女双方进行婚姻登记后缔结婚姻关系，不仅产生人身关系上的法律后果，还会产生财产关系上的法律后果，即财产的共同共有。夫妻共同财产，是指在夫妻关系存续期间夫妻共同拥有的财产。所谓夫妻关系存续期间，是指从夫妻双方进行结婚登记起，到夫妻一方死亡或者离婚之前的这段时间。该期间夫妻双方所得的财产，除双方约定或法律另有规定之外，均属于夫妻共同财产。夫妻对共同所有的财产，有平等的处理权。

（一）《民法典》规定的夫妻共同财产

值得一提的是，《民法典》扩大了夫妻共同财产的范围。《民法典》第一千零六十二条第一款规定："夫妻在婚姻关系存续期间所得的下列财产，为夫妻的共同财产，归夫妻共同所有：（一）工资、奖金、劳务报酬；（二）生产、经营、投资的收益；（三）知识产权的收益；（四）继承或者受赠的财产，但是本法第一千零六十三条第三项规定的除外；（五）其他应当归共同所有的财产。"

上述规定中新增加了劳务报酬和投资收益两项。其中，劳务报酬主要指个人在工作外独立从事各种劳务取得的报酬，比如外快等，即使未告知对方，也仍然属于共同财产；而投资收益是指投资公司股权、股票等收益，但也只限于婚后的投资，但相应的，如果投资出现了亏损，当然也属于共同亏损。关于继承或受赠的财产，如果被继承人在遗嘱中指明遗产只归夫妻中的一方所有，或赠予人在赠予合同中确定财产只赠给夫妻中的一方，那么法律尊重被继承人和赠予人的意愿，夫妻中一方继承的遗产或者接受的赠予不作为夫妻共同财产，而属于个人财产。

（二）其他应当归共同所有的财产

什么是其他应当归共同所有的财产？相关司法解释也给出了答案，一般是指下列财产：①男女双方实际取得或者应当取得的住房补贴、住房公积金；②男女双方实际取得或者应当取得的养老保险金、破产安置补偿费；③当事人结婚前，父母为双方购置房屋出资的，且明确表示赠予双方的；④当事人结婚后，父母为双方购置房屋出资的；⑤夫妻一方个人财产在婚后产生的收益，除孳息和自认增值外，属于夫妻共同财产。值得注意的是，男女双方父母出资购买的房产，产权登记在一方名下的，该房产也认定为男女双方按照各自父母的出资份额按份共有，并不因为仅仅登记在一方名下，就认定为个人财产。

三、个人财产和夫妻共同财产的区分

理论上，个人财产和夫妻共同财产泾渭分明，法律都有明确的规定。但是"理论是灰色的，实践之树常青"，在司法实践中，很多时候个人财产和夫妻共同财产并不是想象中那样容易区分。结合法律和司法解释的规定，有以下几种区分个人财产和夫妻共同财产的常用方法和判断标准。

（一）一看有无约定——夫妻之间有财产约定的，从约定

夫妻财产约定，是指即将缔结婚姻关系的男女双方或者已经缔结婚姻关系的夫妻双方，采用书面协议的方式，对双方在婚前和婚姻关系存续期间的财产的归属、使用、收益、处分等进行约定的一种婚姻财产制度。只要夫妻双方的约定符合法律规定，法律就会尊重双方的个人意愿，保护约定的内容，此时判断一份财产属于个人财产还是夫妻共同财产，就依照约定执行。如果夫妻双方没有对财产进行约定，就按照法律的规定来进行判断和认定。

（二）二看登记时间——结婚登记时间是重要的判断标准

在夫妻双方没有对财产进行约定的情况下，原则上，结婚登记前一方所取得的财产属于个人财产；在结婚登记后取得的财产为夫妻共同财产，当然，特殊情况除外。比如，结婚登记后，一方通过继承或者接受赠予获得的财产，应认定为夫妻共同财产；但是如果被继承人或者赠予人明确财产只给某一方继承或者赠予，那么就属于该方的个人财产。

（三）三看财产来源——来源单方归个人，来源双方为共同

以父母为子女买房为例。第一种情形，由男女双方父母共同出资购买的房产，即使产权登记在一方名下，该房产也是按照双方父母出资的份额由夫妻双方按份共有，而不是产权登记一方的财产。因为该房产是由双方父母共同出资的，其财产来源于双方。第二种情形，婚姻关系存续期间，由一方的父母出资为子女购买的房产，产权登记在该子女名下，这种情况视为父母对自己子女一方的赠予，应当认定为个人财产。

（四）四看人身属性——人身属性较强的归个人

此处需重点理解"个人专用"和"生活用品"。所谓"个人专用"，是指长期由一方使用，或者根据物品属性只能由一方使用，比如女性的衣服、男士的剃须刀等。所谓"生活用品"是指日常生活中使用的物品，主要和贵重物品、奢侈品等相对应。人们通常通过物品的价值和用途来判断某一类物品是否属于生活用品。再比如，一方因身体受到伤害获得的医疗费、残疾人生活补助费等财产，由于某一方个人人身受到损害而获得的赔偿，具有极强的人身属性，属于个人财产。类似的还有一方在体育竞技中获得的奖牌、奖金等，是对该方的奖励，是其个人的荣誉，具有特定的人身性质，应为个人财产。

（五）五看财产变化——婚前财产在婚后发生的变化

个人财产在婚后的变化有收益和形态变化之分。其一，个人财产在婚后产生的收益，除了孳息和自然增值之外，属于夫妻共同财产。所谓孳息包括天然孳息和法定孳息：天然孳息是指依照物的自然性质而产生的收益，如母鸡下的蛋、果树长的果实等；法定孳息是指依照法律规定产生的收益，如存款的利息等。所谓自然增值，是指该增值是因为市场发生变化而导致的，和夫妻一方或者双方的付

出没有关系。其二，个人财产使用生产、经营之外的其他方式导致财产形式发生变化，该个人财产不因此变更为夫妻共同财产。需要注意的是，个人财产在婚姻关系存续期间通过经营等方式产生的增值部分为夫妻共同财产。如前所述，判断个人财产还是夫妻共同财产的诸多标准背后蕴含的法理就是看双方是否对财产做出了贡献，承担了风险。那么要想正确判断个人财产在婚后收益的认定，除了要辨别孳息和自然增值外，还需要分析夫妻双方对收益产生的贡献。当然，不同的财产形态，认定的方式也有所不同。

TIPS:

个人财产婚后收益的认定

一、房价增值。作为个人财产的房屋在双方婚姻关系存续期间因市场价格上涨而产生的价格增值部分，和双方或者一方的投入、付出没有关系，属于自然增值，为个人财产。

二、房屋租金。作为个人财产的房屋在双方婚姻关系存续期间出租而产生的租金收入，属于夫妻共同财产。一方面，租金的获得本质上是一种经营性活动，房屋租金是根据房屋租赁合同产生的，是通过经营方式取得的收益。另一方面，对房屋进行出租，需要投入相应的劳动，如房屋的维护、租金的收取等，即使上述行为由一方承担，那么另一方必然在家庭生活的其他方面承担更多，因而，从广义上说，夫妻双方都为房屋租金的产生付出了劳动。

三、银行利息。作为个人财产的银行存款产生的利息为法定孳息，且当事人在银行存款之后，自然会产生相应的利息，与另一方的投入无关，属于个人财产。

四、股票投资收益。作为一方婚前财产的股票产生的收益是否是夫妻共同财产，不能一概而论。如果一方购买股票后，在婚姻关系存续期间没有进行卖出或者买入等交易行为，只是单纯持有，那么夫妻一方或者双方并没有投入劳动或者贡献，则账面上的收益属于自然增值，应当为个人财产；如果在婚姻关系存续期间进行了买卖交易，付出了相应的劳动，那么收益和个人的付出之间存在关系，应当认定为投资所得的收益，属于夫妻共同财产。

四、个人财产的保护

虽然男女双方缔结婚姻关系主要基于互相爱慕、互相信任，但这并不妨碍男女双方依照法律规定保护自己的个人财产。下面以金额较大、社会中最普遍的房产为例，谈一谈如何保护自己的个人财产。

（一）全款购房的情形

一方在婚前全款购房，需要注意以下几个方面的问题：一是在进行结婚登记前付清与购买房产有关的所有款项，包括购房款、公共维修基金等费用。二是不仅要在结婚登记前签订房屋买卖合同，还要办理不动产产权登记证明，并且产权证明上的所有人只有自己。三是如果确实有部分涉及房产的款项需要在婚姻登记后支付，则用自己婚前的存款缴纳，不要使用夫妻共同财产，且最好采用银行转账的方式，方便固定证据。

（二）按揭购房的情形

这种情况下，建议在进行结婚登记前缴纳首付款，签订房屋买卖合同和房产抵押贷款合同，可以实现房产属于个人婚前财产。如果婚后依然使用个人婚前存款归还银行按揭款，那么该房产基本上不会涉及对方。如果婚后使用夫妻共同财产归还按揭款，也不会对房产所有权产生影响，不过应当给予对方相应的补偿，数额为婚后归还按揭款总和的二分之一。

（三）父母购房的情形

一般情况下父母为子女购房，当然希望房产专属于自己的子女，不要涉及其他人，更不希望将来在婚姻破裂的时候"人财两空"。如果父母能够给子女全款买房，且产权登记在子女名下，则不论购房时间在婚前还是婚后，该房产为子女的个人财产。如果父母支付了房屋的首付款，那么就需要区分婚前还是婚后。如果是婚前父母为子女购房且支付了首付款，产权登记在子女名下，则为子女个人财产；如果是婚后父母为子女购房且支付了首付款，则为夫妻共同财产，除非有特别约定。

【以案说法】

一、案情简介

王大锤和白富美夫妻感情长期不和，2019年6月，王大锤向法院起诉与白富美离婚。由于王大锤和白富美家庭条件较为优越，因此涉及的财产较多，双方的离婚诉讼焦点主要集中在财产分割方面。主要包括以下几个方面：第一，王大锤在婚前炒股开设了一个账户，结婚时账户市值20万元，婚后王大锤一直关注股市行情，经常买进卖出，离婚时账面市值为40万元。第二，白富美婚前继承了爷爷的遗产800万元，和王大锤结婚后，因为朋友需要资金周转，于是将这800万元借给朋友，并且约定每年利息80万元，共收取利息160万元。第三，王大锤婚前出资600万元购买的山水画大师的一幅名画，离婚时该幅画的市场价格已飙升到1000万元。第四，王大锤在婚姻关系存续期间一直定期购买彩票，但是买彩票的钱都是自己的婚前积蓄，婚后王大锤买彩票中了150万元。

二、案件分析

第一，关于王大锤股票的收益归属。一方婚前用个人财产购买股票、基金等，如果婚姻关系存续期间进行了交易，其收益应认定为夫妻共同财产。本案中，王大锤虽然是在婚前用个人财产购买的股票，但是在婚姻关系存续期间进行了交易，所以20万元的收益应当认定为夫妻共同财产进行分割。第二，关于白富美婚前继承的800万元的利息归属。利息收益是本金所产生的法定孳息，与投资收益具有风险性和不确定性不同，利息收益应该归属于本金的所有人，所以160万元的利息应认定为白富美的个人财产。第三，关于王大锤婚前购买的名画的增值归属。王大锤婚前购买的名画，因为市场的外在因素而价格上涨，与王大锤个人的主观意愿和客观付出行为无关，所以增值部分应认定为王大锤的个人财产。第四，关于王大锤购买彩票中奖奖金的归属。因为王大锤和白富美没有对购买彩票的事项进行特殊的约定，所以虽然王大锤使用自己的婚前积蓄购买彩票，但是所中的奖金依然属于夫妻一方的合法收入，所以应当认定为夫妻共同财产进行分割。

第四节　情浓意蜜不顾，劳燕分飞陌路
——离婚财产分割

【关键词】离婚财产的分割原则　无过错方权益的保护

【引人入胜】

根据统计，我国的离婚率近年来居高不下，一些一线城市甚至已经接近50%。前面几节已经对夫妻共同财产和个人财产进行了分析，本节在此基础上，主要探讨离婚时夫妻共同财产的分割原则、具体分割方法，以及关注婚姻中无过错方的权益保障。

【条分缕析】

一、离婚财产的分割原则

在夫妻双方感情确已破裂的情况下，所谓的离婚官司主要是认定夫妻共同财产和个人财产，以及对于夫妻共同财产如何分割的问题（人身关系、子女抚养等在此不论）。根据相关法律精神，人民法院在审理离婚案件对夫妻共同财产的处理上，需分清个人财产、夫妻共同财产和家庭共同财产，坚持男女平等，保护妇女、儿童的合法权益，照顾无过错方，尊重当事人意愿，有利于生产、方便生活的原则，合情合理地予以解决。根据上述规定，我们总结出如下离婚财产的分割原则。

（一）尊重当事人意愿原则

该原则主要有两层含义：一是指人民法院在对夫妻共同财产进行分割时，首先尊重夫妻双方的约定，即离婚时夫妻共同财产的分割首先由男女双方来协商处理；只有协商不成的，才由人民法院来判决。二是指人民法院在对夫妻共同财产进行分割时，要充分尊重夫妻双方的约定，如本书前面所述，男女双方采取书面约定的方式，对婚前财产和婚姻关系存续期间所取得的财产进行约定的，离婚时就按照男女双方的约定来分割财产。

（二）保护妇女、儿童原则

对妇女和儿童进行特别的保护，已经成为全社会的共识。在夫妻双方离婚过程中，妇女和儿童明显处于更加弱势的地位，对其合法权益的保护更应着重强调。该原则意味着，在离婚分割财产的过程中，即使双方都没有过错，也要向女方倾斜，同时要充分考虑到子女的利益，从有利于子女，特别是未成年子女的角度出发进行财产分割。表面上看，这种原则好像对于同样无过错的男方是一种不公平，但是从本质上而言，这种表面上的不公平恰恰就是要实现实质上的公平。成年男性在社会上能够获得的资源、谋生的能力等都普遍强于女性，更远远强于儿童，如果机械地平分财产，难免会引发一系列社会问题。

（三）照顾无过错方原则

不同的家庭有不同的烦恼，离婚的原因也千差万别。但是一段婚姻走向终结，往往存在一方有过错的情况，正因为如此才导致婚姻破裂。过错方的过错，一是体现在行为方面，如重婚、与他人同居、实施家庭暴力或者虐待、遗弃家庭成员等。在这种情况下，无过错的一方有权请求损害赔偿。二是体现在财产方面，离婚时，一方隐藏、转移、变卖、毁损夫妻共同财产，或者伪造债务企图侵占另一方财产的，分割夫妻共同财产时，对有上述行为的一方，可以少分或不分。如在离婚诉讼期间，一方为多分财产伪造婚姻关系存续期间的债务，经查实的，就可以在分割共同财产时，对其不分或者少分；如在离婚后才被查实，则另一方可以向人民法院提起诉讼，要求重新分割夫妻共同财产。

TIPS：

根据《民法典》第一千零九十一条，无过错方请求损害赔偿的情况

包括：

（1）重婚；

（2）与他人同居；

（3）实施家庭暴力；

（4）虐待、遗弃家庭成员；

（5）有其他重大过错。

（四）帮助生活困难方原则

在社会的普遍观念中，人们不能坐视一方因为离婚导致生活困难而不顾，我国法律对此也做出了积极回应，规定在离婚时，如果一方生活困难，那么有负担能力的另一方应当给予适当帮助。法律在这里规定的是"应当"，而不是"可以"，这就意味着这种对于困难方的帮助不是可有可无的道德施舍，而是不能回避的法律义务。至于如何帮助、帮助多少、具体帮助金额及方式等由男女双方协商决定，如果协商无果，就由人民法院判决。这里的"生活困难"应当理解为绝对困难，而不是相对困难，是指该方依靠个人财产和离婚时分得的财产无法维持其在当地的基本生活水平。实践中，这种帮助很多时候表现为对于房产的处理上。在离婚时，一方以个人财产中的住房对生活困难的一方进行帮助的形式，既可以是房屋的居住权，也可以是房屋的所有权。

（五）经济补偿原则

该原则和对无过错方的赔偿不同，是对于在夫妻家庭生活中付出较多的一方的适当补偿。在大多数人的家庭中，夫妻双方对家庭的付出往往是不对等的，如果夫妻一方在抚育子女、照料老人或者协助另一方的工作等各方面承担了较多的义务和付出，那么在离婚时承担较多义务的一方有权向另一方请求补偿，另一方应当给予补偿。至于具体的补偿方式以双方协商为主，协商不成的，再由人民法院来判决。

二、离婚财产分割的具体情形

通常情况下，在婚姻关系存续期间，夫妻双方是不能进行财产分割的，但是凡事都有例外。如果在婚姻关系存续期间存在法定的事由，同时进行财产分割不损害第三人，也就是债权人利益的，也可以进行财产分割。这里所说的法定事由主要包括：一方存在隐藏、转移、变卖、毁损夫妻共同财产或者伪造夫妻共同债务等行为，严重损害到夫妻共同财产利益；一方负有法定扶养义务的人患重大疾病需要医治，但是另一方不同意支付医疗费用等。

离婚财产的分割是一个非常复杂的问题，不像普通的民事合同纠纷那样有严格的标准和规则，它不仅仅涉及财产法的内容，更重要的是它具有浓厚的人身权的成分。因此，在进行具体分割时，还需要根据不同的情形进行具体判断。下面就离婚中价值比较大的财产分割的具体情形进行分析。

（一）房产问题

1. 婚后共同还贷的房产

夫妻一方在结婚登记前签订房屋买卖合同，用自己的个人财产支付了房产首付款，以个人名义在银行办理贷款，并且该房产登记在该方一人名下；结婚后，用夫妻双方共同财产还房贷。这种房屋在离婚时如何分割？由于这种房产不完全排他地属于任何一方，所以法律规定离婚时对于这种房产首先由夫妻双方进行协商处理，只有在协商处理不成的情况下，人民法院才会判决该房产的所有权归不动产权登记的一方，还没有还清的房贷为房产所有人的个人债务。对于婚姻关系存续期间双方共同还贷的部分和在此期间房产的增值部分，房产登记的一方要对另一方进行补偿。补偿金额的计算公式一般为：双方应共同分割部分=夫妻婚后共同还贷部分/实际总房款（总房款本金+已还利息）×离婚时房屋的市场价值。比如，张章在婚前以每平方米15000元的价格，购买了一套80平方米的房屋。首付款36万元系婚前张章用自己的个人存款支付的，剩余的84万元采取按揭的方式贷款，贷款期限为20年，利息为60.3276万元，总共需要归还的本金和利息为144.3276万元，每月需要还房贷6014元，张章为购买这套房产总共需要支付180.3276万元。张章和李莉结婚后，双方用夫妻共同财产还房贷，结婚三年后双方离婚，离婚时房屋的市场估价为400万元。在婚姻关系存续期间，张章和李莉夫妻共同还款为21.6518万元，占总房款的12%。那么离婚时对该房产进行分割，该房产归张章所有，但是张章需要按照400万×12%÷2=24万元的标准补偿给李莉，剩下的贷款由张章来支付。这个例子是房产增值部分的补偿情况，但是如果房价跌了，房产登记方该如何补偿对方呢？本书认为，如果房价贬值，那么从照顾女方权益的原则出发，可以按照共同还贷部分的二分之一来补偿对方。

2. 夫妻共同购买，登记在未成年子女名下的房产

现实生活中，有不少夫妻会基于各种原因将房产登记在未成年子女名下。需要注意的是，这种情况下不能简单地认为该房产就是未成年子女的房产。虽然房屋属于不动产，不动产的产权主要看登记，但是不动产权的登记也存在对外效力和对内效力之分。不动产登记的对外效力是指根据物权公示原则，不动产物权经过登记后，第三人基于对登记的信赖而与登记人发生的不动产交易受到法律保护。而不动产登记的对内效力是指，在判定不动产的所有权时，除了看登记，还应当通过辨析当事人的真实意思表示来确定不动产的真正权利人。如果夫妻双方在婚姻关系存续期间，为了逃避债务而将房产登记在未成年子女名下，这说明将房屋登记在未成年子女名下的行为并不是真正地将房屋赠予未成年子女，那么在离婚时，该房产就作为夫妻共同财产来进行分割。如果夫妻双方在婚姻关系存续期间，为了给自己的未成年子女留点财产，经过商议后决定为未成年子女买房并且登记在其名下，这说明夫妻双方的真实意思表示就是为了将房产赠予未成年子女，那么在离婚的时候，就应该将该房产认定为未成年子女的财产，不在夫妻共同财产的分割范围之内，而是由直接抚养未成年子女的一方暂时管理。

3. 归属和价值无法达成一致的房产

离婚时，对于房产的归属往往存在双方都想要房产、一方想要房产、双方都不想要房产等几种情况。针对不同的情形，法律有不同的规定：双方都想要房产的，可以采取竞价的方式来决定房产的去留，由价高者得，但是价高者需要给对方一定补偿；一方想要房产的，此时房产的归属问题不大，问题在于应该如何补偿，如果双方无法达成协议，就可以由评估机构按照市场价格对该套房产做出评估，由得房者对对方进行补偿；双方都不想要房产的，可以申请对房屋进行拍卖，就拍卖所得的价款再进行分割。

（二）企业出资问题

1. 有限责任公司出资

以夫妻共同财产投资有限责任公司，存在股东为夫妻二人和只有一方是公司股东的情况。在司法实务中，根据不同的情况按照不同的方式进行处理。

（1）以夫妻共同财产投资，股东为夫妻二人。在实际生活中，夫妻二人成立的这类公司，在股权比例的设置上往往带有随意性，登记的股权比例很难反映出夫妻二人实际的股权比例和权益分配比例，不能简单地根据工商登记中载明的股份比例来进行出资分割。在司法实践中，往往会结合夫妻双方的意愿来进行区分处理：如果夫妻双方都想继续经营公司且都有经营能力，则结合出资比例对双方的股权进行分割。如果夫妻双方都不想再继续经营公司，都要求对公司进行清算，则对公司进行清算后，再对公司剩余部分财产进行分割；如果夫妻中的一方想要继续经营公司，另一方想要退出经营，那么可以由继续经营的一方购买另一方的股权，或者将不想经营的一方的股权转让给第三人。

（2）以夫妻共同财产投资，只有一方是公司的股东。这种情况下，因为还涉及其他股东的利益，因此处理起来会有更多的程序。如果夫妻协商一致将夫妻共同财产出资的全部或者部分转让给另一方，要经过公司过半数股东的同意，并且其他股东明确表示愿意放弃优先购买权，此时，夫妻中本不是公司股东的一方可以成为公司的股东；如果夫妻协商一致将夫妻共同财产出资的全部或者部分转让给另一方，有过半数的股东不同意股权转让，但愿意以同等价格收购的，就对转让出资所获取的财产进行分割；如果夫妻协商一致将夫妻共同财产出资的全部或者部分转让给另一方，有过半数的股东不同意股权转让，也不同意以同等价格购买的，就视为同意转让，夫妻中本不是公司股东的一方可以成为公司的股东。

2. 合伙企业出资

以夫妻共同财产出资的合伙企业中，其中一方不是合伙企业的合伙人的，在夫妻双方进行离婚财产分割时，分为以下几种处理情形。

（1）经过全体合伙人的同意，签订书面的入伙协议，之前不是合伙人的一方可以成为新的合伙人。

（2）其他合伙人不同意转让份额的，在同等条件下行使优先受让权，夫妻双方可以对转让所得的财产进行分割。

（3）其他合伙人既不同意转让，也不行使优先受让权，但同意离婚的合伙人退伙或者退还部分份额的，夫妻双方可以就退还的财产进行分割。

（4）其他合伙人既不同意转让，也不行使优先受让权，又不同意离婚的合伙人退伙或者退还部分份额的，就视为全体合伙人同意转让，原来不是合伙人的一方就取得了合伙人的地位。

3. 独资企业出资

对独资企业出资进行分割时，首先要明确该独资企业是以个人财产设立的还是以夫妻共同财产设立的。

（1）以个人财产设立的独资企业。如果独资企业是夫妻双方中的一方以个人财产设立的，那么需要解决的问题只是该独资企业在夫妻双方婚姻关系存续期间的收益如何分配的问题，不涉及该独资企业的归属问题。因为以个人财产出资设立的独资企业，企业财产为个人所有，个人对企业债务承担无限责任。同时在夫妻双方婚姻关系存续期间因企业生产、经营所得的收益属于夫妻共同财产。所以在夫妻双方离婚时，只存在对收益的分割，而不存在对企业的分割。

（2）以夫妻共同财产设立的独资企业。以夫妻共同财产设立的独资企业，不仅企业的收益属于夫妻共同财产，而且独资企业的财产也属于夫妻共同财产。离婚时对财产的分割应当按照以下不同情况来处理：夫妻双方都想继续经营该独资企业的，采取竞价的方式，由出价高的一方获得，并对另一方给予相应的补偿；夫妻只有一方想继续经营该独资企业的，首先需要对该独资企业的资产进行评估，之后再由获得该独资企业的一方对另一方进行补偿；夫妻双方都不想继续经营该独资企业的，依法对该独资企业进行解散和清算，然后再对清算后的资产进行分割。

三、保卫你的夫妻共同财产

在夫妻双方没有对财产进行特殊约定的情况下，夫妻双方对于共同财产形成共同共有。也就是说，在婚姻关系存续期间，夫妻共同财产是作为一个整体存在的，夫妻双方对共同财产不分份额地共同享有所有权。虽然夫妻对共同财产享有平等的处理权，但并不意味着夫妻各自对共同财产享有一半的处分权，这种平等的处理权及于所有的共同财产。在实践中，夫妻一方擅自将共同财产赠予他人的行为时有发生，因此我们在这里呼吁保卫你的共同财产。下面分析几类一方擅自处分共同财产的行为。

（一）夫妻一方擅自处分共同财产，并将财产赠予第三者，该处分行为如何认定？

夫妻双方在婚姻关系存续期间所取得的财产除了法定应当归一方之外，原则上都应该属于夫妻共同财产。夫妻双方对共同财产享有平等的处理权。夫妻一方在婚姻关系存续期间与第三者相处并将夫妻双方的共同财产交给第三者的行为，属于典型的擅自处分夫妻共同财产的行为，这种行为侵害夫妻中另一方的合法权益。另外，第三者取得该财产并没有合法依据，构成不当得利，因此夫妻中的另一方可以要求第三者返还财产。

（二）夫妻一方非因日常所需，将共同财产赠予他人的行为如何认定？

夫妻双方在婚姻关系存续期间对共同财产不分份额地享有所有权，夫妻双方或者任何一方，非因日常生活需要处分夫妻共同财产时，夫妻双方应当进行平等协商，取得一致意见方可，否则任何一方都无权单独处分共同财产。夫妻一方非因日常生活需要将共同财产无偿赠予他人，违反了民法的公平原则，损害了另一方的财产权益，行为应属无效，受侵害一方有权要求受赠人返还财产。

【以案说法】

一、案情简介

2016年，小马和小易二人结婚，婚后购买了一处房产。2018年开始，二人经常因为生活琐事发生矛盾。2019年初，小马在小易不知情的情况下，私自和小云签订了房屋买卖合同，将他和小易婚后购买的房产卖给小云。不久，事情败露，小易向法院起诉和小马离婚，并且要求法院确认小马和小云签订的房屋买卖合同无效。在法庭审理过程中，小易认为小马存在转移夫妻共同财产的行为，因此在分割其他夫妻共同财产的时候，小马应该不分或者少分。

二、案件分析

本案的争议焦点主要在于夫妻一方有变卖共同财产的行为，在分割其他夫妻共同财产的时候，是否应当不分或者少分。法律规定，离婚时，一方隐藏、转移、变卖、毁损夫妻共同财产，或伪造债务企图侵占另一方财产的，分割夫妻共同财产时，对隐藏、转移、变卖、毁损夫妻共同财产或伪造债务的一方，可以少分或不分。在本案中，小马确实存在变卖夫妻共同财产的行为，那么是否就意味着在分割其他夫妻共同财产时对其不分或者少分呢？要弄明白这个问题，前提是要正确理解法律关于不分或者少分财产的规定。首先，私自变卖夫妻共同财产是一种侵权行为，在夫妻财产共同所有制下，夫妻双方对于夫妻共同财产共同共有。如果离婚时一方隐藏、转移、变卖、毁损夫妻共同财产，则侵犯了另一方对共有财产的所有权。其次，少分或不分的财产一般不应当超过行为人转移、隐藏的共同财产部分。如果夫妻共同财产达一个亿，但一方转移、隐藏的部分仅十万元，如果基于行为人转移、隐藏的行为就对其他的夫妻共同财产不分或者少分，难免有失公允。因此，分割行为人隐藏、转移的该部分财产时，行为人可以少分或不分，并非针对全部夫妻共同财产或其他夫妻共同财产。所以，在本案中，可以就小马私自变卖给小云的财产对其少分或者不分，但是对于其他小马没有隐藏、转移、变卖、毁损的夫妻共同财产，在分割过程中不宜对其少分或者不分。

第二章

继承与家事

第一节　社稷之重在于立嗣，百姓之本无过传家
——遗嘱与遗产

【关键词】遗产的范畴　遗嘱的分类　订立和效力　遗嘱和遗赠的关系

【引人入胜】

自原始社会有了剩余产品后，私有制逐渐产生，先民们也逐渐形成了私有财产的观念，此后财富的传承便是人类社会永恒不变的话题。面对艰苦的生存环境，财富的传承长度与一个家庭、部落，甚至国家发展壮大程度高度正相关。工业革命以来，随着社会的文明和法制的健全，私产神圣的观念深入人心，与此相对的则是社会风险因素增多，个人私力越来越不足以自卫私产，更遑论身后财产之传承。在此背景下，了解有关继承的法律规定，掌握有关遗嘱与遗产的法律要点，对人们的社会生活具有重大意义。古罗马著名历史学家塔西佗曾说："第二继承人总是受人怀疑和怨恨。"遗嘱不仅仅涉及法律问题，更关涉到一个家庭甚至家族的亲情关系、伦理道德。法律作为最低限度的道德，虽无法过问家事，但也能定纷止争。很多时候，一份合法、合情和合理的遗嘱，不仅能最大限度地保护当事人的合法权益，也能维系一个家庭的亲情和睦。故而在高速发展、物质不断丰富的当今社会，了解遗嘱与遗产背后的法律知识显得尤为重要。

【条分缕析】

一、遗产的概念和范围

遗产，顾名思义，就是人去世后所遗留的财产。人们进行财富积累有很多种方式，财富之间的代际传承便是其中重要一种。战国时期，秦国大将王翦，曾数次上表秦王"多请田宅为子孙业"。王侯将相尚且如此，普通百姓就更不多论了。那么，现实生活中哪些财产能作为遗产传承呢？首先，能作为遗产的财产必须是被继承人自己所有的合法的财产，而不能是国家、集体或他人所有的财产。其次，被继承人自己所有的财产并不能够被当然继承，实践中有一些财产性权利因为具有专属性而无法当然继承。例如更不能是非法的财产。例如，王大锤垂涎隔壁的孤寡老人张小刀的一套红木家具已久，想着反正张小刀无儿无女，于是王大锤订立遗嘱，让自己的儿子王小锤继承张小刀的红木家具。由于红木家具并不是王大锤自己所有的财产，因此当然不能作为自己的遗产来让继承人继承。再例如，王某是国家工作人员，利用自己的职务便利，先后收受他人送予的贿赂款500万元，藏在一处隐蔽的场所。很显然，这500万元是通过犯罪手段获得的，不属于合法财产，当然不能作为遗产继承。而且根据《中华人民共和国刑法》第六十四条的规定，犯罪分子违法所得的一切财物，应当予以追缴或者责令退赔。有限责任公司股权的继承，必须以公司章程没有相反的禁止内容为前提；普通合伙人合伙权利的继承，需要在合伙协议没有其他规定的前提下，经全体合伙人同意才能够继承。最后，能够作为遗留传承的"产"当然是指财产以及财产性利益，而不能是人的身份、头衔、官职、荣誉等。人类社会的发展本身就是"从身份到契约"的过程，中国封建时代的"袭爵""荫封"现象早已成为过去，一去不复返。

此外还应注意的是，根据我国《民法典》等相关法律的规定，能够被继承的遗产还应当是被继承人死亡时合法拥有完整产权的财产。现实生活中常有夫妻一方立遗嘱时，将夫妻共同财产作为他一个人的遗产进行处分而导致遗嘱无效的情形。当然，如果遗嘱处分了属于夫妻共同财产的房屋，也并非必然完全无效，被继承人对自己所有的一半房屋的处分仍是有效的，但对另一半的处分则是无效的。同理，如果在一份遗嘱中同时处分了自己的财产和他人的财产，那么这份遗嘱也并非完全是无效的，处分自己财产的那部分仍然是有效的，但处分他人财产的部分无效。

二、遗嘱的定义及相似概念辨析

（一）遗嘱和继承

如上所述，遗产是被继承人生前遗留下的财产；遗嘱则是指被继承人对自己去世后所遗留下的财产如何处置以及归属的嘱咐与安排。既然如此，遗嘱当然只能在被继承人死亡时才能生效。

订立遗嘱的目的就是为了被继承人去世后将财产进行传承，那么就涉及由谁来继承的问题。根据我国法律，哪些人可以成为合法的继承人呢？对于这个问题，我国法律明确规定了法定继承人的顺位。所谓法定继承人是指在没有遗嘱继承的情况下，根据法律规定取得被继承人遗产的人。这就是说，法定继承人继承遗产并不是基于被继承人的"嘱咐与安排"，而是根据法律的规定。在我国，法定继承人一共有两个顺序，不同继承顺序的意义在于，在有第一顺序继承人的情况下，第二顺序继承人是没有资格继承遗产的，只有当被继承人没有第一顺序继承人时，才由第二顺序继承人来继承被继承人的遗产。根据法律规定，第一顺序的法定继承人包括被继承人的配偶、子女与父母；第二顺序的法定继承人则包括被继承人的祖父母、外祖父母、兄弟姐妹。需要注意的是，这里所说的子女包括婚生子女、非婚生子女、养子女以及有扶养关系的继子女；这里所说的父母包括生父母、养父母以及有扶养关系的继父母；这里所说的兄弟姐妹，包括同胞兄弟姐妹、同父异母或者同母异父的兄弟姐妹、养兄弟姐妹以及有扶养关系的继兄弟姐妹。上面已经说到，法定继承人是基于法律规定而继承遗产的人，但是人们也可以通过订立遗嘱的方式将个人财产指定由法定继承人的一人或者数人继承。由此可见，在订立遗嘱时只能从法定继承人中选择继承人。

值得一提的是，有些老人因为含饴弄孙之情，在订立遗嘱时往往在有第一顺序继承人的时候，指定自己的孙子或孙女作为继承人，其实这种指定因为并不符合我国法律的有关规定，并不能成为有效的遗嘱。事实上这种把孙子、孙女指定为继承人的行为在法律上称之为"遗赠"，此时需受遗赠人在两个月内做出接受遗赠的表示才有效。

（二）遗嘱和遗赠的区别

我国《民法典》对于遗嘱和遗赠都有明确的规定。人们可以订立遗嘱来处分自己的财产，既可以立遗嘱将个人财产指定由法定继承人的一人或者数人继承；也可以立遗嘱将个人财产赠给国家、集体或者法定继承人以外的人。通常而言，前者称为遗嘱继承，而后者则为遗赠。遗嘱和遗赠是两个比较容易混淆的概念，二者既有联系又有区别。

1. 主体不同

遗嘱继承人的范围仅限于民法典规定的继承顺序范围之内，而且都必须是自然人，也就是说不能是法人或者其他组织。而受遗赠人就不一样了，受遗赠人可以是法定继承人以外的任何"人"，这里的"人"既包括自然人，也包括国家、集体、企业及其他实体。

2. 取得遗产的方式不同

遗嘱继承人是依据遗嘱的指定直接取得遗产；而受遗赠人通常则需从被继承人指定的遗嘱执行人处取得遗产。

3. 意思表示的要求不同

遗嘱继承适用沉默推定原则，也就是说遗嘱继承人在继承开始时如果没有做出放弃继承的表示，则被认为是同意继承；而遗赠则恰恰相反，适用的是沉默否定规则，这就意味着受遗赠人需在知道遗赠两个月内做出接受遗赠的表示，不然的话就会被视为放弃遗赠。

三、遗嘱的种类和效力

随着城市化进程的加快，为避免亲人反目，家庭矛盾增加，越来越多的老人选择生前立下遗嘱。但是由于前些年我国社会传统的原因，加上法治建设尚不完善，在最高人民法院的统计中，竟然有60%以上的遗嘱被确认为无效。现实生活越来越需要人们不但要有订立遗嘱的意识，更要有订立遗嘱的能力。那么，想要订立一份合法有效的遗嘱，首先需要了解我国法律认可哪些形式的遗嘱。

（一）遗嘱的种类

根据我国《民法典》的规定，我国法律承认的遗嘱形式主要有六种，分别是自书遗嘱、代书遗嘱、打印遗嘱、录音录像遗嘱、口头遗嘱和公证遗嘱。

1. 自书遗嘱

指的是由立遗嘱人亲笔书写全文、签名并且注明时间的遗嘱。自书遗嘱是生活中最常见的一种遗嘱形式，为确保自书遗嘱的有效性，法律要求立遗嘱人亲自手写遗嘱全文，并且注明年、月、日。另外，有的人在去世前写有遗书，如果在遗书中处分了本人财产，根据最高人民法院有关司法解释，只要注明了年、月、日，同时没有相反证据的，也按照自书遗嘱对待。

2. 代书遗嘱

指的是由两个以上的见证人在场见证，由见证人中的一个作为代书人代遗嘱人手写遗嘱全文，注明年、月、日，并由代书人、其他见证人和遗嘱人签名的遗嘱。在实践中，有的遗嘱人由于身体原因或者文化程度的原因无法自书遗嘱，那么代书遗嘱就解决了这种书写不能、书写不便情况的困难。由于代书遗嘱不是遗嘱人亲自书写的，所以为了保证遗嘱内容真实反映遗嘱人的意愿，法律对于代书遗嘱的规定较自书遗嘱更为严格。法律对代书遗嘱的见证人资格有特殊的要求，一般而言，无民事行为能力人和限制民事行为能力人、继承人、受遗赠人以及与继承人、受遗赠人有利害关系的人不能作为代书遗嘱的见证人。

3. 打印遗嘱

打印遗嘱是我国《民法典》首次规定的一种遗嘱类型。在日常生活中，打印文件是一件再普通不过的事情，但是在过去的很长一段时间内，我国法律是不承认打印遗嘱的，直到《民法典》才明确认可了打印遗嘱的效力，这丰富了遗嘱的形式，肯定会对今后的遗嘱订立产生深远的影响。我国《民法典》规定，打印遗嘱必须有两个以上的见证人在场，并且遗嘱人和见证人必须在打印遗嘱的每一页上签名，同时还要注明年、月、日。需要注意的是，即使是遗嘱人自己在电脑上打字后打印出来的遗嘱，也必须要有见证人，而且遗嘱人和见证人需要在每一页上签名，千万不要以为是自己打印的就不需要见证人。

4. 录音录像遗嘱

指的是以录音录像形式订立的遗嘱。其实，录音录像比起文字更能展现立遗嘱时的真实情况，也更能客观地反映出遗嘱人立遗嘱时的精神状态以及真实意思表达。录音录像遗嘱同样需要两个以上的见证人在场，而且遗嘱的内容需要展示在录音录像中。根据司法实践，采用录音录像的方式订立遗嘱的，最好由遗嘱人口述遗嘱内容，或者由见证人口述后，遗嘱人明确表示认可。另外，遗嘱人、见证人都需要在录音录像中展示出完整清晰的面部并且自报姓名。和其他遗嘱形式一样，录音录像遗嘱也需要明确录制的年、月、日，可以通过录音录像设备自动记录，或者出示当日电视台的日期等。

5. 口头遗嘱

顾名思义，指的是遗嘱人口头说出来的遗嘱。由于口头言语的不可固定性，一般要求只能是遗嘱人在危急情况下做出，且必须有两个以上见证人在场见证。而当危急情况解除后，遗嘱人能够通过书面或者录音录像形式立遗嘱的，所立的口头遗嘱则归于无效。所谓危急情况通常指立遗嘱人生命垂危或者有其他相同或相似的紧急情况等。

6. 公证遗嘱

指的是遗嘱人经公证机构公证的遗嘱。公证遗嘱需要遗嘱人本人亲自到场，由两名公证员共同办理。在办理公证遗嘱时，公证员应当制作谈话笔录，如果遇到遗嘱人属于危重病人、盲人等情形的，还需要制作录音或者录像。有一点需要特别强调，在《民法典》颁布前，公证遗嘱相较于其他遗嘱类型是具有一定的优先性的，但是《民法典》取消了公证遗嘱的这种优先性。如果遗嘱人订立了几份遗嘱的，不再以经过公证的优先，而是以订立时间的先后来认定，订立时间最晚的遗嘱为有效遗嘱，这其实体现了法律保护遗嘱人的意思自由。当然了，法律取消了公证遗嘱的优先性，并不代表着公证就没有意义，在实践中，一般人并不具备专业的法律知识，订立的遗嘱往往存在形式或者实质的要件而导致遗嘱无效。通过公证的方式，可以避免很多遗嘱上存在的法律错误，因此公证遗嘱的重要性依然存在。

（二）遗嘱的效力

在了解了不同遗嘱形式的基础上，订立一份合法有效的遗嘱便不再那么困难。订立遗嘱作为一种法律行为，其成立的要件主要包括形式要件和实质要件。关于遗嘱的形式要件，前面已经具体分析过，因此我们这里所谈的遗嘱效力问题，主要是针对遗嘱的实质要件而言的。关于遗嘱的实质要件，主要包括以下几个方面的内容。

1. 遗嘱人必须具有遗嘱能力

所谓的遗嘱能力，是指自然人依法享有的设立遗嘱以依法处分其财产的行为能力。因为订立遗嘱为民事行为，所以遗嘱能力就是遗嘱人必须有相应的民事行为能力。根据我国法律的规定，只有完全民事行为能力人，才有设立遗嘱的行为能力，限制民事行为能力人和无民事行为能力人不能订立遗嘱。当然，现实生活中存在有人以前是完全民事行为能力人，后又变成了限制行为能力人的情况，那么这种人是否具有订立遗嘱的能力呢？我国法律规定，遗嘱人是否具有遗嘱能力，要以订立遗嘱时为准。也就是说，遗嘱人在订立遗嘱时有遗嘱能力，但是之后又丧失遗嘱能力的，所订立的遗嘱也不因此而失去效力。相反，如果在订立遗嘱时遗嘱人没有遗嘱能力，之后又有了遗嘱能力的，该遗嘱仍然是无效的。

2. 遗嘱必须是遗嘱人的真实意思表示

前面讲到，订立遗嘱行为是一种民事行为，民事行为有效的必要条件就是民事行为必须是行为人的真实意思表示。所以，遗嘱必须是遗嘱人处分其财产的真实意思表示。那么怎么认定遗嘱就是遗嘱人的真实意思表示呢？原则上，应当以遗嘱人最后在遗嘱中做出的意思表示为准。根据这一条要件，遗嘱人受到胁迫或者欺骗所订立的遗嘱是无效的，伪造的遗嘱是无效的，被篡改的遗嘱部分也是无效的。

3. 遗嘱中处分的财产必须是遗嘱人自己的合法财产

既然我们说，订立遗嘱是遗嘱人处分自己财产的一种民事行为，那么遗嘱所处分的财产就必须是自己所有的合法财产，不能处分其他人的财产，也不能处分非法的财产。如果遗嘱人通过订立遗嘱处分了不属于自己的财产，或者处分了非法财产，比如将自己盗窃来的金银财宝进行遗嘱分配，这些都属于无效的遗嘱。

4. 遗嘱需要为缺乏劳动能力而没有生活来源的继承人保留必要份额

孟德斯鸠在《论法的精神》中说道："在民法慈母般的眼里，每一个个人就是整个国家。"具体到继承方面，民法不仅要保证遗嘱反映遗嘱人的真实意思表示，还必须对那些需要特殊照顾的人有公平的待遇。我国《民法典》规定，遗嘱应当对缺乏劳动能力又没有生活来源的继承人保留必要的遗产份额。这一规定属于法律的强行性规定，如果遗嘱没有为缺乏劳动能力又没有生活来源的继承人保留必要的遗产份额的话，在处理遗产时，应当先为该继承人留下必要的遗产，之后剩余的部分才能按照遗嘱确定的分配原则进行处理。

此外，还需要注意的是，在订立遗嘱时，不能损害他人的利益，不能损害社会公共利益，也不能违反社会公序良俗，否则极易导致遗嘱无效。

（三）如何订立一份合法有效的遗嘱

上面比较全面地介绍了遗嘱的形式和实质，但是如何才能订立一份合法有效的遗嘱呢？接下来，我们以自书遗嘱为例，就具体订立遗嘱来给大家一点建议。一般而言，自书遗嘱分为首部、正文和尾部三部分。

1. 首部

在遗嘱的首部，写明标题"遗嘱"，来清晰地表达遗嘱人想要订立遗嘱的真实意思表示。

2. 正文

正文部分主要写明以下几个问题：①首先写明遗嘱人的身份情况，包括姓名、性别、出生时间、公民身份证号码、民族、户籍所在地、现住址等。②其次写明遗嘱人订立遗嘱的原因，即前言部分，可以通过简短凝练的语言概括订立遗嘱的原因、宗旨就可以了。比如："本人因年老多病，恐不久于人世，为了防止本人去世后，子女对遗产继承发生纠纷，遂订立本遗嘱。"③最重要的内容就是遗嘱事项，就是遗嘱人对于处理遗产的具体意见，这部分内容一定要明确、具体。比如遗嘱人拥有的遗产数量、名称、所在地，以及遗产如何分配、由谁来继承、继承多少份额等。④最后为了保证遗嘱的效力，还可以写明遗嘱人在订立这份遗嘱前是否还订立了其他遗嘱，说明以该份遗嘱为准等内容，以免引起不必要的纠纷。

3. 尾部

遗嘱的尾部主要是遗嘱人的签名和日期。遗嘱人写完遗嘱正文后，一定要自己签名，如果有证明人在场的话，证明人也要签字。最后是很关键的日期问题，必须要明确注明订立遗嘱的年、月、日，这样才能避免存在几份遗嘱的情况下，无法判断遗嘱效力的问题。

【以案说法】

一、案情简介

王老汉与陈老太系夫妻，二人于1968年结婚，婚后育有二子，王甲与王乙，1973年夫妻俩用共同积蓄购买了一套房屋，但房产证上只写了王老汉一个人的名字，2010年陈老太不幸去世，没有留下遗嘱，为防止自己百年后两子争夺房产，王老汉遂写下自书遗嘱一份，明确其去世后其名下房屋两子各占一半继承。但自2014年王老汉便瘫痪在床，两子皆在外地甚少照顾，平时全依赖邻居张某夫妇照应。王老汉心存感激，为表谢意，便决定在意识尚清时重立遗嘱，将名下房产三分，张某夫妇及两子各占一份。某日，在王甲外地归来探父时，王老汉即将心思告知长子，并通知次子王乙到场，两子均无异议。然此时王老汉已无法执笔，只能由长子代笔重新写遗嘱一份，指定王老汉之房产由张某夫妇与两子均等继承。

不久，王老汉撒手人寰。那么，王老汉的两份遗嘱效力如何？张某夫妇能否分得王老汉的遗产？王老汉的房产到底又应该如何分呢？

二、案件分析

本案中的房产为王老汉夫妇婚后以共同积蓄购买，虽只登记在王老汉一人名下，但仍属于夫妻共同财产，每人仅拥有1/2的产权。陈老太去世时未留下遗嘱，则此时应适用法定继承的规定，由第一顺位的继承人王老汉、王甲、王乙各继承房产的1/6。此时王老汉对房屋拥有2/3的产权，该部分才是王老汉有权处置的部分。

王老汉生前立有两份遗嘱，如果两份遗嘱均符合法定形式要求，那么应当以订立在后的遗嘱为准。但是在本案中时间在后的遗嘱属于代书遗嘱，且由遗嘱受益人王甲代书，由同样作为受益人的王乙见证，这显然不符合我国《民法典》关于代书遗嘱的要求。因此，本案中王老汉后面所订立的代书遗嘱应当属于无效遗嘱。既然这份遗嘱无效，那么张某夫妇就不能获得王老汉的遗产。同时，因为王老汉后面订立的代书遗嘱无效，那么之前订立的自书遗嘱属于有效遗嘱，此时王甲、王乙当平分王老汉所有房产2/3的份额，外加其各自在陈老太处继承的，每人各拥有房屋产权的1/2。

很多代书遗嘱都是因见证人的资格不适格而被认定为无效，所以在订立代书遗嘱时一定要选择适格的见证人，避免选择遗嘱继承人的亲属或其他有利害关系的人作为见证人，有条件的可以委托专业律师，这样既可以保证见证人资格的适格性，也可以对遗嘱的内容进行审核，确保所立遗嘱合法有效。

第二节　乌鸦存吐哺之义，羔羊有跪乳之恩
——家庭成员间的扶养、抚养与赡养

【关键词】扶养、抚养和赡养的区别及其各自的法律关系

【引人入胜】

在我国计划生育政策实施的几十年里出生的独生子女，目前已逐渐步入中年行列，他们的父母也慢慢进入老年人行列，这一部分人正好处于"上有老、下有小"的时期。在家庭中，他们既要承担起赡养父母的义务，又要承担起抚养子女的责任，还有夫妻之间的扶养义务。如果在家庭中，不能很好地处理赡养老人、抚养子女以及夫妻间互相扶养等事情，很容易导致家庭出现问题。俗话说"家和万事兴"，如果家庭内部事务处理不好，在工作上和社会上也很难做出成就。因此，了解扶养、抚养和赡养的有关法律规定，对于处理好家庭内部事务具有重大的积极意义，不仅有利于家庭和谐，更有利于我们在社会上更好地工作。本节主要介绍扶养、抚养和赡养的基本含义和主要法律规定。

【条分缕析】

一、扶养、抚养和赡养的区别

扶养、抚养和赡养是三个既有区别又有联系的法律概念，很多人不能很好地明晰三者之间的关系，进而无法做出适当的判断，因此，明晰三者的概念尤为重要。

（一）扶养的概念

扶养有广义和狭义之分。广义的扶养是指，根据法律的规定，在特定的亲属之间存在的互相帮助的权利和义务关系，既包括长辈亲属对晚辈亲属的抚养，还包括同辈亲属之间的扶养，也包括晚辈亲属对长辈亲属的赡养三种形式。而狭义的扶养则指的是根据法律规定，同辈亲属之间存在的互相帮助的权利义务关系。这里我们谈的扶养，主要是指它的狭义概念。

如上所述，扶养关系主要发生在同辈亲属之间，比如夫妻、兄弟姐妹等。在我国法律中，关于扶养的规定属于法律的强制性规定，这就意味着，如果谁不履行法律规定的扶养义务，就要承担相应的法律责任。我国《民法典》明确规定了夫妻之间具有相互扶养的义务，夫妻一方如果不履行扶养义务的话，需要扶养的一方，可以要求对方给付扶养费。此外，兄弟姐妹在一定条件下也承担着互相扶养的义务，主要有两种情形。对于父母已经死亡的或者父母丧失抚养子女能力的弟弟妹妹，有负担能力的哥哥和姐姐是有扶养的义务的。反过来，由哥哥姐姐扶养长大的弟弟妹妹，在有负担能力的情况下，对于缺乏劳动能力又没有生活来源的哥哥和姐姐，也具有扶养的义务。

（二）抚养的概念

所谓的抚养，顾名思义，就是保护、抚育和教养，其目的就是为了让晚辈亲属健康成长。按照法律规定，抚养关系发生在长辈亲属和晚辈亲属之间，属于长辈亲属对晚辈亲属的义务。所谓的长辈亲属，主要是指父母、祖父母和外祖父母；所谓的晚辈亲属，主要是指未成年人和无民事行为能力人。抚养也属于我国法律规定的强制性义务，必须履行，否则就要承担相应的法律责任。长辈亲属对于晚辈亲属的抚养义务从晚辈亲属出生开始，直到晚辈亲属成年而且具有了独立生活的能力为止。抚养的内容包括保护、照顾，提供生活、教育、医疗费用等。

（三）赡养的概念

所谓赡养，指的是子女或者晚辈对于父母或者长辈亲属在经济上、生活上和情感上的帮助和照顾。赡养和抚养相对应，抚养是长辈亲属对晚辈亲属的一种义务，而赡养则是晚辈亲属对长辈亲属的一种义务；抚养的目的是为了晚辈亲属健康成长，而赡养的目的则是为了长辈亲属安享晚年。和扶养、抚养一样，赡养也是我国法律规定的强制性义务，不履行的话要承担相应的法律责任。

值得一提的是，我国《民法典》对于请求支付扶养、抚养和赡养费的案件，规定了不适用诉讼时效的规定。这就意味着，不论何时，只要对方不履行扶养、抚养或者赡养义务，都可以提起诉讼。比如，未成年人在成年后，依然可以起诉曾经在其未成年时不履行抚养义务的父母要求支付抚养费。

二、扶养的法律关系

前面我们提到，扶养关系发生在同辈亲属之间，包括夫妻之间和兄弟姐妹之间，下面分别来介绍。

（一）夫妻之间的扶养关系

夫妻之间的扶养义务是指，夫妻双方因为婚姻关系所产生的，在经济上、生活上互相帮助的法律义务，是婚姻关系的应有之意，不受夫妻感情好坏的影响。夫妻双方既有互相扶养对方的义务，也有要求对方扶养的权利，因此夫妻之间的扶养关系是相互的，既是一种义务，也是一种权利。

一般来讲，夫妻间履行扶养义务的条件主要包括两个方面的内容：一是一方有扶养的需要，二是另一方有扶养的能力。一方有扶养的需要是指，一方丧失了独立生活的能力，比如因为患病或者年老丧失了劳动能力，缺乏基本生活来源，无法维持当地的生活水平。另一方具有扶养的能力，具备相应经济能力和经济条件承担给付扶养费，履行扶养义务才有现实意义。比如说，夫妻两人都年老失去了劳动能力，这样就不能再要求另一方履行扶养义务，这时候两个人的生活就只能通过子女履行赡养义务来解决。至于什么是有扶养能力，我国法律没有规定明确的标准，只能由法院进行裁量。

根据我国《民法典》的规定，夫妻间一方如果不履行扶养义务，另一方有权利要求对方给付扶养费。可见，夫妻间履行扶养义务的方式之一就是给付扶养费，但是这也并不意味着给付扶养费就是夫妻间履行扶养义务的唯一方式。我们认为，夫妻之间并不仅仅是财产关系，更重要的是人身关系，因此还需要通过生活上、精神上的照顾来全面履行扶养义务。

（二）兄弟姐妹之间的扶养义务

我国《民法典》规定的兄弟姐妹包括同胞兄弟姐妹、同父异母或同母异父兄弟姐妹、养兄弟姐妹和继兄弟姐妹。通常情况下，兄弟姐妹由父母来抚养，他们之间应该不存在扶养的关系，但是在特定情况下，兄弟姐妹之间也会发生扶养的法律关系。

根据我国法律的规定，兄弟姐妹之间的扶养义务和夫妻间的扶养义务并不完全相同，并不是完全没有条件的，兄弟姐妹之间的扶养义务是相对的、有条件的。下面按照哥哥姐姐对弟弟妹妹的扶养和弟弟妹妹对哥哥姐姐的扶养来分别介绍适用条件。

1. 哥哥姐姐承担对弟弟妹妹的扶养义务的条件

首先，哥哥姐姐要有负担能力，如果哥哥姐姐自己的生活都很困难，无法保障自己的正常生活，那么他们就不具有扶养弟弟妹妹的义务；其次，父母已经死亡或者没有抚养能力，如果父母在世或者父母具有抚养子女的能力，那么就不需要哥哥姐姐来扶养弟弟妹妹；最后，弟弟妹妹为未成年人，如果弟弟妹妹已经成年了，那么哥哥姐姐就没有扶养他们的法定义务。上述三个条件需要同时具备，哥哥姐姐才需要承担对弟弟妹妹的扶养义务。

2. 弟弟妹妹承担对哥哥姐姐的扶养义务的条件

首先，弟弟妹妹是由哥哥姐姐扶养长大的，这也就体现了我们上面说的，兄弟姐妹之间的扶养关系的相对性。如果哥哥姐姐没有扶养弟弟妹妹，那么弟弟妹妹就不需要承担扶养哥哥姐姐的义务。其次，弟弟妹妹要有负担能力，这和哥哥姐姐对弟弟妹妹的扶养一样，法律不能强迫人们去做自己无法做到的事情。最后，哥哥姐姐缺乏劳动能力，没有生活来源。上述三个条件需要同时具备，弟弟妹妹才需要承担对哥哥姐姐的扶养义务。

（三）因扶养关系发生的法律纠纷

因扶养关系发生的法律纠纷，是指夫妻或者兄弟姐妹等平辈亲属之间，因为扶养的法定权利义务而发生的纠纷。因扶养而发生的法律纠纷的特征主要体现在：扶养关系发生在平辈亲属之间，具有明显的身份属性。夫妻之间的扶养义务平等，兄弟姐妹之间的扶养义务是相对的。扶养关系纠纷不受诉讼时效的限制。

实践中，很多人关心的问题是如果向法院起诉要求对方支付扶养费，那么扶养费的支付标准是多少呢？目前我国法律没有明确规定扶养费的标准，全国各地因为经济社会发展水平不一，也不能用某一个地方的标准来推断全国的标准，因此具体的扶养费标准，需要由法院结合当地的经济社会发展状况，使用裁量权做出合理的判决。

三、抚养的法律关系

因为抚养关系是长辈亲属对晚辈亲属的单向关系，因此不必进行区分。在此主要介绍涉及抚养关系的法律纠纷。涉及抚养关系的法律纠纷主要表现为以下几个方面的特征：抚养具有长期性，从子女出生到成年，具备独立生活能力为止；抚养义务不因夫妻双方离婚而免除；抚养的对象除了婚生子女，还包括非婚生子女、继子女和养子女；除了父母对子女具有抚养义务，在父母去世或者丧失抚养能力的情况下，祖父母和外祖父母对孙子女、外孙子女也具有抚养义务。

根据《民法典》规定，夫妻双方离婚时，对于不满两周岁的子女，以母亲直接抚养为原则；对于已满两周岁的子女，父母双方对于抚养问题无法达成协议的，按照最有利于子女的原则进行处理；如果子女已经满八周岁，应当充分尊重子女的真实意愿。

TIPS：

对于不满两周岁的子女，虽然以母亲直接抚养为原则，但是并不绝对。如果母亲患有传染性疾病或者其他严重疾病，不宜和子女共同生活，或者母亲有抚养子女的条件，但是却不承担抚养义务等情况，虽然子女不满两周岁，也是可以和父亲一起生活的。

对于两周岁以上的未成年子女，父母双方都希望和他共同生活的，如果某一方有下列情形之一的，人民法院可予优先考虑让子女和其生活：一方已经做了绝育手术或者丧失生育能力；一方和子女生活时间较长，改变生活环境对子女成长明显不利；一方没有其他子女，但是另一方有其他子女；一方和子女生活对子女有利，而另一方不宜和子女共同生活。

（一）涉及抚养费支付纠纷的诉讼主体

在很多人的观念里，可能涉及抚养关系的纠纷中，原告就是子女，被告就是不履行抚养义务的父母。其实，现实生活要复杂得多，除了子女作为原告，其实父母也可以作为原告，主要包括如下两种情况。

1. 夫妻离婚后，子女为原告，直接抚养子女的一方为法定代理人，不直接抚养子女的一方为被告

此时，按照诉讼请求的不同，又可以分成两种情形：原告要求被告支付抚养费和原告要求被告变更抚养费。我国法律有明确的规定，具有下列情形之一，且不直接抚养方有支付能力的，未成年人可以要求其增加抚养费：原先约定的抚养费数额已经不足以维持子女在当地的生活水平；因为患病、上学等原因，实际的需要已经超过原先约定的数额等。

2. 夫妻离婚后，不直接抚养子女的一方为原告，子女和直接抚养子女的一方为共同被告

这种情况主要是指，夫妻双方在离婚时，已经就抚养费达成协议，但是后来因为某些客观原因，不直接抚养子女的一方要求变更抚养费。尽管抚养子女是父母的义务，但是如果父母没有抚养能力，如收入明显减少，很难维持正常的生活水平，或者患疾病丧失劳动能力，又没有经济来源，无法按照原先约定的数额支付抚养费等，也不能太过强求他们。此时是可以要求适当减少抚养费的。当然，如果上述情况消失了，父母亲又恢复了之前的抚养能力，那么他是应该恢复到原来的抚养费数额的，否则未成年人就可以作为原告起诉对方。

（二）抚养费的支付

1. 抚养费的支付标准

按照我国法律的规定，父母支付子女抚养费的标准，应当结合父母的承担能力、子女的实际需要和当地的生活水平来最终确定：如果父母有固定收入，一般按照月收入的20%～30%的比例支付抚养费；如果负担的是两个以上子女的抚养费用的话，比例应适当提高，但是不应当超过父母月收入的一半。当然，这个比例也不是一成不变的：如果父母的收入过高，可以适当下调支付比例；如果父母收入过低，也可以适当上调支付比例。也就是说，并不是说父母收入越高，需要支付的抚养费就必然会越高。如果父母没有固定收入的话，就需要首先明确父母当年的总收入或者父母所处行业的平均收入，再按照20%～30%的比例进行支付。

2. 抚养费的支付方式

按照法律的规定，抚养费应当定期支付，有条件的也可以一次性支付。所谓的定期支付，主要是指按月支付和按年支付，除非对方愿意，一般情况下很少有一次性支付的情况。实践中，支付抚养费的方式主要包括以下几种：包干支付，就是夫妻双方在离婚时，约定由不直接抚养子女的一方按月或者按年支付固定的抚养费；实报实销支付，就是指不直接抚养子女的一方，按照每月或者每年子女的教育、医疗和生活费用的实际花费来支付抚养费。

3. 抚养费的支付内容

根据我国相关法律的规定，父母给子女支付的抚养费，主要包括子女的生活费用、教育费用和医疗费用三部分。这三部分内容主要是指基本性的支出，比如教育费用指的是在公立学校读书的正常费用，如果直接抚养子女的一方送子女去费用十分高昂的私立学校读书，或者参加课外兴趣班、培训班，那么这部分费用就需要和不直接抚养子女的一方商量，不能笼统地让对方承担所有的花费。

4. 抚养费的支付期限

我国法律明确规定，抚养费的支付对象是未成年子女和不能独立生活的子女。未成年子女很好理解，就是未满十八周岁的子女，那么如何理解不能独立生活的子女呢？不能独立生活的子女，主要指的是尚在校接受高中及其以下学历教育，或者丧失劳动能力等而不能自己维持正常生活的子女。所以，一般情况下支付抚养费的期限是子女满十八周岁，但是这并不全面，还需要根据具体问题进行具体分析。原则上抚养费的支付期限是子女满十八周岁；子女已年满十八周岁，但是还在读高中没有毕业的，可以延长支付抚养费到毕业；子女虽然年满十八周岁，但是丧失劳动能力的，可以适当延长支付抚养费的期限；在支付了法律规定的期限之外，父母双方也可以就对子女的抚养费支付进行协商，比如父母协商虽然子女已经成年，但是继续支付抚养费到子女研究生毕业，也没有任何问题。

四、赡养的法律关系

如前所述，与抚养一样，赡养同样是法律规定的强制性义务，负有赡养义务的人不能以放弃继承权或者其他原因，拒绝履行赡养义务。

（一）赡养义务的内容

我国《民法典》规定，成年子女对父母负有赡养、扶助和保护的义务。成年子女如果不履行赡养父母义务的，缺乏劳动能力或者生活困难的父母，是有权利要求成年子女支付赡养费的。那么，究竟成年子女怎么做才叫尽到了赡养义务呢？我们认为，赡养老人不仅要在经济上供养，还要在生活上照料，在精神上慰藉，尽力满足老年人的特殊需求。也就是说，要尽到赡养老人的义务，绝不仅仅是给父母生活费就够了的，相对于经济上的赡养，老人可能更需要的是精神上的慰藉和生活上的照料。比如，我们应当妥善安排老人的住房，适当改善老人的居住环境。如果老人自己拥有住房的，负有赡养义务的人不能私自占有，而应当根据住房情况进行修缮。如果老人自己没有住房的，负有赡养义务的人应该为老人提供适合居住的房屋。我们应当细心照料老人的生活，不能让老人承担力所不及的劳动。对于生活不能自理的老人，应当更加用心照顾，保障老人的饮食、疾病治疗等，使老人在感情上得到慰藉，在生活上得到照顾，愉快地安享晚年。

（二）负有赡养义务的人员

1. 成年子女对于父母具有赡养的义务

子女对于父母的赡养义务，不仅仅发生在婚生子女和父母之间，也发生在非婚生子女和生父母之间，还发生在养子女和养父母之间，以及履行了抚养义务的继父母和继子女之间。

2. 有负担能力的孙子女、外孙子女对于子女去世或者子女没有赡养能力的祖父母、外祖父母具有赡养义务

孙子女、外孙子女对祖父母、外祖父母的赡养义务和子女对父母的赡养义务不同，需要满足下述条件。

（1）孙子女、外孙子女本身有负担能力。如果孙子女、外孙子女是未成年人或者没有固定的收入来源，生活本来就已经难以为继了，此时是不能强求他们去赡养祖父母、外祖父母的。

（2）祖父母、外祖父母的子女去世或者子女丧失赡养能力。如果祖父母、外祖父母的子女具有赡养能力，那么赡养义务就应该由祖父母、外祖父母的子女来承担，不需要孙子女、外孙子女来承担。如果祖父母、外祖父母拥有固定的收入来源，生活上也完全可以自理，那么他们的孙子女、外孙子女也可以免除赡养义务。

嫁出去的女儿依然对父母具有赡养义务。在我国一些地区的风俗习惯中有这样的观点，认为"嫁出去的女儿是泼出去的水"，既不继承父母的遗产，也不承担赡养父母的义务。这种观点显然和我国法律的规定不符，子女对于父母的赡养义务是法定义务、强制性义务，当然不会因为出嫁而免除。

3. 负有赡养义务人的配偶的赡养协助义务，这里是指儿媳对公公婆婆、女婿对岳父岳母的赡养协助义务

所谓的赡养协助义务，是指负有赡养义务人的配偶需要提供帮助，使得负有赡养义务的人履行赡养义务。如果负有赡养义务人的配偶不履行赡养协助义务，导致负有赡养义务的人不能履行赡养义务时，可以要求分割夫妻共同财产。

（三）赡养费的内容和计算方式

1. 赡养费的内容

子女对老人支付的赡养费，主要包括以下几个方面的内容：①基本赡养费，主要包括衣食费用和日常生活开支。②疾病治疗费，比如有的老人患有慢性疾病，需要日常服药，那么这部分医药费用也包括在赡养费范围内。③护理费，主要是指生活不能自理的老人，子女本来应该照顾，但是子女因为各种原因不能亲自照顾的，就需要他人代为照顾，这个费用也属于赡养费的范畴。④住房费，老人有住房的就要妥善安排老人的住房，如果老人没有住房、子女又无法提供给老人住房的，那么就只能租房，这部分费用也是赡养费的一部分。

2. 赡养费的计算方式

确定了赡养费的范围之后，就需要理清楚子女需要支付的赡养费的数额，这就涉及赡养费的计算问题。首先需要计算出子女家庭的人均月收入。如果人均月收入低于最低生活保障线时，视为该子女无力赡养；如果人均月收入高于最低生活保障线时，两个子女以内的按照超出最低生活保障线部分的50%计算赡养费，三个子女以上的按照超出最低生活保障线部分的40%计算赡养费。

【以案说法】

一、案情简介

小黄是老黄与王某的婚生子。2014年老黄和王某协议离婚，二人约定小黄由女方王某抚养，老黄每月支付1500元抚养费。2015年王某因患重度抑郁需要治疗，所以将小黄送给老黄抚养，老黄和小黄一起生活了三年。后来王某于2018年将小黄接回抚养。老黄诉至法院要求王某支付三年的抚养费。一审法院判决王某支付老黄三年的抚养费共计37000元。一审判决后，双方均不服上诉。二审法院启动了调查程序，查明王某曾患重度抑郁，出院后需要定期服药，其间王某每月只有2000元收入，但是即使这样，王某在小黄和老黄生活期间，还为小黄购买了不少学习、生活用品。基于调查的情况，二审法院判决驳回老黄的全部诉讼请求。

二、案件分析

离婚后，一方抚养的子女，另一方应负担必要的生活费和教育费。抚养费的确定既要考虑子女的实际需要，又要考虑父母的实际负担能力，并不能简单以是否给付金钱来评价。王某在自身患病且需要定期服药的情况下，依然为小黄购买学习和生活用品，在病情稳定后就将小黄接回，这些都能证明王某在积极地履行抚养义务。因此二审法院做出了上述判决。

正如二审法院所认定的一样，判断抚养义务人是否履行了抚养义务，不能简单地以金钱作为唯一的衡量标准。这样的判决，不仅仅是对法律精神的准确把握和理解，更是情、理、法融合的典范，体现了法律的温情。

第三节　螟蛉有子难养，蜾蠃负之不悔
——继父母、继子女和养父母、养子女

【关键词】继子女　养子女　收养的成立　收养的解除

【引人入胜】

2017年，年代情感剧《养母的花样年华》播出，感动了不少观众。剧中的林秋雯二十年如一日，含辛茹苦地将三个养子女抚养成人，从一位花样少女到两鬓斑白，这样一位伟大的母亲无怨无悔，负重前行，诠释了人性的光辉。但是不得不说，在现实生活中，由于缺少了血缘关系的维系，许多继父母和继子女之间、养父母和养子女之间，并不像电视剧中那样温馨，不可避免地会出现这样或者那样的问题，甚至数年亲情反目成仇，不得不对簿公堂。那么，继父母和继子女之间、养父母和养子女之间的法律关系是怎么样的，他们之间又存在着怎样的法律权利和义务呢？本节分别从继父母和继子女、养父母和养子女两个方面进行介绍。

【条分缕析】

一、继父母和继子女的法律关系
（一）继父母、继子女的法律概念
所谓的继父母、继子女的法律关系，指的是由于子女的生父或者生母携带子女再婚而形成的一种权利义务关系。在古代，受到宗法观念的影响，继子女常常

受到继父母的歧视和虐待，生活十分艰难。新中国成立后，《婚姻法》和《民法典》都确立了继父母和继子女之间不得歧视或者虐待的原则。

由于继父母和继子女之间毕竟不同于亲生父母和子女，并不绝对地存在法律规定的权利义务。因此，从继父母和继子女之间的法律权利义务关系出发，我们认为有必要对继父母和继子女之间的关系进行分类。《民法典》规定，继父母和受其抚养、教育的继子女之间的权利义务关系，适用于父母子女之间的权利义务关系。也就是说，我们可以以继父母和继子女之间是否存在抚养教育关系来对继父母和继子女的关系进行分类。

1. 子女的生父或者生母再婚时，子女已经成年

如果子女的生父或者生母再婚时，子女已经成年，那么从法律上来讲，该子女就不存在受父母抚养的必要了。此时，继父母和该子女之间就没有形成抚养、教育关系，不适用《民法典》中关于父母子女的权利义务的规定。这种情况下的继父母和继子女之间的关系，仅仅是一种基于生父或者生母再婚而产生的一种姻亲关系。

2. 子女的生父或者生母再婚时，子女尚未成年，但是没有和继父母共同生活

如果子女的生父或者生母再婚时，子女虽然没有成年，但是没有和继父母共同生活，一般来说，这种情况下继父母和继子女之间没有产生抚养、教育的关系，他们之间也仅仅是一种姻亲关系。如果再婚的一方和他的再婚配偶虽然没有和子女共同生活，但是用夫妻共同财产支付子女的抚养费用，这种情况能不能认定继父母和继子女之间存在着抚养教育的关系呢？本书认为，法律规定的"抚养、教育"更侧重于人身关系方面的付出，而不仅仅是财产方面的付出。"抚养、教育"的内涵也不是支付抚养费所能涵盖的，基于支付抚养费来认定继父母和继子女之间存在抚养、教育关系，进而要求继子女对继父母履行赡养义务，不符合法律的精神，并且存在权利义务不对等的问题。因此，即使是不和未成年子女共同生活的一方，用和现任配偶的共同财产支付抚养费的，也不宜认定该子女和继父母之间存在抚养教育的关系。

3. 子女的生父或者生母再婚时，子女尚未成年，且随继父母共同生活

如果子女尚未成年，和继父母共同生活，继父母负担了部分或者全部的生活费用，且对子女进行了抚养、教育，尽到了照料生活的义务，只要这种关系维持得较稳定，时间也比较长，那么继父母和继子女之间就存在着抚养、教育的关系，那么他们之间就属于拟制血亲的关系，法律就认为他们之间的关系和亲生父母子女之间的关系相同。但是，继父母和继子女共同生活多久，才能算作时间比较长呢？关于这一点，法律没有明确规定，也很难做出比较合理的规定，只能根据不同的情况做出相应合理、合法的判断。

（二）继父母和继子女的法律地位和权利义务

如前所述，只有继父母和继子女之间存在抚养、教育的关系，他们之间才具有拟制血亲的法律效力，否则就只是姻亲关系。继父母和继子女之间如果只是姻亲关系，那么他们之间就不存在法律意义上父母和子女之间的权利义务关系，只是一种名义上的父母子女关系。这种情况下，继父母如果没有履行抚养继子女的义务，也不能享受继子女对他们的赡养权利；继子女因为没有享受到继父母的抚养，因此也不必承担对继父母的赡养义务。

但是如果继父母和继子女之间存在抚养、教育关系，双方之间的关系就是拟制血亲，就存在和亲生父母子女之间相同的权利义务。此外，由于父母和子女之间的权利义务关系不随着父母的离婚而消失，所以，继父母和没有共同生活的亲生子女之间、继子女和没有共同生活的亲生父母之间，依然存在着法律规定的权利义务关系。也就是说，此时，继父母、继子女都有双重的权利义务。这种双重的权利义务体现在很多方面：如继子女既有享受亲生父母抚养的权利，又有享受形成抚养、教育关系的继父母抚养的权利；继子女既有赡养亲生父母的义务，又有赡养形成抚养、教育关系的继父母的义务；继子女既享有继承亲生父母遗产的权利，也享有继承形成抚养、教育关系的继父母遗产的权利；继父母既有享受亲生子女赡养的权利，又有享受形成抚养、教育关系的继子女赡养的权利；继父母既有抚养、教育亲生子女的义务，又有抚养、教育和他们形成抚养、教育关系的继子女的义务；继父母既享有继承亲生子女遗产的权利，也享有继承形成抚养、教育关系的继子女遗产的权利。

（三）继父母和继子女之间关系的解除

继父母和继子女之间关系的解除，只有两种途径：一种是子女的生父或者生母与继母或者继父离婚；另一种是子女的生父母或者继父母死亡。

1. 子女的生父或者生母与继母或者继父离婚

前面提到，继父母和继子女之间没有血缘关系，他们之间要么是姻亲关系，要么是拟制血亲关系。当子女的生父或者生母与继母或者继父离婚后，继父母和继子女的关系有以下几种情况。一是如果继父母和继子女之间不存在抚养、教育的关系，那么继父母和继子女之间就是一种姻亲关系。既然是姻亲关系，那么就随着婚姻关系的存在而产生，随着婚姻关系的结束而解除。简言之，如果继父母和继子女之间不存在抚养、教育的关系，那么子女的生父或者生母与继母或者继父离婚后，子女和继父母之间的关系自然解除。二是如果继父母和继子女之间存在抚养、教育关系，此时子女的生父或者生母与继母或者继父离婚的，需要充分尊重当事人的意愿。如果继父母不愿意继续抚养、教育继子女的，继父母子女关系就解除；如果继父母愿意继续抚养、教育继子女的，继父母子女关系也可以继续存在。法律不能因为继父母和继子女之间曾经存在抚养、教育关系，就强制要求这种关系继续存在，这既不符合法律的精神，也有违社会生活常理。三是如果继子女在继父母的长期、稳定的抚养教育下，已经长大成人，继子女的生父或者生母和继母或者继父离婚的，那么继父母和继子女之间的权利义务关系并不能够自然解除。因为继父母已经尽到了抚养、教育继子女的义务，并将继子女养育成人，他们之间的关系就相当于亲生父母子女之间的关系，此时如果因为亲生父母和继父母离婚而让继父母和继子女之间的关系自然解除，那么对于履行了抚养、教育义务的继父母是不公平的，他们履行了义务，却得不到相应的权利。所以，在这种情况下，继父母和继子女之间的关系并能不自然解除，继子女仍然具有赡养继父母的义务。

2. 子女的生父母或者继父母死亡

子女的生父母或者继父母死亡的，继子女和继父母之间的关系是否解除，同样要分具体情况进行判断。一是如果子女未成年且生父或者生母死亡，继父母和继子女之间存在抚养、教育的关系，那么从有利于未成年人的原则考虑，继父母和未成年继子女之间的关系依然存在。但是如果未成年继子女的另一方生父或者生母要求抚养子女的，在征求继父母意愿的情况下，可以认为继父母和继子女之间的关系解除。二是如果子女已经成年，其生父或者生母死亡，继父母和继子女之间存在抚养、教育关系，那么因为继父母尽到了抚养、教育继子女的义务且已经将继子女养大成人，一般情况下继父母和继子女的关系不能自然解除。三是如果子女未成年且生父或者生母死亡，继父母和继子女之间不存在抚养、教育的关系，那么继父母和继子女之间就是一种姻亲关系，这种姻亲关系会随着一方的死亡而宣告解除。四是如果继父母死亡，且在生前没有和继子女形成抚养、教育关系，双方就是一种姻亲关系，那么继父母和继子女的关系就会因为一方的死亡而宣告解除。五是如果继父母死亡，且在生前和继子女形成抚养、教育关系的，那么不管继子女成年还是未成年，继子女和继父母之间的抚养、教育关系已经形成，那么继父母和继子女的关系就不能因为一方死亡而解除。

二、养父母和养子女的法律关系

养父母和养子女因为收养行为而发生法律关系。因此，要探讨养父母和养子女的法律关系，首先要梳理清楚什么是收养行为以及收养行为的法律效果。明白了收养行为的法律效果，就明白了养父母和养子女之间的法律关系。

（一）收养的法律概念和法律效果

1. 收养的法律概念

所谓收养，是指按照法律规定的条件和程序，将原本属于他人的子女作为自己的子女进行抚养，从而使得原本没有父母子女关系的人，依法产生父母子女关系的一种法律行为。根据收养的法律概念，我们不难看出，要完成一个收养行为，需要涉及送养人、被收养人和收养人三个方面的当事人。只有上述三个方面的当事人都符合法律的规定，且按照法律规定的程序办理，才是合法的收养关系。下面我们从收养涉及的当事人和收养程序进行分析。

（1）送养人。根据《民法典》的规定，可以作为送养人的范围包括了个人和组织。一是孤儿的监护人。被收养人的父母死亡，或者父母不具备完全行为能力的，被收养人的监护人可以作为送养人，同时法律对监护人送养孤儿做出了特殊的规定，那就是监护人送养孤儿必须征得对孤儿有抚养义务的人的同意。如果对孤儿有抚养义务的人不同意监护人送养孤儿的，同时监护人也不愿意继续履行监护职责的，就应当按照法律规定变更孤儿的监护权。另外，法律为了保护未成年人的合法权利，规定如果未成年人的父母不具备完全民事行为能力，且可能对未成年人造成严重危害的，未成年人的监护人可以将未成年人送养。二是儿童福利机构。根据《未成年人保护法》的有关规定，儿童福利机构主要收容和抚养被遗弃的婴幼儿、查找不到生父母的婴幼儿、无人抚养的孤儿。因为这些人都无法找到监护人或者抚养人，所以只能由儿童福利机构作为送养人。三是有特殊困难无力抚养子女的生父母。原本父母对子女的抚养义务是不能免除的，但是现实生活中确实有很多特殊情况，比如父母都是残疾人，丧失劳动能力，且没有生活来源的，的确没有能力抚养子女，这时候法律允许父母将子女送养他人，其实正是为了维护子女的利益。

（2）被收养人。根据《民法典》规定，分别是丧失父母的孤儿、查找不到生父母的未成年人、生父母有特殊困难无力抚养的子女等三类未成年人可以作为被收养人。

（3）收养人。我国法律规定，收养人需要同时具备以下几个条件：一是收养人无子女或者只有一名子女。这是《民法典》和之前的收养法规定的不同之处，为了和现在的生育政策相适应，《民法典》放宽了收养人的条件和收养子女人数的限制，将收养人"无子女"修改为"无子女或者只有一名子女"；将收养人只能收养一名子女放宽为有子女的收养人只能收养一名子女，无子女的收养人可以收养两名子女。二是收养人有抚养、教育和保护被收养人的能力。为了维护被收养人的利益，收养人应当具备经济、思想道德、教育能力和健康等方面必要的条件，也就是说收养人有实际履行作为被收养人父母的义务与责任的能力，能满足被收养人健康成长的实际需要。三是收养人没有患在医学上认为不应当收养子女的疾病。如果收养人患有能危害儿童身心健康或影响儿童健康成长的疾病，那么就存在疾病传染给被收养人，影响被收养人健康的可能，不利于被收养人的健康成长。四是收养人没有不利于被收养人健康成长的违法犯罪记录，这也是《民法典》新增加的规定，是防患于未然的必要规定。五是收养人须年满三十周岁。六是如果收养人是没有配偶的人，被收养人是异性的，那么还需要满足收养人和被收养人的年龄应当相差四十周岁以上的要求。

（4）收养的法定程序。收养行为要成立，不仅要满足上面谈到的实质条件，还需要满足法律规定的形式要件，也就是法定的程序。《民法典》规定，收养应当向县级以上的民政部门登记，收养关系从登记之日起成立。此外，法律还规定了收养公告、收养协议、收养公证等制度。收养公告是指，收养查找不到生父母的未成年人时，办理登记的民政部门需要在登记前进行公告。收养协议指的是，收养的当事人愿意签订收养协议的，可以签订收养协议，不签订也不强制签订。收养公证是指，收养的一方或者各方当事人要求办理公证的，就必须办理公证。

2. 收养的法律效果

收养的法律效果其实非常简单，主要分为两个方面：一方面，通过收养行为，收养人和被收养人产生了和亲生父母子女之间相同的权利义务关系，在法律上称之为拟制血亲，即在法律上被视为具有血缘关系的亲属，从收养成立的那一天起，收养人和被收养人就是法律意义上的父母和子女的关系，而且养子女和养父母的近亲属之间的权利义务关系就是法律意义上的有血缘关系的近亲属之间的权利义务关系。另一方面，被收养人和亲生父母之间的关系，因被收养而消除；被收养人和其他近亲属之间的权利义务关系也因为收养而消除。

TIPS：

从法律意义上讲，被收养后，被收养人就和他的亲生父母以及其他近亲属没有关系了，此时，被收养人是不能继承他亲生父母的遗产的。但是，被收养人和亲父母之间没有关系只是从法律意义上而言，并非从血缘关系上而言，血缘关系是人类自然结合产生的结果，是一种事实，并不能因法律而否定其存在。只要血缘关系存在，在结婚时就一定会受到血缘关系的禁止性规定的约束。

（二）收养解除的条件和法律效果

1. 收养解除的条件和程序

解除收养主要有两种情况，一是协议解除，二是法定解除。收养的协议解除，是指养父母和养子女之间达成一致，双方同意解除他们之间基于收养建立起来的法律权利和义务。不难看出，协议解除的条件就是养父母和养子女之间达成解除收养的合意。一般情况下，被收养人没有成年的话，收养人是不能和被收养人解除收养关系的，但是如果收养人和送养人达成解除协议的，就可以解除。如果被收养人年满八岁，就不仅需要收养人和送养人达成协议，还需要征求被收养人的意见。协议解除的，不仅要解除身份关系，还需要对收养解除后相关的财产关系达成一致，如果确实无法达成一致，还可以通过诉讼途径解决。通过协议来解除收养关系的，需要到民政部门办理解除收养关系的登记。双方当事人应当带着自己的身份证、户籍证明、收养登记证和解除收养关系的协议，一起到被收养人经常居住地的民政部门办理解除手续。民政部门经过审查后，认为符合法律规定的，就会收回收养证，发给当事人解除收养关系的证明。

收养协议的法定解除，是指收养关系中出现了法律规定的解除条件，但是双方又达不成解除收养的协议，那么根据法律规定将收养关系进行解除的行为。收养关系法定解除的条件包括：收养人不履行抚养义务，有虐待、遗弃等侵害未成年养子女合法权利等行为的。收养关系成立以后，养父母和养子女之间形成拟制血亲关系，养父母具有抚养、教育养子女的义务，如果养父母不履行抚养、教育养子女的义务，虐待、遗弃未成年养子女的，送养人就有权利要求解除收养关系。此时，如果送养人和收养人达不成解除收养的协议，就通过诉讼途径来解除。养父母和成年养子女关系恶化，无法共同生活的，此时，如果双方能够达成解除收养的协议，那么就可以通过协议解除收养关系，但是如果双方达不成解除收养关系的协议，那么就只能通过法律途径来解决，即向人民法院提起诉讼。

2. 收养解除的法律后果

收养解除的法律后果主要体现在身份关系的法律后果和财产关系的法律后果两个方面。

（1）身份关系的法律后果。身份关系主要是养子女和养父母的关系以及养子女和亲生父母的关系。收养关系解除以后，养子女和养父母之间的权利义务关系随即消除；养子女和养父母其他近亲属之间的权利义务关系也随即消除。收养关系解除以后，未成年养子女和他的亲生父母的权利义务关系自行恢复，和其他近亲属之间的权利义务关系也自行恢复。收养关系解除以后，成年养子女和他的亲生父母以及其他近亲属之间的权利义务关系是否恢复，可以协商决定。这也就意味着，成年养子女和养父母解除收养关系后，也有可能不和他的亲生父母恢复权利义务关系，但是基于保护未成年人的权利考虑，未成年人就不允许像成年人这样协商恢复，而是自行恢复。

（2）财产关系的法律后果。养父母将养子女养育成年的，收养关系解除后，养子女应该给缺乏劳动能力和生活来源的养父母生活费。因为虽然收养关系解除了，但是毕竟养父母将养子女养大成人，养子女应当为没有劳动能力和生活来源的养父母提供生活费，来维持他们的基本生活，符合人之常情。如果是因为养子女在成年后虐待、遗弃养父母才解除收养关系的，养父母有权利要求养子女补偿收养期间他们支出的抚养费。如果是因为养子女的亲生父母要求解除收养关系的，那么养父母有权利要求养子女的亲生父母适当补偿收养期间养父母支出的抚养费。如果养父母存在虐待、遗弃养子女等行为的，养父母就不能要求养子女的亲生父母支付抚养费。

【以案说法】

一、案情简介

甲女和甲男原系夫妻，婚后二人育有一子小甲。小甲五岁时，甲女和甲男离婚，小甲由甲男抚养。小甲七岁时，甲男和乙女结婚，小甲由甲男和乙女共同抚养。小甲十五岁时，甲男因意外去世，小甲和乙女继续共同生活。小甲三十岁时因病去世，名下有两处房产和某公司20%的股份，此时小甲的生母甲女通过继承的方式获得了小甲的房产和股权。小甲的继母乙女向法院提起公诉，请求继承小甲的遗产，并向法庭提交了和甲男的结婚证、小甲的医疗费付款凭证、全家福合影等证据，证明其和小甲已经形成了继母和继子之间的抚养、教育关系。

二、案件分析

法院经审理认为，乙女提供的结婚证、医疗费付款凭证、全家福合影等证据，共同证明了乙女在小甲七岁时和小甲父亲甲男结婚，并且小甲和甲男、乙女共同生活，此时小甲尚未成年。乙女在和甲男结婚后，夫妻二人共同承担小甲的生活费、教育费、医疗费等，因此乙女和小甲之间形成了法律规定的具有抚养、教育关系的继母子关系，因此乙女具有继承小甲遗产的权利。同时，甲女是小甲的亲生母亲，这个关系并不会因为甲女和甲男的离婚而改变，因此甲女也有继承小甲遗产的权利。所以，最终法院判决甲女和乙女都对小甲的遗产具有继承权，二人按照一定比例获得小甲的遗产。这个案例主要体现了两个方面的法律知识：一是具有抚养、教育关系的继父母子女之间的权利义务关系和亲生父母子女之间的关系相同；二是亲生父母子女之间的权利义务关系不因为父母的离婚而解除。

第四节　新社会父子各有人格，旧观念债务未必遗传

——父债是否子还

【关键词】合同的相对性　合同相对性的突破　父债父还和父债子还的情形

【引人入胜】

相信很多人都会在影视剧中看到这样的桥段：一群恶霸围着孤儿寡母，说道"父债子还，天经地义。今天你要是不还钱，就休怪我不客气了"。即使在现实生活中，也有不少人认为"父债子还"是"天经地义"的事情。但是我国法律究竟认不认可这种行为？自己借出去的钱，当借钱人去世后，还能不能找他的儿子讨要呢？除了"父债子还"之外，社会上还保留着很久以来流传下来的朴素的民间规则，这种民间规则在某些地方、某些时候甚至会得到很多人的支持和认可，比如"法不责众"等。对于这些，我国法律有没有相应的规定，如果有，又是怎么规定的呢？本节我们以父债是否子还为例，主要介绍合同的相对性及其例外情形，并对一些民间社会中存在的规则进行评析。

【条分缕析】

一、合同的相对性及其突破

随着社会经济的不断发展和繁荣，人们通过订立合同的方式来实现交易会越来越普遍。合同存在的意义就是为了合同的消亡，也就是说人们订立合同就是为了履行合同，合同履行完毕，自然就趋于消亡。但是为了实现合同约定的目的

即履行合同，有时候不仅需要合同双方的互相配合，还需要第三方介入合同关系中。虽然合同的约定只对合同约定的各方具有约束力，但是在有第三人介入的情形下，我们不能完全忽视第三人的参与及相关各方的利益，因此，不能一味机械地用合同相对性的原则来套用在市场行为中，而是需要在坚持合同相对性原则的基础上灵活处理。这就涉及合同的相对性和对合同相对性的突破等问题。

（一）父债父还、子债子还——合同的相对性

所谓合同的相对性，指的是合同约定的各项权利义务关系，只能约束签订合同的各方，而不能约束与合同没有关系的第三人。根据《民法典》第四百六十五条的规定："依法成立的合同，仅对当事人具有法律约束力，但是法律另有规定的除外。"

用通俗的话来说，合同相对性的原则就是父亲签订的合同由父亲来履行，儿子签订的合同由儿子来履行；父亲欠的债父亲还，儿子欠的债儿子还。比如说，甲和乙签订合同，约定甲于某年某月向乙提供100公斤花椒，乙支付甲合同对价人民币5000元。那么，按照合同相对性的原则，这个合同只能约束甲乙两个人：到了合同约定的履行时间，乙有权请求甲交付花椒，甲有权请求乙支付对价。而不能说到了合同约定的履行时间，甲给乙提供了花椒，却找和合同无关的丙要钱。合同的相对性是合同法乃至民商法领域的一项重要原则，也是维系市场交易稳定的重要原则。我国《民法典》虽然没有明确总结规定这样的原则，但是在具体的法律条文中，都体现了这一原则。比如，《民法典》中规定依法成立的合同，仅对当事人具有法律约束力，但是法律另有规定的除外。这就等于承认了合同的相对性，但是又没有将这个原则绝对化，而是规定了"法律另有规定的除外"这一个但书条款，主要还是为了避免机械化理解和适用合同的相对性。

（二）我的债你来还——合同相对性的突破

通过上面的分析，我们不难发现，合同相对性原则的本质是为了给合同关系的各方和与合同无关的第三人之间建立一道防火墙。但是，如果第三人参与到了合同的某一个环节，那么可能就涉及对合同相对性原则的突破了。我国《民法典》规定，合同双方当事人约定由第三人向债权人履行债务，第三人不履行债务或者履行债务不符合约定的，债务人应当向债权人承担违约责任。这就是对合同

相对性原则的突破，本来债务人应当向债权人履行债务，但是现在却由第三人履行债务。所谓对合同相对性原则的突破，通俗的来讲就是我欠的钱由你来还。在我国民事法律领域，这种突破合同相对性原则的规定有很多种情形，我们在这里介绍几种生活中较为常见的情形。

1. 当事人约定第三人参与履行

一般而言，合同中约定的权利义务都是由合同各方来享受或者履行的，不涉及无合同无关的第三人。但是，合同当事人约定第三人参与合同的履行的时候，第三人也可能介入到对合同规定的履行中。根据《民法典》第五百五十二条："第三人与债务人约定加入债务并通知债权人，或者第三人向债权人表示愿意加入债务，债权人未在合理期限内明确拒绝的，债权人可以请求第三人在其愿意承担的债务范围内和债务人承担连带债务。"

第三人参与合同的履行包括两种情形，一种是合同当事人约定债务人向第三人履行债务；另外一种是合同当事人约定第三人向债权人履行债务。根据我国《民法典》的规定，不管是债务人向第三人履行债务还是第三人向债权人履行债务，都把第三人排除在合同约定的权利和责任之外，也就是说，在债务人向第三人履行债务的场合，如果债务人没有履行债务或者履行债务不符合合同约定的，债务人需要向债权人而不是第三人承担违约责任。在第三人向债权人履行债务的场合，如果第三人不履行债务或者履行职务不符合合同约定的，债务人而不是第三人需要向债权人承担违约责任。可以看出，第三人其实是藏在合同当事人背后的，就像合同当事人的工具一样，承担债务或者接受债权，在合同关系中并没有独立的地位。

2. 当事人未约定第三人参与履行，但第三人对债务履行具有合法利益

这种情况是合同的当事人没有约定第三人参与合同履行，但是合同的履行对第三人来说具有合法的利益，如果债务人不按照约定履行义务的，法律规定第三人可以向债权人代为履行。根据《民法典》第五百二十四条第一款："债务人不履行债务，第三人对履行该债务具有合法利益的，第三人有权向债权人代为履行；但是，根据债务性质、按照当事人约定或者依照法律规定只能由债务人履行的除外。"比如，吴三省和吴邪签订了房屋租赁合同，吴三省将其位于吴州市中

心的吴山居房产租赁给吴邪，并且约定吴邪既可以自己居住或者经营，也可以进行转租。吴邪承租后，将吴山居转租给王胖子，王胖子对吴山居进行了精装修，开了一家古董店，生意做得红红火火。吴邪在把吴山居转租给王胖子之后，就一个人去寻找张起灵了，和其他人彻底失去了联系。现在吴邪已经拖欠吴三省好几个月的房租，王胖子为了能够继续在吴山居经营古董生意，于是代替吴邪向吴三省交付吴邪和吴三省签订的租赁合同约定的房屋租金，吴三省表示同意，并且接受了王胖子支付的租金。这个例子就是王胖子突破合同的相对性原则代替吴邪向吴三省履行合同，虽然吴邪和吴三省没有约定要王胖子履行，但是履行合同义务对于王胖子有合法利益。

3. 债权人的代位权

《民法典》第五百三十五条规定第一款："因债务人怠于行使其债权或者与该债权有关的从权利，影响债权人的到期债权实现的，债权人可以向人民法院请求以自己的名义代位行使债务人对相对人的权利，但是该权利专属于债务人自身的除外。"当然，法律还规定了例外情形，就是如果债务人的这个"权利专属于债务人自身的除外"。在这种情况下，债权人和与债务人有其他债权债务关系的第三人本来没有关系，但是为了保护债权人的到期利益，债权人此时就突破了合同的相对性原则，直接可以代位行使债务人对第三人的权利，由第三人向债权人履行义务，债权人接受第三人履行后，债权人和债务人，以及债务人和第三人之间相应的权利义务关系就终止了。债务人对相对人的债权或者与该债权有关的从权利被采取保全、执行措施，或者债务人破产的，依照相关法律的规定处理。

TIPS：

债权人代位权的提前行使

债权人的债权到期前，债务人的债权或者与该债权有关的从权利存在诉讼时效期间即将届满或者未及时申报破产债权等情形，影响债权人债权实现的，债权人可以代位向债务人的相对人请求其向债务人履行、向破产管理人申报或者作出其他必要的行为。

二、父债子还——突破合同相对性的特殊情形

在清楚了合同的相对性原则的基础后，我们知道，所谓的"父债子还"并不符合合同的相对性原则，是没有法律依据的。"父债子还"这种朴素的民间规则更多的是受到传统社会"父为子纲"的观念影响。但是在现代社会，每个公民都是平等的民事主体，具有独立的人格和地位，一般情况下，子女没有偿还父亲所欠债务的义务。但是，正如存在对合同相对性原则突破的情况一样，有原则就有例外，在几种例外的情形下，确实存在着"父债子还"。下面我们就父母在世和父母去世两种情况进行分析。

（一）父母在世

如果父母在世，那么一般情况下，子女不会因为父母独立的民事行为而承担连带责任，也就是说父母自己欠的钱自己还。但是在下面几种较为特殊情况下，子女也要偿还父母所欠的债务。

1. 父母是无民事行为能力人或者限制行为能力人

此时，子女作为父母的代理人，需要对父母所欠的债务承担相应的责任。如果父母所欠的债务用于家庭生活支出，和父母共同生活的子女需要承担相应的责任。

2. 父母所欠债务用于家庭成员的共同生活

此时，父母所欠的债务就不能简单认为是父母自己的个人债务，而应当认定为共同生活的家庭成员的共同债务，那么和父母共同生活的子女应该承担相应的责任。

3. 子女不尽赡养父母的义务

此时，父母没有生活来源，他们为了维持基本的生活而向他人借债，那么子女不承担赡养老人的义务，就需要承担清偿老人为了生活所欠债务的义务。

4. 具有完全民事行为能力的子女为父母的债务提供担保

此时，如果父母无力偿还所欠债务，那么作为保证人的子女需要承担保证责任，替父偿还债务。当然这种情形不仅存在于父母和子女之间，一般人之间也存在因为履行保证义务而替他人偿还债务的情形。

（二）父母去世

父母生前欠人债务，去世后子女是否需要偿还债务，主要根据子女是否继承父母的遗产来进行区分。

1. 父母去世，没有留下遗产或者子女放弃继承遗产

此时，子女因为没有继承或者放弃继承父母的遗产，因此不用承担偿还父母生前所欠债务的义务。

2. 父母去世后，子女继承了父母的遗产

根据我国《民法典》的规定，如果子女继承了父母的遗产，那么就需要用继承的遗产偿还父母应当缴纳的税款和所欠的债务。主要包括以下几类：①父母生前依照税收相关法律法规应当缴纳的各种税款，比如个人所得税、营业税等；②父母生前因未履行合同所欠的债务，如借款合同中没有偿还的本金和利息等；③父母生前因为实施侵权行为而对受害方所承担的损害赔偿的债务。需要格外注意的是，继承法律规定中有特留份原则，就是对于在继承人中缺乏劳动能力又没有生活来源的人，即使遗产不足以偿还所欠债务，依然要为这些继承人保留适当份额的遗产，这也是民法对弱者的人文关怀的体现。当然，偿还的范围应当以所继承的遗产为限。比如，吴老汉去世后给吴一穷、吴二白、吴三省三兄弟留下了5000万的遗产。但是吴老汉有100万的税款没有缴纳，还欠了霍家500万元。那么，吴家三兄弟在继承吴老汉的遗产前，需要首先偿还吴老汉所欠的税款和债务，剩下的4400万元再进行继承分配。再比如，吴老汉去世后留下了5000万元的遗产，但是还留下了6000万元的债务，那么，吴家三兄弟只需要用吴老汉遗留下来的5000万元偿还债务即可，在法律上不需要承担剩下的1000万元的债务；或者吴家三兄弟也可以放弃继承吴老汉的遗产，那么他们也就不用承担偿还吴老汉所欠债务的义务。

【以案说法】

一、案情简介

2015年，王大锤因为生意周转需要，向白富美借款20万元，期限2年，并且二人口头约定借款月息2%。到了2016年还没到还款的时候，白富美家里有事急需用钱，于是王大锤陆续归还了白富美10万元。2017年，就在刚到借款期限的时候，王大锤不幸遭遇车祸身亡。白富美认为，虽然王大锤已经去世，但是王大锤生前留有遗产，王大锤的儿子王小锤继承了王大锤的遗产，应该向白富美偿还王大锤所欠的债务。王小锤认为父亲所欠的债务和自己没有关系，拒绝向白富美偿还王大锤所欠的债务。白富美因此将王小锤告上法庭。

二、案件分析

法院经审理认为，根据白富美自己承认的王大锤已经归还了10万元的情况，王大锤生前还欠白富美10万元。但是关于二人口头约定利息的情况，因为没有客观证据予以证实，法院不予认定。另外，根据法庭查明的事实，王大锤生前留有两套房产，且其价值远远超过所欠白富美的债务。王小锤作为王大锤的法定继承人，并且王大锤没有订立遗嘱或者遗赠，王小锤也没有放弃对王大锤遗产的继承。因此，王小锤需要在继承王大锤遗产的范围内承担王大锤生前所欠白富美的债务。

在社会生活中，有一些流传多年的俗语潜移默化地影响着人们的生活，好像这些俗语的约定就是法律规定一样。比如："父债子还，天经地义。""法不责众"，等等。其实，这样的俗语往往带有中国传统社会思想的深刻烙印，并不一定符合现代社会的观念，而且很可能也缺乏法律的明确规定，有的甚至和法律规定恰好相反。比如，父债子还并非天经地义，而是在法律有明确规定的情况下才适用；法也绝不是不责众。我们在生活中，一定要学法、守法、依法办事，这样才能最大限度地维护自己的利益。

第三章

债权与债务

第一节　定订押金有区别，切勿大意留风险
——读懂定金、订金、押金

【关键词】定金　订金　押金

【引人入胜】

不论是久在商海沉浮的生意人，还是朝九晚五的工薪族，都会在生意往来或者日常生活中遇到各种形式的"金"，用以担保自己履行合同义务。合同各种"金"的名字有细微差别，所代表的义务和法律效力却可能大相径庭，若不留意则会给自己埋下风险隐患，遭受损失却有苦难言。

【条分缕析】

一、读懂定金
（一）定金是担保合同双方当事人履行各自合同义务的法定担保方式

在合同履行当中，双方当事人可以约定，由其中一方当事人向对方支付一定金额的定金，以担保合同双方当事人履行各自的合同义务；如果支付定金的一方不履行合同义务，那么定金就归属对方所有；如果接受定金的一方不履行合同义务，那么其就要向支付定金的一方双倍返还定金。定金是普通人采买商品、定制服务或者商人生意往来经常采用的一种担保方式，它的担保性质很强，对支付定金和接受定金的双方当事人均具有比较强的法律约束力。

（二）定金合同（条款）自交付定金时成立、生效

想要采用"定金"这一担任方式的人一定要注意，定金合同是相对独立于商品买卖、服务提供等主合同的从合同；法律明文规定，定金合同自实际交付定金时才能成立，成立时才能生效——这显著不同于合同一般自签名盖章时成立、生

效的做法。也就是说，当事人白纸黑字地在合同文本上写明定金条款、签名盖章之后都还不够，必须由支付定金的一方将定金交付给接受定金的一方，定金条款才发生法律效力。定金的金额也不以合同文本约定的数额为准，而以实际交付的定金数额为准。换言之，各方当事人有权在交付定金的时候突然改变，交不交定金，交多少定金，都可以更改。即使当事人是在同一份合同当中既写明了商品买卖、服务提供等主合同条款，又写明了定金条款，还写明合同自各方当事人签名盖章时立即生效，定金条款也不是随着当事人签名盖章或者主合同条款生效而生效，而是只能在支付定金的一方实际向另一方交付定金时才生效。

（三）定金数额最高不超过主合同标的额的20%，超过部分不发生定金效力

定金的数额由合同当事人自由约定，但是最高不能超过主合同标的额的20%，超过部分不发生定金的效力。例如买方向卖方购买货物若干，合同总金额10万元，双方可以在2万元以下的范围内自由约定定金金额；如买方最终交给卖方3万元定金，那么其中只有2万元享有定金效力，剩余1万元不具有定金效力，只能折抵合同价款或者返还给买方。

（四）定金罚则的具体适用规则

适用定金罚则的前提是合同无法继续履行，合同的目的不能实现；定金罚则的目的就是惩罚那些不完全履行合同并导致合同目的不能实现的当事人。在合同目的无法实现的时候，守约的当事人既难以依据合同主张合同权利，也不必继续履行相应合同义务，而是可以援引定金罚则享有定金利益——在不负担合同义务的时候还可以享有定金利益，这对于守约的合同当事人而言当然是一件好事，但对于违约的合同当事人来说则是一种惩罚。

定金的处理有四种情形。一是双方当事人各自遵守合同约定，履行合同义务的，此时无人违约，不再需要定金担保合同履行，定金可以冲抵支付定金方所需要支付的主合同价款，也可以由接受定金方将定金退给支付定金方。二是支付定金方不履行合同义务，或者履行义务不符合约定，致使不能实现合同目的的，定金归接受定金一方所有。接受定金的一方不能同时主张适用定金罚则与继续履行合同，因为定金罚则只有在合同无法继续履行的时候才能够触发。在这种情况下，定金不能冲抵"合同价款"，而是作为对违约方的惩罚，归守约方所有。三是接受定金方不履行合同义务，或者履行义务不符合约定，致使不能实现合同目的的，接受定金方应当向支付定金方双倍返还定金。在这种情况下，定金成为对接受定金方的惩罚；接受定金方既可以拿回自己支付的定金，还可以要求对方再支付一份定金，作为对自己的赔偿。四是双方当事人均不履行合同义务，或者履行义务不符合约定，致使不能实现合同目的的，此时双方当事人既是定金罚则的权利人，又是定金罚则的义务人；权利义务可以互相抵销，互不相欠。

为了惩罚违约方，保护守约方，法律规定如果守约方的实际损失高于定金数额的，守约方有权要求违约方赔偿超过定金数额的损失；如果守约方的实际损失低于定金数额的，守约方有权要求违约方按照定金数额赔偿。也就是说，违约方的赔偿金额"就高不就低"，定金数额和守约方的实际损失哪个更高，就按照哪个赔偿。有时候合同当事人在合同中既约定了违约金条款，又约定了定金条款，并交付了定金。一方违约时，对方可以选择适用违约金或者定金条款，但不能同时主张违约方支付违约金和定金，只能选择其一。一般来说，当然是违约金和定金之中哪个金额高，就选择适用哪个。

二、读懂订金

（一）订金的法律性质是预付款，不具有法律意义上的合同担保效力

"订金"与"定金"同音，法律效力却迥然不同。订金是民间市场交易的习惯用语，并非严谨的法律概念，在我国法律当中也没有相应的明文规定。一般而言，订金其实就是预付款，是合同当中负有给付金钱债务义务的当事人向对方先期支付的部分合同价款。在市场交易中，订金一般只是商品或服务的接受者在签订合同时先期支付的一笔费用或者价款，不具有担保合同签订或者义务履行的法律效力，也不设任何惩罚性规则。订金的具体金额、交付时间都可以由当事人自由约定。从法律效力上而言，订金与合同当事人依照合同支付的其他合同价款没有差异。如果合同当事人完全履行了合同义务，订金就是一方当事人所支付的合同价款的一部分，归属对方所有；如果订金支付方或者订金接受方解除合同，订金接受方均应当向订金支付方足额退还订金，订金支付方也不能要求双倍返还。

（二）订金在促进市场交易、提高订金接受方履约能力方面有重要的社会价值

订金作为消费者购买商品、服务以及商人生意往来当中一种常见的交易习惯，是有它存在的社会价值的。支付订金在相当程度上体现了自己订立合同、履行义务的诚意，有助于订金接受方信任订金支付方，促进双方达成合同交易。而且，订金还可以提高订金接受方的履约能力。订金接受方在订金进账后，有助于

尽快回笼资金，实现现金周转，购买原材料、设备等，支付员工工资，可以做好为订金支付方提供商品或服务的准备。因此，不应轻视订金在促进市场交易、提高接受方履约能力方面的社会价值，而应当结合具体交易场景判断是否支付订金或者请求对方提供订金，并妥善保存相应的订金交易证据。

三、读懂押金

（一）租赁合同的"常客"：押金条款

在市场交易尤其是租赁合同中，经常使用押金来担保合同履行。押金的一般适用规则是，由租赁合同的出租人向承租人收取一定金额的押金；如果承租人严重违背合同义务，则由出租人没收押金不再返还。在不动产租赁合同中，押金主要用于担保承租人按时足额支付租金；在动产租赁合同中，押金主要用于担保承租人妥善保管租赁物，在租赁期限届满时及时向出租人返还。

同订金类似，押金也是市场交易的习惯用语，法律没有明文规定。关于押金的法律性质多有争议，主流观点认为押金是一种类质押担保的担保方式。当事人自愿订立的押金条款原则上均是有效的。《民法典》第七、第十条规定，民事主体从事民事活动应当遵循诚信原则，秉持诚实，恪守承诺；处理民事纠纷应当依照法律，法律没有规定的可以适用习惯，但是不得违背公序良俗。

（二）出租人不能滥用押金条款

由于押金条款主要保护出租人利益，承租人在押金条款中相对被动，需要强调出租人不能滥用押金条款，特别是押金没收条款，宜根据具体交易的必要性选择适用押金条款，对于有必要担保承租人按约支付租金、妥善保管租赁物、返还租赁物的，才选择适用押金条款。押金的数额应当符合交易习惯，并同租金数额、租赁物的价值、租赁物的客观毁损风险等相适应，否则承租人应予以拒绝，以保护自身利益。押金的没收条款应当公平合理，一般只有在承租人不支付租金、承租人不返还租赁物、因承租人原因导致租赁物毁损、灭失等承租人构成实质违约的情形中，出租人才可以没收押金。租赁物发生自然损耗，或者因不可归责于承租人的事由致使租赁物毁损、灭失的，出租人不能没收押金。押金数额超过承租人未支付租金数额或者出租人损失的，出租人应当向承租人返还超过的押金部分，不能将超过的押金部分作为"惩罚性赔偿"。承租人履行了租赁合同义务，或者已经承担了相应违约责任的，出租人应当向承租人返还押金。

TIPS：
押金与质押担保的异同

在法律性质上，押金是一种用以担保承租人履行合同义务的担保方式，类似于质押担保，但是又不完全相同。与质押担保相似的是，押金一般是承租人为了担保自己履行债务，将一定数额的金钱交付给出租人占有。如果承租人不履行到期债务或者发生当事人约定的其他情形，出租人有权就押金优先受偿；如果承租人按约履行了合同债务，出租人应当返还押金。质押担保是一种法定的担保物权。基于质押权的优先受偿属性和质押财产的特定化属性，本是种类物的金钱，必须经过专户、特户、封金、保证金等形式特定化后，才可以作为质押财产。除当事人另有约定外，质权人有权收取质押金钱的利息，但利息应优先用于偿还主债权以及为实现债权所需费用。在押金案例当中，承租人很少采用专户、封金等特定化形式交付押金；出租人一般也不会开立专门的资金账户保管押金，而是将收取的押金与自己所有的金钱混同。特别是在线上支付普及的当代社会，承租人、出租人一般都采用线上转账方式支付押金，少有为押金开立专门账户的案例。另外，在押金交易中，押金的孳息一般归属于出租人；承租人履行债务之后，出租人一般仅返还押金，不返还相应利息。

四、在合同中适用定金、订金、押金时，要注意哪些事项

（一）想清楚实际需要，准确判断自身债务承受能力

任何合同条款都是为满足当事人的实际需要、实现合法公平有序的市场交易而服务的，定金、订金、押金也不例外。在签订合同之前，首先要思考清楚自己的实际需要是什么，自己希望对方在何种程度上担保合同履行，以及自己在何种程度上担保合同履行。要对自身的债务承受能力有一个比较准确的判断，对于那些自己难以接受相应后果的定金、订金、押金条款约定，要格外谨慎适用。

（二）仔细辨别合同条款记载的定金、订金、押金名称，认真审查相应条款内容

合同条款的具体内容是当事人权利义务的依据；仔细审查合同条款内容是签订合同的必备功课。要仔细辨别合同条款记载的定金、订金、押金名称，认真审查相应条款内容，判断合同的约定属于定金、订金、押金当中的哪一种，以及相

应的权利义务。定金、订金、押金的名称写法固然重要，但是名称写法也不是唯一的认定标准。可以结合"实质重于形式"标准认定合同条款属于定金、订金或者押金中的哪一个。举例言之，如果合同记载了订金的名称，但是却明文约定了属于定金或者押金的具体权利义务内容，并按照后者履约的，可以越过"订金"的名称，认为当事人订立的是定金合同或者押金条款。

（三）尽量采用书面合同、非现金支付等"留痕"的交易方式，妥善保存相应证据

当代社会的市民大众应该树立强烈的"证据意识"，尽量采用书面合同、非现金支付、书面凭证等交易方式，妥善保存相应证据。书面合同、书面凭证应当由有关当事人签名盖章。虽然定金合同自交付定金时成立，但是合同文本仍然是当事人证明自己享有定金合同权利的重要证据。支付定金、订金、押金或者返还定金、订金、押金时，应当尽量采用银行转账等留痕方式，并由对方当事人出具收据。通过互联网线上方式订立有关合同条款，支付定金、订金、押金或者返还定金、订金、押金的，也应保存好相关协议、说明的电子数据文件或者截图、微信聊天记录、转账记录等有关证据。

（四）在商品房买卖合同中妥善适用定金合同（条款）

市民大众在商品房买卖过程中经常会用到定金制度。定金制度可以实现双向担保，既可以担保买卖双方订立商品房买卖合同，避免被"放鸽子"；也可以担保买卖双方履行商品房买卖合同中的各自义务。商品房买受人如果坚定地要买到房子，在自身现金足额的情况下，可以与开发商或者二手房出卖人约定一个非常高的定金数额（但不能超过买房价款的20%），防止开发商或者二手房出卖人跳单反悔。同理，如果你是二手房出卖人，并且坚定地要把房子卖掉，可以同买受人约定尽可能高的定金数额，防止对方反悔违约。

（五）在租赁合同中妥善适用押金条款

在房屋租赁、酒店服务、汽车租赁、共享单车租赁、书籍借阅等租赁合同中妥善适用押金条款。出租人可以妥善运用押金条款促使承租人完全履行租赁合同义务，保护租赁物得到合理使用与妥善保管。出租人应当妥善保管承租人支付的押金，在承租人履行合同义务后及时足额返还。在押金条款案例中，承租人往往面临押金占用自身现金流、蒙受相关利息损失的现实问题。对此，承租人可与出租人协商，充分运用征信报告、芝麻信用分等信用评价机制争取出租人信任，

尽量免交押金。在酒店服务、短期汽车租赁等短期租赁合同中，充分利用信用卡（含预授权）等支付方式支付押金，避免遭受利息损失。

【以案说法】

一、案情简介

不少读者也许都看过春晚小品《策划》。在小品里，白云（宋丹丹饰）为了偿还欠出版社的两万元债务，和牛策划（牛群饰）签订了合同，将自家的下蛋公鸡卖给了牛策划。小品中，牛策划为了吸引白云和黑土（赵本山饰）配合自己炒作，往白云家的桌子上放了两万元现金，并称"这就是预付款"。这里的"预付款"应理解成"订金"，不具有担保下蛋公鸡买卖合同订立或者履行的效力。此外，在双方于合同上签字之前，下蛋公鸡的买卖合同也尚未达成；如果最终白云不卖了或者牛策划不买了，牛策划完全有权拿回两万元的"预付款"。而牛策划也是多次以拿回两万元预付款、不再购买下蛋公鸡为筹码，诱使白云和黑土配合自己炒作。白云和牛策划最终签下了下蛋公鸡的买卖合同：牛策划将两万元付给白云，作为买断下蛋公鸡的合同价款；双方还约定，如果白云违约，应当向牛策划双倍返还合同价款，共计人民币四万元。牛策划还向白云特别指出了这项合同条款，白云明确表示同意。但是下蛋公鸡被儿媳妇炖了，已经成了白云招待牛策划的盘中餐，白云是不是反过来欠牛策划四万元呢？

二、案件分析

牛策划与白云约定的双倍返还条款是典型的定金罚则条款；虽然双方没有明确指出牛策划支付的两万元是"定金"，但是从有关合同条款性质判断，可以认为牛策划与白云不仅订立了下蛋公鸡买卖合同，还约定了总额两万元的定金合同，并完成了定金交付。但是定金总额已经与两万元的买卖合同总标的额持平，不符合法律规定；买卖合同总标的额的20%，即四千元具有定金效力；剩余一万六千元不具有定金效力，仅仅是牛策划向白云支付的买卖合同价款而已。由于白云家将下蛋公鸡炖了，导致白云无法将活鸡交付给牛策划，合同目的已无法实现，白云应当双倍返还定金，共计八千元；还需要向牛策划返还一万六千元的买卖合同价款——白云共计只需要向牛策划返还两万四千元，而不是四万元。

第二节 谈钱财莫论生熟，欠借收大不相同
——欠条、借条与收条

【关键词】欠条 借条 收条

【引人入胜】

你也许没有自己写过正式规范的"合同"，但一定写过或者收到过欠条、借条、收条。在民间借贷、交款收货等涉及钱物往来的日常生活场景中，这三种凭证看似简单，彼此间也颇有相似之处，却有着不同的法律意义和证明效果；三种凭证对于开具者和持有者的法律效果也有所不同。在日常生活中，如果对此不加注意，其结果往往是差之毫厘，谬以千里，引来不必要的麻烦甚至官司。因此，在立据的时候就一定要明确自己的目的，做到规范、明确、缜密，尽可能防范不必要的风险，远比出了问题再去费力解决要好得多。

【条分缕析】

一、欠条
（一）欠条的法律效力

欠条，又称"白条"或者"欠据"，是债务人向债权人开具，用以承诺自己到期履行债务的一种债权凭证。欠条的开具者是债务人，接受并持有的人是债权人。欠条是债务人向债权人承认债务存在，并且承诺履行债务的书面债权凭证。债权人可以使用欠条来证明欠条的开具者对自己负有履行一定债务的义务。欠条所载明的债务可以是金钱债务，也可以是给付商品、货物、劳务，做出某种行

为，或者交付某种财产性权利。欠条一般只表明开具者（债务人）对接受者（债权人）负有给付一定金钱或者其他债务的义务，但是并不记载债务人对债权人为什么负有这种债务——用法律上的话来说，就是难以证明债务人和债权人之间的基础法律关系。债务人有可能是因为向债权人借款才开具了欠条，也有可能是因为商品买卖等合同交易才向债权人开具了欠条。换言之，欠条既可以用于借钱的场景，也可以用于生意往来之中暂时延期付款交货，也就是俗称的"赊账"。债务人履行债务后，应当要求债权人归还欠条，将欠条作废或者粉碎销毁。

（二）欠条的好处

欠条的篇幅不长，一页纸就足够了，短小精悍，便于普通人书写和理解，特别适合于日常生活当中的小额经济往来活动。

欠条直接载明债务人对债权人所欠的债务，简单清楚，具有债务催收的效果。欠条的特点是直接载明开具人（债务人）对接受持有人（债权人）所欠债务，反映了双方之间的债务状态。债权人可以通过要求债务人开具欠条，达到债务催收的目的，并可以中断债务的诉讼时效，保护自身权益。

欠条适用的生活场景丰富。欠条可以用于民间借贷的生活场景，也可以用于催收货款、商品、服务等。例如甲为了装修新房，在乙处购买了三台空调，支付了相应价款；乙因空调货源暂时不足，向甲交付了两台空调，同时向甲开具欠条一份，承诺在约定时间前交付第三台空调，否则承担相应的违约责任。甲可以凭借购买合同的合同凭证、支付商品价款的发票以及乙开具的欠条，要求乙按约交付空调。

（三）欠条的不足

欠条的格式比较简单，一般不适用于大额的经济往来活动。在大额经济往来活动中，欠条包含的条款内容过于简单，往往挂一漏万，难以解释清楚合同各方当事人的权利义务。例如在当今社会的商品房买卖当中，一套房产的交易额动辄上百万元甚至上千万元，很难想象有买家支付了全额价款之后，只要求开发商开具一个简单的欠条，说明"今尚欠某某位于某某小区的某某房产一套"就行了。不论是规范的签约要求，还是当地房地产交易中心办理交易过户手续，抑或是商业银行办理房产抵押贷款手续，都会要求商品房买卖双方签订规范的商品房买卖合同文本。

欠条一般不足以证明所载债务所依附的基础法律关系，也就是不足以说明为什么债务人对债权人负担了一定的债务。欠条不同于借条，前者仅表明债务人对债权人负有一定的债务，至于债务所依附的基础法律关系可以是多种多样的；后者则反映了当事人之间存在借款合同关系。因此，欠条的持有人到法院诉讼要求债务人履行债务的，一般还需要向法官解释说明债务人对自己负有相应债务的原因，并最好可以提供相应的证据材料。

TIPS：

民间借贷中原被告的证明责任分配

根据《最高人民法院关于审理民间借贷案件适用法律若干问题的规定》，原告即出借人负有提供借据、收据、欠条等债权凭证以及其他能够证明借贷法律关系存在的证据。被告依据基础法律关系提出抗辩或者反诉，并提供证据证明债权纠纷非民间借贷行为引起的，人民法院应当依据查明的案件事实，按照基础法律关系审理。被告应当对其主张提供证据证明。被告提供相应证据证明其主张后，原告仍应就借贷关系的成立承担举证证明责任。被告抗辩借贷行为尚未实际发生并能作出合理说明，人民法院应当结合借贷金额、款项交付、当事人的经济能力、当地或者当事人之间的交易方式、交易习惯、当事人财产变动情况以及证人证言等事实和因素，综合判断查证借贷事实是否发生。

债权人要防止债务人滥用欠条"赊账"的情形。实际的社会生活中，有人滥用欠条赊账，逃避自己应当履行的债务。对于这种情形，债权人固然可以向法院诉讼要求债务人履行债务，但是也需要在交易活动中判断对方的信用，避免和信用差的人做生意。对于债务人屡次"只赊账不给钱"的，债权人就需要引起高度警觉，要求对方首先履行已经欠下的债务或者提供担保，拒绝接受再次赊账。

（四）欠条范例

欠条

××××年××月××日，欠款人××（身份证号：××××）向贷款人××（身份证号：××××）借款人民币××圆整（小写：××元），用于××（具体用途）。全额借款已通过银行转账（收款账户：××××；收款人：××）收讫。欠款人今已还款××圆整（小写：××元），尚欠××圆整（小写：××元）。欠款人将于××年××月××日前偿还剩余欠款；如逾期未能全部偿还，欠款人按照年利率××%（佰分之××），支付逾期部分的利息。

特立此据为凭。

欠 款 人：签名、按指印
联系地址：×××××××
联系电话：×××××××
××××年××月××日

二、借条

（一）借条的法律效力

借条，又称"借据"，是借款人向贷款人开具、载明借贷双方基本权利义务关系、承诺借款人到期履行债务的一种债权凭证。开具借条的人是借款人，接受并持有借条的人是贷款人。借条一般用于借款合同当中，特别是民间小额借贷之中，也可以用于民间物品借用当中，以证明借款人（借用人）向贷款人（出借人）借款（物）、承诺到期归还的借贷（用）事实。借条不仅可以证明开具者（借款人）对接受者（贷款人）负有的债务，也可以证明借款人所负债务所依附的基础法律关系——借款合同关系。借款人履行债务后，应当要求贷款人归还借条，将借条作废或者粉碎销毁。

（二）借条的好处

借条与欠条类似，都具有短小精悍，便于普通人书写、理解的特点，比较适合于日常亲朋好友之间小额借款或者物品借用活动。值得注意的是，随着人民收入和资产拥有水平逐渐提高，民间借贷出现了两个新的特点：一是"小额借款"的金额明显增加。20年前朋友之间借贷几千块钱已经是比较大的数目了，但在今天的社会，亲朋之间借贷几万元甚至几十万元也是比较常见的，仍然可以使用借条这种简单方便的债权凭证形式记录彼此的债权债务关系。二是以投资为目的的民间借贷明显增多。以往民间借贷主要适用于亲朋好友等熟人领域，用以帮助亲朋纾困解难；以投资为目的的借贷主要适用于金融机构贷款领域。现在的民间借贷越来越呈现出投资属性，拥有闲钱的人愿意为了赚取利息，将钱借给并不认识的陌生人。对于以投资营利为目的的借贷，不建议使用借条这种过于简单的债权凭证，而建议借贷双方订立规范的书面借款合同，细致、明确地约定双方的权利义务。

借条可以证明所载债务所依附的基础法律关系，也就是可以说明为什么借款人对贷款人负担了一定的债务。借条以其文义表明了当事人之间存在借款合同或者物品借用合同关系。这是借条不同于欠条的特有属性。

（三）借条的不足

借条的格式比较简单，一般不适用于大额借款。同欠条类似，借条简单方便的特点也决定了借条不宜用于大额借款。大额借款更加适于采用规范的书面借款合同的形式。

借条的适用范围没有欠条那样广泛，一般仅用于民间借贷或者物品借用关系当中。

自然人之间的借款合同关系自贷款人提供借款时成立，而不是自借款人开具借条时成立。这是法律对自然人借款合同关系的特别规定。因此，贷款人和借款人都要注意，只要贷款人没有将贷款交付给借款人，即使借款人开具了借条，双方的借款合同关系仍然尚未成立，借款人或者贷款人都可以改变主意，不再借钱。建议贷款人和借款人改变交付现金的做法，均通过银行转账等可留痕方式交付或者偿还借款，并保存相应证据凭证。

（四）借条范例

借条

今借款人××（身份证号：××××）向贷款人××（身份证号：××××）借款人民币××圆整（小写：××元），用于××（具体用途）。借款期限×年，借款年利率××%（佰分之××）。全额借款已通过银行转账（收款账户：××××；收款人：××）收讫。借款人将于××年××月××日前偿还全部借款本息；如逾期未能全部偿还，借款人按照年利率××%（佰分之××），支付逾期部分的利息。

特立此据为凭。

借款人：签名、按指印
联系地址：××××××
联系电话：××××××
借款日期：×××年××月××日

三、收条

（一）收条的法律效力

收条，又称"收据"，指接受钱物的一方向提供钱物的一方开具的用以证实自己收到对方交付的钱物的一种凭证。收条所载明的接受内容，既可以是钱款，也可以是物品，还可以是各种文书凭证。收条是一种表明"收到"的事实状态的凭证，未必是一种债权凭证。例如慈善捐赠人向慈善基金会捐赠钱物的，慈善基金会也会向捐赠人开具收条，用以证明并感谢捐赠人的捐赠行为，但这并不意味着捐赠人对慈善基金会享有了债权。

（二）收条的好处

收条简单方便，便于普通人书写和理解。这是收条同欠条、借条共同的特点。

收条可以用于广泛的交易或者给付场景。不论是履行付款、交货等合同义务，还是单纯为了证明自己将某种文书凭证交给了对方，或是为了在捐赠当中留作纪念，提供钱物的一方都可以要求接受钱物的一方开具收条。收条的适用场景突破了债务的范围，比欠条、借条的适用范围更广泛。

（三）收条的不足

在消费者购买商品或者服务的时候，收条不能代替发票。发票是由国家税务主管部门管理，拥有统一格式和编码的收款凭证，可以得到税务主管部门验证。收条则是开具人自行出具、自定格式和条款内容、难以在权威平台查验其真实性的简易凭证，其法律证明效果远不如发票。因此，消费者购买商品或者服务的时候，应当向商家索取发票，不能让商家轻易用收条代替发票。此外，商家使用收条代替发票的，还可能产生逃税问题。

在商事活动当中，根据会计、税收等法律规定，收条无法作为会计凭证入账，也不能用于抵扣税款。员工存在差旅等工作支出需要报销的，一般也只能使用发票、车船机票等规范的财务凭证，不能使用收条作为报销凭证。因此，不论是企业生产经营活动还是员工发生了工作支出，均应当要求交易对方开具增值税发票等规范的财务凭证。

收条既不足以证明开具人对接受持有人负有何种义务，也不足以证明接受款物行为所依附的基础法律关系。收条的法律意义，是说明收条的开具人收到了收条持有人交付的钱物，但是没有说明开具人对持有人负担何种义务，也没有说明双方之间存在何种基础法律关系。换言之，收条的持有人仅凭一张内容简单的收条，很难证明开具人对自己负有何种义务，以及为什么负有该种义务。因此，收条的持有人到法院诉讼要求债务人履行债务的，一般还需要解释说明自己与债务人存在的基础法律关系，以及债务人对自己负有何种债务，并提供相应的证据材料。

（四）收条范例

收条

今收到××（身份证号：××××）支付的购货款人民币××圆整（小写：××元），用于支付××（具体用途）。

特立此据为凭。

收款人：盖章

经办人：××

收款日期：20××年××月××日

【以案说法】

一、案情简介

梦想、青春和成长是好朋友。梦想由于要结婚、买车、买房及装修，手上钱不够，于是向青春和成长分别借了15万元。梦想于2018年1月1日分别向青春、成长开具了借条，载明向两人分别借款15万元，均于2018年7月1日前全部偿还。由于欠款到期后梦想没有归还，但此时成长也要结婚买房，也急需用钱，于是便要求梦想还钱。梦想遂于2018年12月31日向成长开具欠条，载明尚欠成长15万元。由于梦想迟迟不归还借款，2021年8月1日，青春、成长分别向人民法院起诉，要求梦想归还借款。梦想以二人的债权已超过诉讼时效为由，拒绝还款。

二、案件分析

《民法典》第一百八十八条第一款规定，权利人向法院请求保护民事权利的诉讼时效期间为三年，自权利人知道或者应当知道权利受到损害之日起起算。青春持有梦想开具的借条，载明梦想所负债务到期之日为2018年7月1日；其诉讼时效自该日起算，至2021年8月1日已超过三年。因此梦想对青春的抗辩理由成立，青春无法通过诉讼要求梦想归还借款。成长持有的借条也载明梦想所负债务到期日为2020年7月1日，但是成长曾要求梦想偿还债务，并持有梦想于2018年12月31日开具的欠条；其诉讼时效在欠条开具时中断并重新起算，至2021年8月1日时尚在诉讼时效期间。因此梦想对成长的抗辩理由不成立，成长可以通过诉讼要求梦想归还借款。

第三节　无债也应多留心眼，有保亦莫高枕无忧
——担保责任如何实现

【关键词】保证　抵押　质押　留置　保证期间

【引人入胜】

法谚有云："只有保全自己才能担保别人。"担保制度可以说是人类经济生活中的一项最重要的发明。它为陌生人之间的交易建立了桥梁，使物流、资金流的链条变得更长。现代社会中，几乎每个人都曾经需要他人为自己作保，也有很多人为别人做过担保。本质上，担保是担保人以自己的实力或信誉来换取债权人对债务人的信任，是以自己承担不利后果的承诺来促使当下交易的顺利完成。这其中当然存在巨大的风险。那么，担保制度到底有哪些内容？生活中又该如何避免这些风险呢？本节将予以分析。

【条分缕析】

一、担保的种类

担保，即指法律为确保特定的债权人实现债权，以债务人或第三人的信用或者特定财产来督促债务人履行债务的制度。严格而言，我国法律规定的法定担保类型包括保证、抵押、质押、留置四种，这也是传统民法上最经典的担保类型。不过随着近些年来经济发展和交易模式的创新，所有权保留买卖、融资租赁、保理等一些非典型担保类型也慢慢为大众以及司法部门所接受。如定金这一形式，在《民法典》出台以前，定金虽然在买卖合同中起着督促双方履行约定、保证交

易正常进行的功能，但对于定金是否属于担保一类，一直有所争议。《民法典》第五百八十六条规定，"当事人可以约定一方向对方给付定金作为债权的担保。定金合同自实际交付定金时成立"，算是正式确立了定金作为一种担保类型的地位——即使本条规定并不在《民法典》的"物权编"，而是"合同编"。《民法典》第三百八十八条规定，"设立担保物权，应当依照本法和其他法律的规定订立担保合同。担保合同包括抵押合同、质押合同和其他具有担保功能的合同。担保合同是主债权债务合同的从合同。主债权债务合同无效的，担保合同无效，但是法律另有规定的除外"。该条立法意旨，可以看作是《民法典》对约定的非典型担保类型的概括承认。

鉴于本章第一节已详细介绍了有关定金的法律知识，本节主要介绍四类典型担保有关的内容。

四类典型担保中，保证指保证人与债权人约定，当债务人未能完全履行到期债务时，由保证人按约定偿还未履行债务或承担责任，具有代为清偿债务能力的自然人、法人及其他组织可以担任保证人。抵押指债务人或者第三人不转移对某一特定物的占有，而将该财产作为主债权的担保，债务人不履行债务时，债权人有权依照担保法的规定以该财产折价或者以拍卖、变卖该财产的价款优先受偿。质押指债务人或者第三人以自己享有所有权的动产或合法的权利凭证作为质物交债权人占有，当债务人到期不能清偿债务时，债权人有权依法处分质物，并优先受偿。留置指债务人不履行到期债务时，债权人有权留置已经合法占有的债务人的动产，并可以就所留置的动产优先受偿。

二、担保生效要件

（一）保证担保

担保中的保证担保主要有三种情况：一是第三人与贷款人签订保证合同，保证合同一经签订即生效。二是第三人和贷款人、借款人共同签订担保贷款合同，担保贷款合同中有保证条款，或虽无保证条款，但第三人在"保证人"栏目内签名或者盖章，保证合同也即告成立并生效。三是担保人单独出具保证书，最为典型的，是第三人在贷款人出具的格式化的"不可撤销保证书"上签名或盖章并交回贷款人。除此以外，第三人出具的具有保证性质的书面文件，包括信函、传真等，也属于保证书的范围。在这种情况下，只要贷款人没有明确表示拒绝，都应认定保证合同成立并生效。可见，保证是诺成性法律行为，保证合同一经订立即告生效。

（二）抵押担保

抵押权人和抵押人签订抵押合同的方式主要有两种：一是签订单独的抵押合同，二是在主合同如借款合同中订立抵押条款。但抵押合同签订后，抵押权并不当然生效。《民法典》第二百零九条规定："不动产物权的设立、变更、转让和消灭，经依法登记，发生效力；未经登记，不发生效力，但是法律另有规定的除外。"抵押权属担保物权，也应遵守本条规定，即不动产抵押权采登记生效主义。《民法典》第四百零三条规定："以动产抵押的，抵押权自抵押合同生效时设立；未经登记，不得对抗善意第三人。"即对动产抵押而言，采登记对抗主义，抵押权自合同成立时生效，但未经登记不得对抗善意第三人。这里的善意第三人指不知或不应知且支付合理对价的第三人。不过，为了维护金融秩序，保证信贷资金安全，人民银行制定的《贷款通则》中规定，抵押贷款应当由抵押人与贷款人签订抵押合同，并办理登记。

值得注意的是，《民法典》对之前《担保法》有诸多根本性质的修改。首先是修改了抵押财产转让规则，在第四百零六条第一款规定："抵押期间，抵押人可以转让抵押财产。当事人另有约定的，按照其约定。抵押财产转让的，抵押权不受影响。"该条规定直接更改了旧法有关抵押财产非经抵押权人同意不得转让的笼统规定，并且在本条第二款规定，抵押权人在能够证明抵押财产转让会损害抵押权时，得请求抵押人以转让价款提前清偿或提存。这意味着，今后在签订抵押合同时，为对抗风险，抵押权人应与抵押人特别约定抵押财产不得转让，或经抵押权人书面同意方得转让。《民法典》做出此种修改主要是为了激活市场要素流通，降低交易成本。

其次，《民法典》确立了"公示在先顺位在先"的规则，其第四百一十四条第一款规定："同一财产向两个以上债权人抵押的，拍卖、变卖抵押财产所得的价款依照下列规定清偿：（一）抵押权已经登记的，按照登记的时间先后确定清偿顺序；（二）抵押权已经登记的先于未登记的受偿；（三）抵押权未登记的，按照债权比例清偿。"该规定改变了过去较为混乱的担保物权受偿竞合规则，明确了所有可以登记的动产和权利担保的顺位都可依次采取登记时间先后、登记的先于未登记的、未登记的按照比例这种方式确定，不考虑在后担保权人的善恶意而避免增加交易成本，这一规则甚至及于应收账款多重保理等其他非典型担保。尤为重要的是，《民法典》第四百一十五条规定："同一财产既设立抵押权又设立质权的，拍卖、变卖该财产所得的价款按照登记、交付的时间先后确定清偿顺序。"本条基本上是将所有抵押权与质权纳入一体考虑，有助于降低整体的社会成本。

最后，推动动产和权利担保的高效率执行。《民法典》一改旧法对流押、流质全面否定的态度，在其第四百零一条、第四百二十八条规定流押、流质条款并非全部无效，抵押权人、质权人可依法就担保财产优先受偿，这就使得抵押权人、质权人担负了清算义务。同时《民法典》第四百零五条规定："抵押权设立前，抵押财产已经出租并转移占有的，原租赁关系不受该抵押权的影响。"此条明确了抵押权和租赁权之间的顺位，即只有在承租人已经实际占有抵押财产时，才能发生抵押不破租赁的效果，否则租赁即使在先，但仍可能不受保护，这是为了避免虚构租赁合同损害抵押权人利益的道德风险。

（三）质押担保

质押担保包括动产质押与权利质押两种类型。其中动产质押与动产抵押最大的区别在于是否将动产以出质的意思移交担保物权人占有。如前所述，《民法典》修订后，确立了"公示在先顺位在先"规则，在动产抵押中，登记具有对抗第三人的公示效力；而在动产质押中，这种公示效力产生的基础便是交付。所以动产抵押登记与动产质押交付具有同等效力，当它们发生竞合时，仍然得依《民法典》第四百一十四条之规定，确定受偿顺位。

权利质押，顾名思义，是质押人以自己所有的某些权利来出质。通常情况下这些可以出质的权利应是财产性权利，而不包括人格权利。根据《民法典》第四百四十条之规定，可以出质的权利包括：（一）汇票、本票、支票；（二）债券、存款单；（三）仓单、提单；（四）可以转让的基金份额、股权；（五）可以转让的注册商标专用权、专利权、著作权等知识产权中的财产权；（六）现有的以及将有的应收账款；（七）法律、行政法规规定可以出质的其他财产权利。这些权利质押的交付方式往往是交付权利凭证，诸如汇本票、仓单、提单、债券等。不过，基于应收账款、基金份额、股权以及知识产权中的财产权的特殊性，这些权利的质押往往要自出质登记时设立。

TIPS：

最高额担保

最高额担保，是指保证人和债权人签订一个总的保证合同，为一定期限内连续发生的借款合同或同种类其他债权提供担保，只要债权人和债务人在保证合同约定的期限且债权额限度内进行交易，担保人则依法承担担保责任。最高额担保包括最高额保证、最高额抵押以及最高额质押。主要有以下特点：

（1）最高额担保所担保的债务在担保设立时可能已经发生，也可能没有发生，最高额担保的生效与被担保的债务是否实际发生无关。

（2）最高额担保所担保的债务为一定期间内连续发生的债务。

（3）最高额担保约定有担保人承担担保责任的最高限额。

（4）最高额担保所担保的不是多笔债务的简单累加，而是债务整体，各笔债务的清偿期仅对债务人有意义，并不影响担保人承担担保责任。

（四）留置担保

留置担保的前提是债权人合法占有债务人的动产。这里的合法占有是指引发留置的先行行为具有合法性，包括但不限于承揽中的来料加工、来件修理安装合同、仓储保管合同、货物运输合同以及买卖合同等。这里留置的对象应该是动产，也就是说派生出了不动产和有价证券、财产权利等财产，这主要是对留置物的融通属性进行的考量，说到底也是为了降低交易成本，提高担保物权受偿效率。

三、担保的实现

担保物权的实现，是指担保物所担保的债权已届清偿期而债务人不能履行债务时，则担保物权人通过行使担保物权而使其债权得到优先受偿。担保物权实现，则担保法律关系消灭。即使其债权未完全受偿，担保物权也消灭。这里涉及比较重要的三个问题，即担保物权受偿的范围、不同担保类型的偿付顺序及担保物权的受偿形式。

关于担保物权的受偿范围，根据《民法典》第三百八十九条之规定："担保物权的担保范围包括主债权及其利息、违约金、损害赔偿金、保管担保财产和实现担保物权的费用。当事人另有约定的，按照其约定。"也就是说，如果当事人没有相反约定，担保财产应先偿付利息、违约金、损害赔偿金、保管担保财产和实现担保物权的费用后，再行偿还本金。在借款合同中，如果未明确还款是利息还是本金的，一般应认定为利息。这主要是为了维护交易安全，保护债权人的利益。因担保合同具有所属性，我们认为担保物权的受偿也应遵循主合同的受偿规则，先利息后本金。比较有疑问的是，对于常见的罚息、复利是否属于受偿范围。本书认为，对于在担保合同中明确约定受偿范围包含罚息和复利的，应尊重当事人意思自治原则，在不损害第三人和国家社会利益的情况下予以承认；但对于没有明确约定的，应遵循《民法典》规则，不予承认。

关于不同担保类型的偿付顺序，一是在时间顺序上应遵守前文所述"公示在先顺位在先"规则；二是在不同担保类型选择上，《民法典》第三百九十二条规定："被担保的债权既有物的担保又有人的担保的，债务人不履行到期债务或者发生当事人约定的实现担保物权的情形，债权人应当按照约定实现债权；没有约定或者约定不明确，债务人自己提供物的担保的，债权人应当先就该物的担保实现债权；第三人提供物的担保的，债权人可以就物的担保实现债权，也可以请求保证人承担保证责任。提供担保的第三人承担担保责任后，有权向债务人追偿。"另外，法律规定抵押权人可以放弃抵押权或者抵押权的顺位，抵押权人与抵押人也可以协议变更抵押权顺位以及被担保的债权数额等内容。但是，抵押权的变更未经其他抵押权人书面同意的，不得对其他抵押权人产生不利影响。债务人以自己的财产设定抵押，抵押权人放弃该抵押权、抵押权顺位或者变更抵押权的，其他担保人在抵押权人丧失优先受偿权益的范围内免除担保责任，但是其他担保人承诺仍然提供担保的除外。另外，《民法典》第四百一十六条规定了购买价金超级优先权规则。根据该规则，只要动产抵押担保的主债权是抵押物价款，且在交付后十日内办理登记的，该抵押权优先于除留置权以外的其他所有担保物权，该规定主要是为了保护所有权保留买卖、融资租赁等交易中抵押权人的权益。

关于担保物权的受偿形式，根据《民法典》第四百一十条规定主要有折价、拍卖、变卖等形式，对于拍卖、变卖后超过主债权部分的价款数额，应归担保人所有，拍卖、变卖后不足部分，应由担保人补足。另外根据"地随房走、房随地走"原则，建设用地使用权抵押后，该土地上新增的建筑物不属于抵押财产。该建设用地使用权实现抵押权时，应当将该土地上新增的建筑物与建设用地使用权一并处分。但是，新增建筑物所得的价款，抵押权人无权优先受偿。

关于担保的实现，还有一个重要问题，即保证责任的实现。由于保证属于人保，而其他如抵押、质押和留置属于物保。物保的期间一般以主债权诉讼时效为准，而人保则有专门的保证期间。根据《民法典》的最新规定，保证期间可以约定，但约定的保证期间早于主债务履行期限或者与主债务履行期限同时届满的，视为没有约定；没有约定或者约定不明确的，保证期间为主债务履行期限届满之日起六个月。债权人与债务人对主债务履行期限没有约定或者约定不明确的，保证期间自债权人请求债务人履行债务的宽限期届满之日起计算。由于一般保证人拥有先诉抗辩权，故而债权人应先向债务人要求清偿，债务人不能或不予清偿的，债权人得要求保证人清偿。此时应注意债权人要求保证人清偿应在保证期间内，如保证人拒绝，则应适用诉讼时效制度，即应从保证人拒绝之日起三年内提出诉讼或仲裁。对于连带责任保证，债权人在债务到期后，既可以要求债务人清偿也可以要求保证人清偿。要求债务人清偿的，应在保证期间内要求债务人清偿，并从要求债务人清偿之日起计算诉讼时效；而要求保证人清偿的，应在保证期间内提出，并从要求之日起开始计算对保证人保证债务的诉讼时效。

【以案说法】

一、案情简介

A为购置房产，从B银行贷款1000万元，并以所购房产在B银行办理了抵押登记。后来，A又与他人共同投资开办了C公司从事货物贸易，C公司向D银行贷款500万元，并获得了大股东A以自己房产提供抵押担保以及小股东E提供保证担保（未约定具体保证方式）。后C公司逾期未向D银行归还贷款，但C公司仍处于正常经营当中。此时哪些人应当向D银行承担相应的法律责任？

二、案件分析

（1）C公司应向D银行承担何种责任？C公司向D银行贷款500万元，二者之间发生了债权债务关系，D银行是债权人，C公司是债务人，C公司应当向D银行承担偿还债务及其逾期利息的责任。C公司作为独立法人，应以自身财产向D银行承担债务清偿责任。

（2）A应向D银行承担何种责任？A以自身房产在D银行设定了抵押登记，D银行依法享有对A房产的抵押权。C公司未向D银行履行到期债务，D银行有权向A主张实现抵押权。但应注意的是，D银行成立对A的抵押权之前，B银行已经对A房产设定了抵押登记，享有对A房产的在先抵押权。根据《民法典》第四百一十四条规定，同一财产向两个以上债权人抵押，抵押权均已登记的，拍卖、变卖抵押财产所得价款按照登记的时间先后确定清偿顺序。因此，D银行固然可以向人民法院请求实现对A房产的抵押权，但是A房产拍卖、变卖所得价款应当首先清偿对B银行负担的1000万元住房贷款；清偿完毕后，才能向D银行清偿C公司的欠款。此外，A房产所得价款在对B、D银行清偿完毕后，剩余价款仍归A所有。

（3）E应向D银行承担何种责任？E向D银行提供了保证担保，但没有明确约定具体的保证方式，应首先确定其保证方式。《民法典》第六百八十六条规定："保证的方式包括一般保证和连带责任保证；当事人在保证合同中对保证方式没有约定或者约定不明确的，按照一般保证承担保证责任。"据此，E向D银行承担一般保证责任。对于仅承担一般保证责任的 E，D 银行必须首先要求债务人 C 公司承担债务清偿责任；C 公司不能履行债务时，才由 E 向 D 银行承担保证责任。根据《民法典》第六百八十七条第二款规定："一般保证的保证人在主合同纠纷未经审判或者仲裁，并就债务人财产依法强制执行仍不能履行债务前，有权拒绝向债权人承担保证责任，但有下列情形之一的除外：（一）债务人下落不明，且无财产可供执行；（二）人民法院已经受理债务人破产案件；（三）债权人有证据证明债务人的财产不足以履行全部债务或者丧失履行债务能力；（四）保证人书面表示放弃本款规定的权利。"据此，由于 C 公司仍处于正常经营当中，所以 D 银行必须首先通过诉讼或者仲裁方式请求 C 公司承担清偿责任并获胜诉，并就 C 公司财产依法强制执行后仍不能实现债权的，才有权主张 E 承担一般保证责任。

（4）A、E 向 D 银行承担担保责任时，是否有先后顺序？根据《民法典》第三百九十二条规定，被担保的债权既有第三人提供物的担保，又有第三人提供人的担保的，债权人可以就物的担保实现债权，也可以请求保证人承担保证责任。提供担保的第三人承担担保责任后，有权向债务人追偿。A、E 虽然都是债务人 C 公司的股东，但基于公司独立法人地位和有限责任的法律制度，A、E 均系主债务人 C 公司以外的第三人。根据前述《民法典》的有关规定，在满足履行相应担保责任的前提下，C 公司既可以主张 A 承担抵押担保责任，又可以主张 E 承担一般保证责任。A、E 向 D 银行履行清偿责任后，均有权向 C 公司追偿。

第四节　自然法律有差异，新旧规定要分清
——哪些债权受保护

【关键词】法律债务　自然债务　非法债务

【引人入胜】

明朝文学家凌濛初编著的《初刻拍案惊奇》中讲了一则故事，名曰"张员外义抚螟蛉子 包龙图智赚合同文"。在这则故事当中，古典戏剧中著名的大法官开封府尹包拯包龙图有一句经典台词："杀人偿命，欠债还钱。"这句话也代表了当时人民群众朴素的司法正义观念。在今天，对别人负有法定或者约定债务的，毋庸置疑也应该还钱，债权人还可以诉讼至法院请求实现债权。但是，并不是所有的债权都会受到法律同等的保护。弄清楚哪些债权受保护、哪些债务要履行，是我们必须要知道的知识点。

【条分缕析】

一、法律债务
（一）什么是法律债务

法律债务，顾名思义，是指债务人基于法律规定或者当事人之间的约定，对他人负担的作为或者不作为一定行为的义务，包括给付金钱、提供商品或者服务、返还原物、赔礼道歉等多种具体形式。根据《民法典》的规定，债务人负担法律债务的具体形态主要有合同之债（合同当事人基于合同产生的法律义务）、

侵权之债（侵权人基于自身的侵权行为，产生的损害赔偿等的相应义务）、无因管理之债（受益人基于他人的无因管理行为，对他人负担的相应义务）、不当得利之债（不当得利人基于自身的不当得利行为，对他人负担的相应义务）以及其他形式的法定之债（如继承人在自己所继承的遗产范围内，对被继承人所负债务的偿还义务）。

（二）法律债务受到何种保护

法律债务受到法律保护。法律债务的债权人有权通过诉讼或者仲裁方式，请求债务人履行债务，法院或者仲裁机构也应当依法保护债权人实现其债权。债务人应当依法履行其法律债务；债务人履行了债务之后，也无权请求债权人返还。事实上，《民法典》《公司法》《证券法》《保险法》《消费者权益保护法》等法律所保护的债权债务关系，基本都属于法律债务。日常生活中常见的债权债务关系，如偿还借款、给付合同款项或者商品、对侵权行为进行损害赔偿等，都属于法律债务。在法律债务范畴内，"欠债还钱"规则是成立的。不过，债权人应当依法行使权利，不得运用非法拘禁、非法侵入住宅、侵犯他人人身和财产合法权利等手段实现其债权，否则应当承担相应的民事责任，甚至刑事责任。

二、自然债务

（一）什么是自然债务

自然债务，指没有法律上的义务，仅具有道德性质的给付义务，但是债务人如果自愿履行，就不得请求返还的债务。不同于法律债务，自然债务的债务人不具有法律上偿还的义务。也就是说，在法律层面，债务人有权不偿还债务。债权人无权要求债务人必须履行债务，也无法通过诉讼请求债务人履行债务。自然债务主要有履行道德义务的给付、债务到期之前的清偿以及明知无给付义务而进行的债务清偿三种形式，其典型形态包括：债务人提出诉讼时效期间届满抗辩的债务；履行期限尚未届满的债务；债权人由于未能证明债权债务关系，在诉讼中败诉的债务；叔伯姑舅姨对侄甥的抚养；侄甥对叔伯姑舅姨的赡养；继承人超出所得遗产实际价值清偿被继承人的税款和债务；赌博债务；等等。我国以往立法也有过关于自然债务的明确规定，例如2015年《最高人民法院关于审理民间借贷案件适用法律若干问题的规定》（以下简称《民间借贷规定》）也曾规定，民间借贷约定的年利率超过24%，但是未超过36%的利息部分，也属于自然债务。不过，该条文已经被2020年修正后的《民间借贷规定》废除。

（二）自然债务是否需要履行

自然债务的债务人有权不履行债务，债权人也无权通过诉讼等方式要求债务人履行债务。换言之，在法律上，债务人是不受自然债务约束的。但是，自然债务虽无法律义务，但却负担着一定的道德性质的给付义务。在"要么是债，要么是非债"式的二元对立的债务判断思维之外，自然债务跳出了前面这种非此即彼的思维定式，而是为社会上的某些仅具有道德性质的给付义务留出了一个缓冲地带。自然债务的债务人在法律上不负担履行债务的义务；但是基于一些道德方面的原因，债务人如果不履行债务，在自己的良心方面是有缺憾的。在这种情况下，法律既不对债务人施加必须偿还的义务，但也不干预债务人自愿偿还的行为，并且出于诚信原则，要求债务人一旦履行就不得反悔。

这样，我们就可以得出"自然债务是否需要履行"这一问题的结论：债务人不需要履行自然债务；但是如果债务人自愿履行了自然债务，就不能反悔，也不能请求债权人返还。我国《民法典》在一些条文中规定了自然债务，明确了前述的自然债务履行规则。如《民法典》第一百九十二条规定："诉讼时效期间届满的，义务人可以提出不履行义务的抗辩。诉讼时效期间届满后，义务人同意履行的，不得以诉讼时效期间届满为由抗辩；义务人已经自愿履行的，不得请求返还。"第九百八十五条规定："得利人没有法律根据取得不当利益的，受损失的人可以请求得利人返还取得的利益，但是有下列情形之一的除外：（一）为履行道德义务进行的给付；（二）债务到期之前的清偿；（三）明知无给付义务而进行的债务清偿。"第一千一百六十一条规定："继承人以所得遗产实际价值为限清偿被继承人依法应当缴纳的税款和债务。超过遗产实际价值部分，继承人自愿偿还的不在此限。继承人放弃继承的，对被继承人依法应当缴纳的税款和债务可以不负清偿责任。"

三、非法债务

（一）什么是非法债务

非法债务，指因违反法律、行政法规强制性规定，或者违背公序良俗，或者系恶意串通损害他人合法权益而归于无效的债务。非法债务所依附的民事法律行为因违反法律、行政法规的强制性规定，或者违背公序良俗，或者基于恶意串通损害他人合法权益而无效；由于民事法律行为是无效的，债务也是无效的。非法债务的债权人不得要求债务人履行，债务人即使履行了债务也是无效的。债务人已经履行给付的，要根据具体情形判断处理方式，有的债务人可以要求返还，有的债务人无权要求返还，应当交还他人或者上缴国库。非法债务往往已经触犯刑法或者行政法等公法领域或者公序良俗，其典型形态包括：非法买卖属于他人的财物；贿赂、绑架、套路贷等给付原因非法的债务；毒品、枪支、弹药、爆炸物等给付内容非法的债务。

（二）非法债务的法律后果是什么

非法债务的债务履行和履行后状态均不受法律保护。债权人无权要求债务人履行非法债务；即使债务人自愿履行债务后，债权人也无权请求保有债务已经履行完毕的状态。但是，债权人无权保有债务人给付的财物，并不意味着债务人就一定可以请求债权人将财物返还给自己。在非法债务中，如果债权人和债务人双方行为均系违法，那么债务人无权要求债权人返还自己交付的财物；这些财物应当归还原主，或者在刑事诉讼、行政处罚等公法处理中上缴国库。例如债权人和债务人恶意串通，买卖属于他人的财物的，债务人向债权人交付的财物应当返还给所有权人。在非法毒品交易或者行贿人和受贿人合谋达成贿赂行为中，不论是毒品、毒资还是被用来行贿的财物，都应当上缴国库。在非法债务中，如果只有债权人索取债务的行为单方面违法，那么债务人有权要求债权人返还所交付的财物。例如债务人遭遇黑恶势力索取保护费、套路贷的，或者遭遇绑架被迫支付赎金的，债务人有权请求非法债务的债权人返还财物。

四、民间借贷的债务规则：从 2015 年"两点三段论"到 2020 年"一点两段论"

（一）2015 年"两点三段论"

2015 年，《最高人民法院关于审理民间借贷案件适用法律若干问题的规定》当中确立了民间借贷利息债务的"两点三段论"规则。"两点三段论"规则是指：第一，借贷双方约定的年利率未超过24%的利息部分属于法律债务。对于这部分利息，债权人有权通过诉讼方式请求债务人足额偿还，债务人应当偿还。第二，借贷双方约定的年利率超过24%，但是未超过36%的利息部分属于自然债务。对于这部分利息，债权人无权请求债务人支付，债务人有权不予偿还；但是债务人自愿偿还的，无权要求债权人返还。第三，借贷双方约定的年利率超过36%的利息部分属于非法债务。对于这部分利息，债权人无权请求债务人支付，债务人有权不予偿还；即使债务人已经偿还，也有权要求债权人予以返还。

（二）2020 年"一点两段论"

2020 年 8 月，为推动民间借贷利率与经济社会发展水平相适应，顺应利率市场化改革要求，贯彻《民法典》"禁止高利放贷"原则精神，最高人民法院修正了民间借贷规定，大幅降低了民间借贷利率的司法保护上限，并且废除了一定区间内的民间借贷利息适用"自然债务"的做法，将"两点三段论"改为"一点两段论"。

根据新的司法解释规则，民间借贷双方约定的利率不得超过借款合同成立时一年期贷款市场报价利率的四倍。所谓一年期贷款市场报价利率，指的是中国人民银行授权全国银行间同业拆借中心每月发布的一年期贷款市场报价利率；该利率系由各报价银行按公开市场操作利率加点形成的市场化报价，由全国银行间同业拆借中心具体计算发布，每月动态更新；普通人可以通过全国银行同业拆借中心官方网站（http://www.chinamoney.com.cn/chinese/bklpr/）进行查询。例如按照2020年8月20日的一年期贷款市场报价利率（3.85%）为基准计算，在该利率适用期间成立的民间借贷关系，其借贷利率合法上限为15.4%。超过一年期贷款市场报价利率四倍的民间借贷利息部分属于"非法债务"，不受法律保护；债权人无权主张债务人偿还，债务人即使已经向债权人支付，也有权要求债权人返还。

值得注意的是，2020年12月31日最高人民法院又发布了新的修改后的《最高人民法院关于审理民间借贷案件适用法律若干问题的规定》，对新规的有关溯及效力做了新的修改。根据新规定，民间借贷诉讼分为三种类型，一是在2020年8月20日之前发生而在之后起诉至人民法院审理的案件，有关利息计算分为两段，即2020年8月19日之前的适用旧的24%与36%的"两点三段"利率规则；2020年8月20日之后适用新的四倍贷款市场报价利率规则。二是在2020年8月20日之前起诉至人民法院的，仍然适用24%与36%的"两点三段"利率规则。三是在2020年8月20日之后发生并起诉至人民法院的，则适用新的四倍贷款市场报价利率规则。

TIPS：

现行2020年《最高人民法院于关审理民间借贷案件适用于法律若干问题的规定》"一点两段论"规则：

第二十五条　出借人请求借款人按照合同约定利率支付利息的，人民法院应予支持，但是双方约定的利率超过合同成立时一年期贷款市场报价利率四倍的除外。

前款所称"一年期贷款市场报价利率"，是指中国人民银行授权全国银行间同业拆借中心自2019年8月20日起每月发布的一年期贷款市场报价利率。

第三十一条本规定施行后，人民法院新受理的一审民间借贷纠纷案件，适用本规定。

2020年8月20日之后新受理的一审民间借贷案件，借贷合同成立于2020年8月20日之前，当事人请求适用当时的司法解释计算自合同成立到2020年8月19日的利息部分的，人民法院应予支持；对于自2020年8月20日到借款返还之日的利息部分，适用起诉时本规定的利率保护标准计算。

本规定施行后，最高人民法院以前做出的相关司法解释与本规定不一致的，以本规定为准。

【以案说法】

一、案情简介

2019年7月20日，阿贵向财宝公司借款20万元，借款期限1年。双方在查阅了2015年《最高人民法院关于审理民间借贷案件适用法律若干问题的规定》之后，一致同意约定贷款利率为年利率24%。2020年9月20日，由于阿贵在借款期限到期后未能偿还，财宝公司向人民法院提起诉讼，要求阿贵全额偿还借款本金20万元，并按照24%的利率足额支付借款利息。

二、案件分析

根据现行的2020年《最高人民法院关于审理民间借贷案件适用法律若干问题的规定》，借贷行为发生在2020年8月20日之前起诉在8月20日之后的，应分段计算利息，即对于阿贵与财宝公司之间借款，自2019年7月20日至2020年8月19日之间利息，应以年利率24%计算，而对于2020年8月20日至2020年9月20日之间的利息，应以2020年8月20日的一年期贷款市场报价利率的四倍即15.4%，来确定受保护上限。因此，财报公司有权要求阿贵全额偿还借款本金20万元，但无权要求阿贵对这一个月的时间按照年利率24%支付利息，只能按照年利率15.4%要求阿贵支付利息。

第四章

住房与物业

第一节　恪守法令优质服务，传承美德邻里相亲
——物业管理纠纷

【关键词】物业管理　业主大会　物业服务

【引人入胜】

城市住宅小区作为现代人共同居住的场所，有别于以前的农村村落，对其内部的管理不仅关乎着每个业主的居住舒适度，同时也体现着一个城市的整体社会治理水平。尤其是随着经济的发展，人们生活水平的不断提高，小区的居住品质也越来越受到人们的关注，这里面不仅包括外部的环境设施，还包括内部的管理水平。而小区内部的管理，一般是由物业公司进行。可以说好的物业服务是现代人高品质生活的前提。而因物业各项管理内容、管理标准、收费高低而在物业公司与小区业主之间发生的矛盾纠纷，也是目前我国社会存在的主要民事纠纷类型。而不断创新住宅小区的管理方式、提高住宅小区的管理水平也就成为当前物业管理的重要内容。

【条分缕析】

一、业主大会

现代社会，人们的个体意识空前觉醒，对参与社会治理热情高涨。对普通人来说，可能践行自身这种觉醒和热情的最简单方便的形式便是参与自己所居住小区的治理。作为基层社会治理的重要环节，每一个成熟的小区都应成立一个业主

大会。业主大会是由物业管理区域内全体业主共同组成的维护业主自身利益的自治组织，代表全体业主行使物业管理中的合法权利，履行相应的义务。可以说业主大会是我们国家城市治理中最底层和最基础的自治机构，是社会主义制度下现代城市治理体系的一个个鲜活的细胞。

业主大会的本质是一个住宅小区内部所有住户行使自己参与社会治理的权力机构，业主权利来源于自身入住该小区时购买不动产所付出的对价，理论上只要是对小区内不动产拥有所有权的业主都是业主大会的一员，只是因为业主大会涉及人员较多，实践中不便于随时随地全员召集，故而法律允许在业主大会下根据实际需要设立业主委员会，作为业主大会的常设机构，负责具体执行业主大会的有关决议。但一个物业管理区域内公共事务的最高决策机构仍然是业主大会。

业主大会的成立应当按照法律、行政法规规定的程序进行，目前并无全国统一的标准，但各地方都发布了一些针对当地的指导意见，以山东省为例，根据《山东省物业管理条例》的规定，符合下列条件之一的，应当召开首次业主大会会议：（一）业主已入住面积的比例达到百分之五十以上；（二）业主已入住户数的比例达到百分之五十以上；（三）自首位业主入住之日起满两年且已入住户数的比例达到百分之二十五以上。当符合首次业主大会召开的条件后，街道办事处、乡（镇）人民政府应当在三十日内组建业主大会筹备组，具体负责业主大会的成立工作。

业主大会成立后就应制定其具体的议事规则，设立业主委员会，代表业主选聘或解聘物业服务企业，决定维修基金的使用办法，管理其他重大的公共事务等。而这些决定或决议都需经业主表决通过，法律也对各重大事项的表决办法做了具体的规定。某一事项一旦表决通过，就对全体业主具有约束力，个别业主以其并非合同当事人为由来抗辩是得不到法院支持的。

根据《民法典》第二百七十八条的规定，业主共同决定事项包括九类，分别是：（一）制定和修改业主大会议事规则；（二）制定和修改管理规约；（三）选举业主委员会或者更换业主委员会成员；（四）选聘和解聘物业服务企业或者其他管理人；（五）使用建筑物及其附属设施的维修资金；（六）筹集建筑物及其附属设施的维修资金；（七）改建、重建建筑物及其附属设施；（八）改变共有部分的用途或者利用共有部分从事经营活动；（九）有关共有和共同管理权利的其他重大事项。

业主共同决定事项，应当由专有部分面积占比三分之二以上的业主且人数占比三分之二以上的业主参与表决。决定上述第（六）项至第（八）项规定的事项，应当经参与表决专有部分面积四分之三以上的业主且参与表决人数四分之三以上的业主同意。决定上文规定的其他事项时，应当经参与表决专有部分面积过半数的业主且参与表决人数过半数的业主同意。比如一个小区有100位业主，专有部分面积（这里可以简单理解为业主手中办理了产权登记的房屋、车位、露台等）有15000平方米，那么对于前述除第（六）项至第（八）项之外的事项，首先必须有专有面积合计10000平方米以上且人数67位以上业主参加业主大会参与表决，且在表决中必须有专有面积合计5001平方米以上且人数34位以上业主同意；而对于第（六）项至第（八）项，则必须有专有面积合计11259（四分之三）平方米以上且人数75（四分之三）位以上业主参加业主大会参与表决，且在表决中必须有专有面积合计8438（四分之三）平方米以上且人数57（四分之三）位以上业主同意。

TIPS：

相较于之前的法律规定，《民法典》围绕业主大会表决规则的变化主要有三个方面。

第一，《民法典》降低了需要业主共同决定事项的表决门槛，即只要"双过2/3参与表决"即可，一般事项经参与表决的业主"双过半同意"，重大事项［第（六）项至第（八）项］经参与表决的业主"双过3/4同意"，也就是说，一般事项最低只需全体业主1/3同意（2/3×1/2），重大事项最低只需全体业主1/2同意（2/3×3/4）。

第二，《民法典》降低了维修基金使用的表决门槛，由原先全体业主的"双过2/3同意"降为经参与表决的业主"双过半同意"即可。

第三，《民法典》新增"改变共有部分的用途或者利用共有部分从事经营活动"须经参与表决的业主"双过3/4同意"，有利于更多业主参与小区管理，有助于维护业主建筑物区分所有权，此后，在小区公共区域设置快递柜、广告牌、新增停车位等须按照《民法典》规定的业主表决规则通过后方可执行，一改先前由业主委员会甚至物业服务公司自行决定的方式。

二、物业服务

业主大会成立后，应当对小区内的物业服务做出决定，可以选择由业主自行管理建筑物及其附属设施，也可以委托物业服务企业或者其他管理人管理。由于业主自身的非专业性，以及在时间、精力上的限制，大多数小区业主都是通过选聘专业的物业服务公司来为本小区提供物业服务。但由于我国物业服务起步较晚，该领域的有关法律法规还需要细化，行业标准尚待成熟，故而纠纷也较多。

（一）物业服务的内容

很多业主对物业公司的服务内容存在误解，认为自己遇到的所有问题都应找物业公司，在得不到满意答复时就对物业公司产生意见，这是不应该的。物业公司不是万能的，它只能在自己负责的领域内对业主提供服务，超出其业务范围的事项不应对其过多苛责。因此，应正确区分到底哪些事项属于物业公司服务的内容。

1. 属于业主自己的事

家里的门窗坏了，电灯不亮了，水龙头生锈了，电路短路了，等等，这些专有部分的设备、设施是属于业主自己的管理范围，不是物业公司服务的内容，遇到这些问题应由业主自己解决，当然也可以寻求物业公司的帮助，但应支付必要的费用。

2. 属于开发商的事

我们购买的住宅在保修期内若出现墙面裂缝、地面或墙面漏水、房屋承重结构变形等质量问题，应与开发商沟通解决，与物业公司没有关系，这些不属于物业公司的服务内容。不过当前很多大型地产公司都下设自己所属的物业公司，此时，依据诚实信用原则，物业公司应协助业主与其同属地产集团的建设单位联系。

3. 属于相关企业的事

业主住宅内所使用的水、电、气、暖以及电话、网络、有线电视等都是业主与相关企业之间直接建立的服务合同关系，若出现问题应直接与相关企业联系，不过物业公司应该在自己能力范围内进行协助，而水、电、气、暖本身不是物业公司的服务内容。

4. 属于物业公司的事

本书认为，凡是与房屋及配套设施有关的维护、管理以及环境卫生等都属于物业公司的服务内容，具体应由业主与物业公司签订服务合同明确约定。一般应包括：物业共用部位及共用设施设备的使用、管理和维护；公共绿化的维护；公共区域环境卫生的维护；公共区域的秩序维护、安全防范等事项的协助管理服务；物业使用中对禁止行为的告知、劝阻、报告等义务；物业维修、更新、改造费用的账务管理；物业服务档案和物业档案的保管；等等。

TIPS：

利用小区内公共部分所投放的广告收益到底归谁所有？

在小区内，我们随处可以看到各种各样的广告，电梯里、门禁杆上、停车场内……这些广告都是要收费的，这些公共区域的收益究竟归谁所有呢？最终又进了谁的腰包？根据相关法律法规的规定，利用物业共用部分、共用设施设备进行经营的，应当在征得相关业主、业主大会、物业服务企业同意后，按规定办理相关手续。所得收益在扣除成本后应归全体业主共有，主要用于补充专项维修基金，也可以按照业主大会的决定使用。也就是说，这些收益是属于全体业主共有的，并不属于物业公司，如果是业主大会委托物业公司来收取，应当要求物业公司对此单独建账，每年定期公示该部分的收支明细。

（二）物业服务企业

物业服务企业，俗称物业公司，是指具有相应资质从事物业管理的企业法人。前期的物业服务企业由开发商指定，后期业主可以通过公开选聘的方式自主决定由哪家物业公司为其服务。由于物业服务兼具财产与人身的双重属性，因此物业服务企业一般不能将自己的服务内容再转包出去，在现实中存在着很多这样的情况，由一家公司来投标，中标后再由其他公司实际提供服务，这是不允许的，相当于在未经业主同意的前提下将物业服务合同转让给第三人，此时业主可以与其解除合同，并要求对方承担违约责任。

（三）前期物业服务

建设单位在开发建设住宅小区时，由于潜在业主还没有实际入住，不能自行选聘物业服务公司，为使今后交付房屋的物业服务能够很好地衔接，此时法律规定由建设单位通过招标的方式选聘前期物业服务企业。前期物业服务合同虽然是建设单位与物业服务企业签订的，但对全体业主都具有约束力。并且，前期物业服务合同与正常的合同内容并无明显区别，都应对物业服务内容、服务标准、收费标准、收费方式及收费起始时间、合同终止情形等内容进行约定。但在期限上有所区别，因为前期物业服务合同具有过渡性，它仅存在于业主、业主大会选聘物业服务企业之前的过渡期内，所以，法律规定，一旦业主大会成立并与选聘的物业服务企业签订物业服务合同，则前期物业服务合同便自行终止。

（四）物业服务收费

物业服务收费实行政府指导价和市场调节价相结合的方式，政府价格主管部门每年应当公布物业服务的基准价和浮动幅度，物业费应当在该浮动区间内确定。对于已竣工尚未出售或者尚未交付的物业，物业服务费由建设单位承担；已交付的物业，物业服务费由业主承担。有些业主将房屋出租出去，并与租赁人约定物业费由对方承担，此时并未完全免除业主的责任，业主仍应负连带交纳的责任。但若物业服务企业违反物业服务合同的约定，未提供服务或提供服务不合格的，业主可以不付或少付物业费；若物业服务企业擅自扩大收费范围、提高收费标准、重复收费的，业主可以要求减收物业费或要求返还多交的物业费。

值得注意的是，现实中有的业主以并未实际入住、未享受或无须接受物业服务为由而拒绝交纳物业费，实际上物业费一般会包括小区内的绿化养护费用、清洁卫生费用、秩序维护费用、物业共用设施设备的运行与维护费用等，因此，即便业主未实际入住，也不能拒绝交纳物业费，因为物业公司已经实际提供了服务。但若确实长时间不入住，可以申请减免部分物业费，对此，各地都有相关的政策规定，比如陕西省规定，业主办理入住手续后长期（连续六个月以上）未入住的空置物业及入住后长期未使用的空置物业，业主应向物业管理企业书面备案，按规定或约定公共服务费标准的70%交纳空置物业管理费，或按省市县有关部门对空置房减免的规定收取物业费。

【以案说法】

一、案情简介

建设单位大发公司开发建设了花园小区，2004年大发公司与具有物业管理服务资质的长生物业签订了对花园小区的前期物业服务合同。在物业服务期内，长生物业履行合同未达到业主的要求，引起业主的强烈不满。花园小区于2013年5月成立业主委员会（以下简称业委会），此前一直未成立。长生物业的服务期限一直到2014年7月。服务到期后，长生物业又于2014年8月1日与大发公司续签6年的《物业管理合同》，期限至2020年5月。花园小区业委会就是否继续与长生物业续签服务合同对小区共计228户业主进行了书面调查，共有139户业主要求解聘长生物业，并有130户业主要求对涉案小区实行自治管理。2014年8月15日花园小区业委会将长生物业告上法庭，要求长生物业撤出花园小区，双方物业服务合同终止并移交物业管理的相关材料。长生物业辩称花园小区业委会设立程序不合法，没有诉讼主体资格，花园小区业委会所进行的书面调查不具有证明效力。

本案经一审、二审，最终判决双方的物业服务合同于2014年7月31日起终止，长生物业撤出花园小区。

二、案件分析

本案争议的焦点为：①花园小区业委会有无诉讼主体资格；②长生物业与大发公司续签的《物业管理合同》对涉案小区业主有无约束力；③涉案小区业主能否实行自治管理。对于第一个问题，根据《民法典》第二百七十七条的规定，"业主可以设立业主大会，选举业主委员会"。花园小区业委会是经合法程序选举产生，其对外能代表全体业主行使诉讼主体资格，属于法律规定的"其他组织"；对于第二个问题，在业主、业主大会选聘物业服务企业之前，建设单位应通过招投标方式选聘具有相应资质的物业服务企业，前期物业服务合同可以约定期限，但是，期限未满，业主委员会与物业服务企业签订的物业服务合同生效的，前期物业服务合同终止。本案中，在涉案小区业主、业主大会选聘物业服务企业之前，作为开发商的大发公司与长生物业2004年签订的物业服务合同属于前期物业服务合同。而在该前期物业服务合同到期后，长生物业与大发公司续签《物业管理合同》之前，涉案小区业主不仅成立了花园小区业委会，而且涉案小区大多数业主还决定了不再和长生物业续签物业服务合同，并决定实行自治管理，因此，大发公司无权再代表涉案小区业主与长生物业续签《物业服务合同》，长生物业与大发公司续签的《物业管理合同》对涉案小区业主也就无约束力；对于第三个问题，根据《民法典》第二百八十四条第一款的规定，"业主可以自行管理建筑物及其附属设施，也可以委托物业服务企业或者其他管理人管理"。因此，花园小区业委会关于实行自治管理的主张有法律依据。花园小区业委会在做出自治管理而请求长生物业退场的决议时，程序是否违法或该决议内容是否侵害了业主合法权益，只有业主才有权向人民法院提出异议并行使撤销权，长生物业并非小区业主，无权对花园小区业委会的决议提出异议。

第二节　百万座驾易得，丈余车位难觅
——车位产权归属问题

【关键词】车位权属　车位租赁

　　随着社会经济的发展，老百姓的生活水平不断提高，私人汽车已不再是遥不可及的奢侈品，而是成了年轻人出行的必需品，甚至百万豪车也随处可见。但由于城市规划发展等历史原因，车"好开不好停"的问题长期存在。一些住宅小区在建设时，车位配套比例在设计规划阶段对业主需求估计的过于保守；还有一些小区却在建设时有意进行"饥饿营销"，以差额比例迫使业主"只买不租"，从而短期内回笼资金；许多地方甚至出现车位比车贵的现象，由此也导致业主因为停车问题而伤透脑筋。

【条分缕析】

一、车位权属问题

　　据权威统计，2019年我国载客汽车保有量达到2.25亿辆，小型载客汽车保有量达到2.21亿辆，同比增长9.37%，其中私家车（私人小微型载客汽车）持续快速增长，2019年首次突破2亿辆，私家车保有量达到2.07亿辆。我国已经成为世界上首屈一指的汽车消费大国。然而，随着汽车消费增长的便是停车难题。近年来，开发商与时俱进，在建造商品房时也开始配套建设一定数量的地上停车位或地下停车库，且随着时代的发展，很多开发商配套建设的车位数量也在逐步增长。目前社会上出现的小区停车位的类型主要有四种：地下产权车位、地下人防

车位、地面规划车位和地上临时车位。如何确定这些车位的权属一直是实务界争论不休的话题，也是现实生活中出现纠纷最多的领域之一。确定车位的权属应从多方面考虑，其中最核心的问题是要确定该车位是否属于建设规划中的车位，该车位的建造是否占用了业主的公摊面积。按照这个标准，我们来分别阐述一下上述四类车位的权属问题。

（一）地下产权车位

地下产权车位是指在小区的地下空间中，满足了建筑规划的要求，办理了土地出让手续，能够办理独立的产权证书的车位。该车位虽然也属于小区的附属设施，但其在构造上具有相对的独立性，能够明确区分，符合《最高人民法院关于审理建筑物区分所有权纠纷案件具体应用法律若干问题的解释》中关于专有部分的认定标准（详见本章第一节），可以办理单独的产权证书，属于建筑规划中的一部分，而且也没有占用业主的公摊面积，所以这类车位的产权应当由开发商所有，业主与开发商签订的车位买卖合同或车位租赁合同合法有效。业主从开发商处购得的车位与购买的房屋一样，可以办理独立的不动产权证书，并可用来处分与收益。

（二）地下人防车位

地下人防车位是指由国家强制配套的人防工程改造而来的车位。由于该类车位的特殊性，根据相关法律规定，地下人防车位是不能计入公用建筑面积的，所以其所有权既不属于开发商，也不属于业主，而是属于国家。根据《人民防空法》第五条的规定，人民防空工程平时由投资者使用管理，收益归投资者所有。开发商作为该车位的投资建造者，根据"谁投资谁受益"的原则，开发商可以享有对地下人防车位的使用及收益的权利。基于此，对于开发商投资建设的人防工程，开发商是可以将之改造为车位进行出租的。不过，也并非所有地下人防车位使用、收益的权利都归开发商所有，在2017年无锡市中级人民法院审理的一起某小区开发商诉该小区业主委员会所有权纠纷一案中，法院查明开发商在销售住宅时已经把人防车位的建设成本平摊给了业主，于是判决人防车位的收益权归业主享有。由此看出，判断地下人防车位的权属问题关键还是要看该车位的建造由谁投资，并且还要考察这些车位的建设成本是否已经被均摊至购房价款中，如是，则应按照建筑物区分所有权中共有部分使用规则，由业主使用。

TIPS：

什么是人防工程

根据《人民防空法》规定，人防工程全称为"人民防空工程"，是指为保障战时人员与粮食、医药、油料和其他必需物资掩蔽、防空指挥、医疗救护而单独修建的地下防护建筑，以及结合地面建筑修建的战时可用于防空的地下室，是防备敌人突然袭击、有效掩蔽人员和物资、保存战争潜力的重要设施；是坚持城镇战斗、长期支持反侵略战争直至胜利的工程保障。城市是人民防空的重点。国家对城市实行分类防护。城市人民政府应当制定人民防空工程建设规划，并纳入城市总体规划。国家对人民防空设施建设按照有关规定给予优惠。国家鼓励、支持企业事业组织、社会团体和个人，通过多种途径，投资进行人民防空工程建设；人民防空工程平时由投资者使用管理，收益归投资者所有。

（三）地面规划车位

地面规划车位是指经政府城乡规划主管部门发出的《建设工程规划许可证》批准同意的，在地上修建的符合建设规划要求的车位。根据《民法典》第二百七十五条第一款的规定："建筑区划内，规划用于停放汽车的车位、车库的归属，由当事人通过出售、附赠或者出租等方式约定。"由于地面停车位直接设置在小区土地表面，开发商通过办理土地出让手续且办理了单独的产权证书取得，所以，车位的所有权应当属于开发商，开发商可以通过出售、附赠或出租的方式流转给业主。但现实中也存在一些地区对于规划在小区地面公共部分的车位无法办理正规的产权证书，其产权仍然应当认定属于开发商所有，但买卖这类车位就会存在一定的风险。

（四）地上临时车位

地上临时车位是指未经规划设计占用小区公共绿地、公共道路而划分的车位。根据《民法典》第二百七十五条第二款的规定："占用业主共有的道路或者其他场地用于停放汽车的车位，属于业主共有。"第二百七十六条规定："建筑区划内，规划用于停放汽车的车位、车库应当首先满足业主的需要。"由于该类车位占用了公摊面积，在开发商出售完住宅后，其所有权也就由开发商转移给业主，由全体业主共有。因此，对于这部分无法办理产权登记的车位，在判断其产权归属时应查清其车位占用土地的性质，如属于占用公共绿地或者公共建设用地而建造的临时车位，那么这部分车位属于全体业主共同所有，开发商无权处分或取得收益，其处分和收益应当按照法律关于业主对于共有部分处分和收益的规定进行约定。

二、业主取得车位的方式

根据车位的不同性质，业主取得车位的方式也不尽相同，大致可以分为买卖、租赁和赠予三种方式。

（一）买卖

对于可以办理独立产权证书的车位，业主可以通过买卖的方式从开发商手中取得车位的所有权，该方式主要适用于地下产权车位和地面规划车位。这类车位的原始产权归开发商所有，跟购买住宅一样，业主可以与开发商签订车位买卖合同，办理车位的产权过户手续。业主在支付对价并经登记公示取得车位产权后，可以采取出卖、抵押、租赁、赠予等处分和收益等措施。

（二）租赁

业主通过租赁的方式只是取得车位的使用权，并没有取得车位的所有权，租赁的情形适用于所有车位，只不过车位产权归开发商所有的应与开发商签订租赁合同，产权归全体业主所有的应与业主委员会或其授权的物业服务公司签订租赁合同。其出租收益在扣除了必要费用后纳入小区的维修基金。目前很多新建小区对车位都采取"只租不卖"的形式，与业主签订二十年的长期租赁合同，并约定在二十年租赁期限到期后，无条件延期。

（三）赠予

赠予的情形也是适用于原始产权归开发商所有的车位。开发商为营销住宅的需要，在出售住宅时附带赠予业主车位，业主同样取得这类车位的所有权。需要注意的是，业主在通过赠予取得车位产权后，亦应及时办理产权登记，以保障自身权利。对于通过赠予并经登记公示取得车位产权的，仍然可以采取出卖、抵押、租赁、赠予等处分和收益等措施。

三、签订车位转让合同时应注意的问题

（一）车位产权要明晰

购买车位就跟购买房子一样，一定要注意车位是否有独立的产权，只有有产权的车位才可以放心购买。此外，要注意跟产权人签订买卖合同，如产权人为开发商的，就应与开发商签订合同；产权人为全体业主的，就应与业主委员会或其授权的物业服务公司签订合同。预售车位也必须取得车位的预售许可证。车位买卖合同的成立生效，并不等于业主就获得了车位所有权，法律实务中存在大量双方在签订了车位买卖合同后，但开发商对涉案车位并不拥有所有权的案例。因此，在签订买卖合同时一定要注意该车位是否是开发商拥有所有权，开发商是否有权处分该车位。例如人防车位，开发商就不得买卖。

（二）租赁最长期限为20年

车位的租赁不同于其他物品的租赁，车主在与开发商或者物业管理者签订车位租赁合时，因为长期租赁价格便宜，往往会约定超过二十年的租赁期。但是《中华人民共和国民法典》第七百零五条规定："租赁期限不得超过二十年。超过二十年的，超过部分无效。租赁期间届满，当事人可以续订租赁合同；但是，约定的租赁期限自续订之日起不得超过二十年。"因此在与开发商或者物业管理委员会签订车位租赁合同时一定要注意租赁期限的问题。此外，在签订合同时，除了约定租赁期限外，续租流程和续租价款，以及对于先租先得的问题也需要和开发商或物业管理委员会有明确的约定。

（三）人防车位租赁期限为三年

由地下人防工程改造而成的人防车位，目前包括安徽、江苏等多个省份已经出台或修改了《物业管理条例》，明确出售防空地下室或者租赁期超过三年均为违法行为，各级人防主管部门应依法予以制止。所以，在承租人防车位时，一定要了解有关租赁期的限制规定，以免自身合法权益受到损害。

（四）实地查看车位位置

实地查看车位位置主要是查看车位的面积，实地测量一下是否属于标准车位，预估一下停下车后车门能打开到多大程度，并尽量避开车库的拐角、石柱等位置，选择宽敞、有监控覆盖的区域，这样可以最大限度保障爱车停车过程中的安全。

（五）注意查看相关文件

在签订车位买卖、租赁、赠予合同时，业主一定要有意识地去查阅与该车位有关的一些文件，以便更好地确认车位的权属。这些文件主要包括：车位、车库的规划审批文件；车库、车位允许转让的行政许可文件；车库、车位土地面积或建筑面积是否分摊的测绘文件；车库、车位的权属证书；车库、车位的权属转让文件（包括《商品房买卖合同》，车库、车位转让协议，开发商的广告、宣传材料中涉及车库、车位的相关内容）；开发商转让的车库、车位属于人防工程的，需要提供人防部门同意使用的文件；车库、车位的成本是否已经计入商品房成本的证据。

【以案说法】

一、案情简介

案例一：张某为某小区业主，其在购买商品房时与开发商签订了车位使用权买卖合同，约定张某购买开发商的以人防工程改造的人防车位。2016年5月29日，与张某同属一个小区的周某通过某房地产经纪公司与张某签订了一份车位买卖合同，约定将所有权为张某的位于某地块地下T107车库出售给周某，金额总计150000元。周某于2016年5月29日交付给张某20000元定金，交付给某房地产经纪有限公司佣金5000元。后周某起诉张某跟房地产经纪公司，要求张某返还定金20000元，要求某房地产经纪有限公司返还佣金5000元。

案例二：原告为A小区的业主，被告为同小区的另一业主。A小区的业主委员会将该小区的地面车位委托给B物业公司负责管理。业主可以向B物业公司租赁地面固定车位，双方通常不签订书面租赁协议，承租在先的业主在缴纳一定停车费后可以享有连续租赁该车位的权利。由于地面固定车位有限，其他业主需等租赁固定车位的车主放弃对固定车位的承租后再行租赁。被告在2007年7月向B物业公司承租了一个地面固定车位，在缴纳一定停车费用后，未实际使用该车位。2010年3月，B物业公司将该车位租赁给原告，原告同时缴纳了车位租赁费并使用该车位。2012年1月被告发现该车位已被使用，后被告用自己的车辆占用该车位。原告向法院提起诉讼，要求排除妨碍。被告辩称自己从2007年7月开始租赁该车位，期间未一直实际使用该车位，但并未放弃自己的租赁权。最后法院判决该车位的优先承租权应属于被告。

二、案件分析

关于案例一，本案的焦点为人防车位所有权能否买卖，双方签订的车位买卖合同是否有效。根据《中华人民共和国人民防空法》，人民防空是国防的组成部分，国防资产属于国家所有。禁止任何组织或者个人破坏、侵占人民防空设施。通过相关的法律规定可以看出，人防车位属于国防资产，其所有权人为国家而非开发商，因此开发商无权买卖人防车位。但根据"谁投资谁收益"的原则，在修建人防车位时，开发商全部或部分出资，由此开发商享有使用和收益的权利，但是不享有处分权。由于涉案车位为人防车位、人防设施，不得进行买卖，所以案涉合同因违反法律的禁止性规定而无效。最后，法院判决双方签订的车位买卖合同无效，张某退还周某定金20000元，某房地产经纪公司返还佣金5000元。

关于案例二，本案焦点为原、被告中哪一方享有合法使用权。法院认为根据B物业公司在租赁地面固定车位所形成的车位分配使用规则来看，业主租赁该小区固定车位时，其与B物业公司并不签订书面租赁协议，业主缴纳一定停车费后便享有对该车位的使用权，业主缴纳多长时间的停车费决定了其租赁期限的长短，租赁期届满后，业主享有优先承租权，可以通过继续缴费获得租赁权，并且物业公司不得拒绝，也不得擅自租赁给其他业主。先租先得是小区共有车位分配使用的一种常见模式。在这种模式下，租赁在先的业主享用优先承租权。该优先承租权的含义是租赁在先的业主在先前的车位租赁到期后，只要其未抛弃优先承租权或失去业主资格，即可向物业公司要求继续租赁该车位，并且物业公司不得拒绝。在先的业主可以经物业公司同意而在中断租赁车位后仍保留其将来的优先承租权，以利于车位的充分利用。

第三节　不期广厦千万，唯愿陋室周全
——逾期交房办证问题

【关键词】逾期交房　逾期办证

　　"山不在高，有仙则名；水不在深，有龙则灵；斯是陋室，为吾德馨。"中国人历来讲究安家立命，无论身在何处，总要有七尺茅屋，分门别户，方算是独立成家。而现代社会，房子早已不再只单纯拥有居住功能，而是被赋予了金融功能。人们购房，除了用来居住，也是为了让自己的财富保值，以对抗通货膨胀。买房已经成了不少国人人生中的一件头等大事，许多家庭耗用了一代人甚至几代人的积蓄才能购买一套商品房，本想安安稳稳地搬个新家，可无奈现在逾期交房、逾期办证的情况时有发生，让原本值得高兴的事变成了伤心事，甚至迫使买房人无奈走上了维权路。

【条分缕析】

一、逾期交房

（一）房地产开发的基本流程

　　逾期交房是指开发商未能在合同约定的时间内向购房人交付房屋的行为。正确认定逾期交房就应明确房屋交付的条件包括哪些。而要了解这个问题，就要清楚房地产开发的一个基本流程。

　　根据我国《城市房地产管理法》以及《城市房地产开发经营管理条例》的相关规定，我国的商业房地产开发包含"取得土地使用权""房地产项目建设""房地产项目销售"三项基本环节。其中土地使用权的取得有出让和划拨两种形式。所谓土地使用权出让，就是指由土地使用者向国家支付土地使用权出让金，国家将国有土地使用权在一定年限内出让给土地使用者的行为；所谓土地使用权划拨，则是指县级以上人民政府依法批准，在土地使用者缴纳补偿、安置等费用后将该幅土地交付其使用，或者将土地使用权无偿交付给土地使用者使用的行为。而在房地产项目建设阶段，则是开发商在取得有关用地手续后，再以此取得《建设规划许可证》《建设工程规划许可证》《开工许可证》，才能正式开工建设。而在即将建成后，还要取得《商品房销售许可证》，才能正式开始销售房产。前述的四项许可证同开发商最早取得的《国有土地使用权证》一起，俗称"五证"。只有"五证齐全"的房产才能进入市场销售。开发商在开盘认筹时也会把这五个证放置在营销中心的醒目位置，而我们在平时要购买商品房时，首要做的就是核对开发商的这五项证件是否齐全、有效。

TIPS：

商品房预售制度

我国施行商品房预售管理制度。根据《城市商品房预售管理办法》的相关规定，商品房预售是指房地产开发企业（以下简称开发企业）将正在建设中的房屋预先出售给承购人，由承购人支付定金或房价款的行为，也就是我们俗称的"期房买卖"。通过预售制度，开发商可以提前向购房者收取房款，以达到充裕自身现金流的目的，购房者也可以早日锁定自己中意的房型。根据《城市商品房预售管理办法》的要求，开发商应当与承购人签订商品房预售合同并自签约之日起30日内，向房地产管理部门和市、县人民政府土地管理部门办理商品房预售合同登记备案手续，且自预售的商品房交付使用之日起90日内，协助并提供必要的证明文件。购房者依法到房地产管理部门和市、县人民政府土地管理部门办理权属登记手续。

不过，也有一部分房地产是现售项目，暨建成以后再销售或整个销售过程从未完工阶段一直持续到了建成竣工阶段。根据我国《商品房销售管理办法》的有关规定，商品房现售，需要满足的条件包括：现售商品房的房地产开发企业应当具有企业法人营业执照和房地产开发企业资质证书；取得土地使用权证书或者使用土地的批准文件；持有建设工程规划许可证和施工许可证；已通过竣工验收；拆迁安置已经落实；供水、供电、供热、燃气、通信等配套基础设施具备交付使用条件，其他配套基础设施和公共设施具备交付使用条件或者已确定施工进度和交付日期；物业管理方案已经落实。在了解了我国商品房建设开发和销售的基本流程后，方可讨论关于逾期交房与逾期办证的相关问题。

（二）逾期交房的认定

《商品房销售管理办法》第三十条规定，房地产开发企业应当按照合同约定，将符合交付使用条件的商品房按期交付给买受人。未能按期交付的，房地产开发企业应当承担违约责任。无论是通过预售还是现售程序，商品房能够办理交房手续的最基本要求就是该房屋已经验收合格并办理了竣工验收备案登记。只有在符合该要求的条件下，开发商才可以将房屋交付给购房人。当然如果开发商与购房人的买卖合同中约定的交房条件高于此条件的，可以按照合同约定执行。这主要是针对一些特性化或高端订制需求的小区而言，如小区内绿化达到一定标准，休闲娱乐会所建成使用，配套的公园学校按期开园开学，等等。不过我们看到的现实情况是，开发商主动提高自己交房标准的很少，主动降低自己交房标准的却很多。

现实中导致开发商逾期交房的原因有很多，根据原因的不同可以将逾期交房的情形分为两类。一类是开发商没有按照合同约定的期限交付房屋。此时多是由于开发商自身的原因导致所建的房屋还未验收合格，无法向购房人交付而主动违约。还有一类是购房人合理地拒绝收房而视为开发商逾期交房。根据相关法律规定，开发商向购房人交付房屋时，应当提供《住宅质量保证书》《住宅使用说明书》和《房屋建筑工程竣工验收备案表》，也就是我们通常所说的"两书一表"。若在交房时开发商未提供上述材料或提供不出上述材料，则购房人有权拒绝收房；若开发商交付的房屋存在明显的质量问题，购房人也可以拒绝收房，由此造成的延误时间由开发商承担，若超过了合同约定的交房时间则视为开发商逾期交房。

也就是说，不论是开发商的主动逾期还是购房人的合理拒绝收房都构成开发商的逾期交房，只有开发商提供的房屋是经验收合格的房屋并经购房人所接受才能视为开发商完成了房屋交付行为。

（三）逾期交房的责任

根据前述法律规定，开发商按期交房是法律规定的强制性义务，也是开发商与购房者合同约定的重要内容。开发商逾期交房必须要承担相应的责任，根据责任方式的不同可以分为以下两类。

1. 支付违约金或赔偿损失

在开发商与购房人签订的房屋买卖合同中通常都会对逾期交房的违约责任做出约定，但也有部分不良开发商故意规避自身责任，利用自己订立合同时的优势地位对该部分条款不予约定或约定过低。一般来讲，逾期交房违约金的每日标准应当在已付购房款或房屋总价款的万分之一至万分之五之间较为合理。若购房人有证据证明其实际损失高于该标准的，可以按照实际损失来主张权利。若开发商约定的标准低于该标准或直接就没有约定该违约责任的，可以认定为开发商免除或限制自己责任的无效格式条款，此时可以按照《最高人民法院关于审理商品房买卖合同纠纷案件适用法律若干问题的解释》第十三条的规定，按照逾期交付使用房屋期间有关主管部门公布或者有资格的房地产评估机构评定的同地段同类房屋租金标准确定。

2. 继续履行合同或解除合同

近年来，随着商品房价格的持续上涨，部分开发商存在一房二卖甚至一房多卖的情况，对第一手的购房人主动违约而拒绝交付房屋。面对这种情形，购房人可以要求开发商继续履行合同，只要不存在事实或法律上不能履行的情形，开发商就应当将房屋交付给购房人。而在合同已无法继续履行或购房人不想继续履行时，在符合法定或约定的条件下，购房人也可以要求与开发商解除合同，退还价款并赔偿损失。

现实中，有一些购房人接收房屋后又以房屋存在质量问题为由将房屋退给开发商而主张逾期交房。此时，需要明确的是，在购房人收房前若发现房屋存在质量问题而拒绝收房可以构成开发商的逾期交房，但若购房人已经收房就表明其对房屋的质量没有异议，开发商的交房行为已经完成，后期再发现房屋存在质量问题也只能通过保修来主张权利，要求开发商限期修理，无法再将房屋退给开发商，更无法要求开发商承担逾期交房的责任。

二、逾期办证

（一）逾期办证的认定和违约责任承担

1998年出台、2019年修订的《城市房地产开发经营管理条例》第三十二条规定，预售商品房的购买人应当自商品房交付使用之日起90日内，办理土地使用权变更和房屋所有权登记手续；现售商品房的购买人应当自销售合同签订之日起90日内，办理土地使用权变更和房屋所有权登记手续。《城市商品房预售管理办法》第十二条也明确"预售的商品房交付使用之日起90日内，承购人应当依法到房地产管理部门和市、县人民政府土地管理部门办理权属登记手续"。由于《城市房地产开发经营管理条例》《城市商品房预售管理办法》属于行政法规和部门规章，在保护广大购房人的合法权益方面力度有限，2003年，最高人民法院出台了《最高人民法院关于审理商品房买卖合同纠纷案件适用法律若干问题的解释》，明确了三种情况下购房者未取得房屋所有权证书时，开发商需承担违约责任。一是在商品房买卖合同约定的办理房屋所有权登记的期限，购房者未取得；二是商品房买卖合同的标的物为尚未建成房屋的，自房屋交付使用之日起90日，购房者未取得；三是商品房买卖合同的标的物为已竣工房屋的，自合同订立之日起90日，购房者未取得。

逾期办理产权证书，开发商应承担相应的违约责任，具体为合同中约定的违约金。对于违约金的标准参照前文中逾期交房违约金的标准。若双方签订的购房合同中没有约定逾期办证的违约金或违约金约定得过低，可以认定为开发商免除或限制自己责任的无效格式条款，此时可以根据《最高人民法院关于审理商品房买卖合同纠纷案件适用法律若干问题的解释》第十三条第二款的规定，按照未付购房款总额，参照中国人民银行规定的金融机构计收逾期贷款利息的标准计算相应的违约金。

（二）开发商的免责情形

不过，现实中出现逾期交房、逾期办证的原因多种多样，有些是属于开发商的原因，有些是属于购房人的原因，还有些属于不可抗力、意外事件等，并不是所有的情形下开发商都需要承担违约责任。法律规定了在某些特定情形下可以免除开发商的全部或部分责任，主要包括以下几种情形。

一是因自然灾害或重大突发性公共卫生事件导致的逾期交房。比如大洪水导致房屋建设进程几乎停滞，相应的交房期限应当往后顺延，不应再要求开发商按原来的期限交付房屋。

二是因履行国家或地方的方针政策或行政命令而导致的逾期交房或逾期办证。国家或地方政府经常会针对房地产市场出台一些政策方针，以此来规范并指引当地房地产市场的健康发展，比如房屋建设过程中发现文物遗址或当地要迎接重大活动等，其原因并非开发商所致，所以这种情形下开发商可以不用承担逾期的违约责任。

三是因不能预见、不能避免的其他情况导致的逾期交房，就是通常所说的不可抗力、意外事件等。

（三）购房人的救济途径

购房人最怕买的新房逾期，但如果真的遇上开发商逾期交房、逾期办证时，购房人应该怎么办呢？首先，购房人可以联合其他业主组成联合体来与开发商协商解决。其次，若协商不成，购房人还可以向房屋建设管理部门反映开发商的违约情况，要求主管部门对开发商进行处罚并督促开发商履行义务。最后，购房人还可以向当地法院起诉，诉请事项可以分为两种：一种是要求开发商继续履行双方签订的买卖合同，并承担违约责任；另一种是与开发商解除买卖合同，返还价款并要求开发商承担违约责任或赔偿损失。

（四）购房人如何举证证明逾期交房的实际损失

房屋买卖合同中一般会约定开发商逾期交房的违约金计算方式，但很多时候按照合同约定的计算方式计算的违约金可能无法弥补购房人的实际损失，有时甚至相差甚远。此时，应如何举证证明自己的实际损失才能得到法院的支持呢？首先，对于无其他房屋的购房人来说，逾期交房会使购房人无法按期搬入新房而不得不多租赁房屋一段时间，所以可以向法院提供租房合同及向房东转账的转账凭证来证明实际损失。对于有其他房屋的购房人来说，可以请求物价部门出具所购房屋同地段同类房屋租金标准或委托评估机构对该租金标准进行评估。

【以案说法】

一、案情简介

2013年10月22日，小李与天龙置业房地产有限公司签订《商品房买卖合同》一份，约定小李购买天龙置业开发的商品房一套，房屋价款为180万元，该商品房用途为商业服务。天龙置业应当于2014年6月30日前向小李交付商品房。交付房屋需具备以下条件：该商品房建设工程竣工验收合格，并向建设行政主管部门报送备案材料，取得建设行政主管部门竣工备案表；前期物业管理已经落实。若天龙置业逾期交房，需按日向小李支付已交付房价款万分之零点一的违约金。天龙置业应当在2014年8月30日（房屋交付使用后60日内）前，将办理房屋权属初始登记的资料报送当地房产管理局，在约定时限内未报送上述申报资料或报送资料不齐未被房地产行政主管部门受理的，按日向小李支付总房款万分之零点一的违约金。合同签订后，小李向天龙置业支付了房屋价款180万元，天龙置业于2015年6月30日将房屋交付给小李，但该房屋直至起诉时仍未办理竣工验收备案登记。小李于2018年6月1日向法院起诉，要求天龙置业支付逾期交房的租金损失及逾期办证的违约金。

二、案件分析

本案中，关于逾期交房的问题，根据《商品房买卖合同》约定，天龙置业应当于2014年6月30日前将符合该合同约定条件的本案争议房屋交付给小李。虽然天龙置业于2015年6月30日交付了房屋，但并未提交证据证明所交付的房屋取得竣工备案且符合《商品房买卖合同》约定的其他交付条件，应当由天龙置业承担举证不能的法律后果。本案争议房屋未取得竣工备案，不符合法定交付条件，在事实上不具备交付小李使用的可能性，其逾期交房的日期并非是2015年6月30

日，而应当是该商品房取得竣工验收备案之日。虽然合同中约定了逾期交房的违约金，但该违约金过分低于给小李实际造成的损失。因本案争议房屋的用途为商业，其价值并非居住，而是在于出租或自营获取经济回报，天龙置业作为房地产开发企业，应当预见到逾期交房行为必然会造成小李的租金损失，所以天龙置业此时应当赔偿小李因逾期交房而造成的租金损失而非逾期交房违约金。关于逾期办证的问题，因开发商的原因导致小李应当报送的材料未及时报送而拖延办证，其应当承担违约责任，但日万分之零点一的违约金过低，可以认定为开发商免除或限制自己责任的无效格式条款，此时可以根据《最高人民法院关于审理商品房买卖合同纠纷案件适用法律若干问题的解释》第十三条第二款的规定，按照已付购房款总额，参照中国人民银行规定的金融机构计收逾期贷款利息的标准计算相应的违约金。

第四节　旧屋新住亦非不可，易手交割切莫轻心
——二手房买卖问题

【关键词】二手房交易　一房多卖　房产中介

【引人入胜】

商品房按照交易主体的不同可以分为一手房和二手房。一手房是指购房人直接从开发商手中购买的房屋，是新建商品房的第一次交易；二手房是指购房人在二级市场从其他房主手中购买的房屋。相比于一手房，二手房的价格相对比较便宜，而且周边配套一般都比较成熟，入住周期短，有的甚至可以直接拎包入住，对于刚需购房者来说也是一个不错的选择。但也应该注意到二手房交易中也存在大量诸如一房多卖、产权不明晰、过户不及时、质量有瑕疵、税费等问题。

【条分缕析】

一、二手房交易中涉及的主要问题

（一）一房多卖问题

一房多卖在一手房买卖中就已存在，但在二手房交易中便更为突出。因为大多数二手房的交易为自然人之间的交易，不用像开发商还会受到很多机构的监管，在利益的驱动下自然人的毁约行为更加严重。一般而言，一房多卖包括两种情形：一是出卖人与买家签订房屋买卖合同后，在过户之前，又伪造了另一份房屋买卖合同与第三方进行交易；二是某些开发商因缺少建设资金，在和买方签约

之前，早已把房子作为报酬抵作施工方的建设工程款或把房子抵押至银行贷款，届时如开发商破产则施工方或银行享有优先权，但此时按照《最高人民法院司法解释》，如买房支付了全部或者大部分（超过50%）房款，则可以对抗前述优先权。那么，对于一房多卖的问题，其最终的房屋所有权归谁所有呢？首先应当明确虽然同一套房屋签订了多份买卖合同，但如果各合同都没有《民法典》规定的合同无效情形，那么所签订的各份合同都是合法有效的，而这其中只能有一份合同可以正常履行，对于其他无法履行的合同，购房人只能向出售人主张违约责任。最终房屋的归属按照以下原则处理：先行受领交付的买受人优先取得；均未受领交付的，先行支付价款的买受人优先取得；均未受领交付，也未支付价款的，合同成立在先的买受人优先取得。

TIPS：

《民法典》关于合同无效情形的变化

《合同法》有关合同无效的情形，集中列明在第五十二条，包括：

（一）一方以欺诈、胁迫的手段订立合同，损害国家利益；

（二）恶意串通，损害国家、集体或者第三人利益；

（三）以合法形式掩盖非法目的；

（四）损害社会公共利益；

（五）违反法律、行政法规的强制性规定。

《民法典》没有在"合同"编单独列举合同无效情形，而是在"总则"编明确了民事法律行为无效的一般情形，并在"合同"编单独强调了"格式合同"无效情形。根据《民法典（总则）》，可以得出合同无效有以下几种情形。

（一）无民事行为能力人签订的合同；

（二）合同双方以虚假的意思签订的合同；

（三）违反法律、法规强制性规定的合同；

（四）违背公序良俗的合同；

（五）恶意串通，损害他人合法权益的合同。

（二）户籍问题

"十年树木，百年树人"，目前我国很多城市在学生入学时采取"划片制"，即以目标学校为中心，分片区安排居民家庭学生集中入学。在这种情况下，优秀的中小学周围的房产就变得炙手可热，而学区房也成了当今社会越来越绕不开的一个话题。许多家长花大价钱去买一套靠近重点学校的老房子，目的并不是为了居住，而只是为了给孩子争得一个入重点学校学习的名额。在实行划片制的地区，除了买房以外，还得把家长跟孩子的户籍迁入购买的学区房中。但现实中却存在许多买了学区房却无法迁入户籍的情形，原因竟然是学区房上的户籍已经满了，无法再迁入新的户籍。其原因便是上家房主也是为了孩子上学将户籍迁入后未迁出，而除了上家，也可能是上上家甚至上上上家……此时问题要解决起来会非常棘手，因为户口迁移并不属于民事案件的受理范围，本质上是公安机关的行政行为，不受司法调整，所以买房人无法起诉要求上家将户口迁出，而公安机关也不知将这些户籍迁至何处。目前在这个问题上做得比较好的地区是上海及青岛等地，它们在当地统一设立了公共户籍，对于这些房产已经转卖而拒不迁移户口的户籍，统一将他们迁移至公共户籍上，这样才能使新的购房人将户籍迁入购买的房子上。有鉴于此，为避免此类问题发生，建议可在二手房买卖合同中约定关于户籍的违约条款，即出卖人应确保房屋对应户籍名额能够满足买方需求，如出卖人违约或拒不迁出时可以追究其违约责任。

（三）税费问题

众所周知，二手房买卖成本较高，除了正常的房款以外，在过户时还需要缴纳其他一些费用。这些费用的承担主体可以在双方签订的合同中约定，如果未约定或约定不明，应由买方承担。具体包括以下几类：

一是契税。首套房面积低于90平方米的为房款的1%，面积在90~140平方米的为房款的1.5%，面积超过140平方米的或非首套房的为房款的3%。

二是个人所得税。能够提供完整、准确的住房原值凭证，能够正确计算应纳税所得额的，按转让住房收入额扣除买房原值和合理费用后的税率20%缴纳；不能提供住房原值凭证，按转让住房收入额的1%缴纳。

三是增值税。增值税税率为5%，根据城市的不同，附加税的税率为0.3%或0.6%。

根据《国务院办公厅转发建设部等部门关于调整住房供应结构稳定住房价格意见的通知》第二条第三项之规定："从2006年6月1日起，对购买住房不足5年转手交易的，销售时按其取得的售房收入全额征收营业税；个人购买普通住房超过5年（含5年）转手交易的，销售时免征营业税；个人购买非普通住房超过5年（含5年）转手交易的，销售时按其售房收入减去购买房屋的价款后的差额征收营业税。税务部门要严格税收征管，防止漏征和随意减免。"房屋满两年的免交增值税，房屋满五年且是房东家庭的唯一住房的，也就是我们平常所说的"满五唯一"，免交增值税和个人所得税。

二、房产中介

目前，市面上的二手房买卖多是通过房产中介完成，这主要是房屋买卖双方的信息不对称造成的。不过由于我国有关房产中介行业的行业管理还有待进一步规范，相关法律法规的规制措施不到位，以及该行业从业门槛较低、人员基数较大、流动性较高等原因，导致行业存在诸多问题，甚至时常发生诱骗消费者的情形。那么，我们在选择中介时应注意哪些问题呢？

首先，应注意，房屋买卖与房产中介是不同的两种行为，涉及的也是不同的两种法律关系。根据《民法典》第九百六十一条："中介合同是中介人向委托人报告订立合同的机会或者提供订立合同的媒介服务，委托人支付报酬的合同。"在二手房买卖中，应避免将买卖合同与中介合同合二为一，房产中介进行的其实就是一种中介活动。这里存在两个独立的法律关系，一个是中介公司与委托人的中介合同，一个是购房人与售房人的买卖合同。但现实中往往有许多中介公司将两者合二为一，签订一个买卖中介合同，约定只要买卖双方达成意向，中介公司的中介行为就算完成。但实际上，对买房人而言，只有与出卖人最后签订《二手房买卖合同》才能算作自己的交易目的达到。

TIPS：

从居间合同到中介合同

在《民法典》生效之前，《合同法》规定的有名合同中包含居间合同，我们日常遇到的有关中介的法律关系都被归并为居间合同的范畴。"居间"即"在中间"的意思，本意就是"中介"的意思。《民法典》将"居间"改为"中介"也是贴近人们日常生活，体现了其亲民易读的特质。不过，相比于《合同法》中居间合同，《民法典》中中介合同仍有三处改动，具体如下。

一是将有名合同名称从居间合同修改为中介合同。

二是必要费用应当在合同中明确约定。《民法典》第九百六十四条规定："中介人未促成合同成立的，不得请求支付报酬；但是，可以按照约定请求委托人支付从事中介活动支出的必要费用。"也就是说，如果中介合同没有明确约定必要费用，则中介人一般不能主张。

三是增加一条关于"跳单"的规定。《民法典》第九百六十五条规定："委托人在接受中介人的服务后，利用中介人提供的交易机会或者媒介服务，绕开中介人直接订立合同的，应当向中介人支付报酬。"本条规定也是自司法实践中总结而来，是为保护中介人的合法权益。

其次，《民法典》第九百六十三条第一款规定："中介人促成合同成立的，委托人应当按照约定支付报酬。对中介人的报酬没有约定或者约定不明确，依据本法第五百一十条的规定仍不能确定的，根据中介人的劳务合理确定。因中介人提供订立合同的媒介服务而促成合同成立的，由该合同的当事人平均负担中介人的报酬。"中介费的支付应以中介服务的完成为基础，中介服务完成的标志应当是买卖双方签订正式的房屋买卖合同，如果还约定了中介公司协助办理过户，应在办理过户后再支付中介费，否则一旦支付了中介费，中介公司就不会那么积极地协助过户了。

最后，《民法典》第九百六十四条明确规定："中介人未促成合同成立的，不得请求支付报酬；但是，可以按照约定请求委托人支付从事中介活动支出的必要费用。"房屋交易没有促成的，无须支付中介费。房屋交易没有达成，也就是中介服务没有完成，买方可以不用支付中介费。但是中介人员在服务过程中的合理支出，买方可以适当补偿。

三、签订二手房买卖合同需注意的问题

（一）房屋手续是否齐全

房屋产权的唯一证明就是房产证，买房时应仔细审查出卖人的房产证信息，必要时可以去房屋所在地的不动产登记中心查询详细情况，避免出卖人伪造房产证而骗取房款。同时应尽可能地了解出卖人的家庭情况，在外部平台查询其有无涉诉信息，有无对该房产的判决信息，因为司法判决可以改变行政登记行为，这样可以避免出卖人仍持有房产证但房屋已不属于他的情况的发生。

（二）房屋产权是否清晰

有些房屋房产证上注明由多个共有人共有，买房人应当与所有共有人签订房屋买卖合同；有些房屋的房产证上虽然只注明一个所有权人，但其实为夫妻共有或家庭共有，此时仍应当与所有共有人签订买卖合同，否则可能会因为无权处分而导致买卖合同无效。

（三）土地性质是否明晰

商品房的土地取得形式一般分为出让和划拨，出让的土地属于产权完整的土地，各项费用均已缴纳；而划拨的土地由于没有缴纳土地出让金，所以其存在被无偿收回的风险，比如我们通常所说的经济适用房。同时，还应当注意土地的剩余使用年限，因为一般住宅土地的使用年限为70年，虽然现在到期后可以续期，但为避免麻烦还是应该选择使用年限较短的房屋。

（四）交易房屋是否在租

一些二手房在交易时已经被出租出去，如果购房人只查看产权证书等书面材料根本发现不了，这时应实地去查看房屋，如果房屋被出租出去，这对购房人的入住将会构成很大的阻碍，因为"买卖不破租赁"，即租赁人的租赁权不受房屋所有权转移的影响，所以购房人只能等租赁期限满后才能实际入住房屋，而且租赁人还享有在同等条件下的优先购买权，在买卖双方达成购买意向后应通知租赁人，询问其是否行使优先购买权。

（五）生活费用是否缴纳

在签订房屋买卖合同前，买房人还应当去小区物业询问所购房屋的水电费、

物业费等各项费用的缴纳情况，同时应在合同中约定过户前费用由出卖人承担，过户后费用由买房人承担。

（六）夫妻共有房产的处理

在实践中，有一些出卖人瞒着配偶一方将登记在自己名下的共有房屋对外出售，因房产证上仅写明所有权人为出卖人自己，所以很容易让人相信该出卖人对房屋有完整的处置权而与其签订房屋买卖合同。此时，若出卖人配偶明确表示不同意转让，则买受人无法取得该房屋的所有权。因为出卖人对该房屋的一部分处分属于无权处分，若继续履行合同就会侵害其配偶的权利。但双方签订的房屋买卖合同是合法有效的，只是不能继续履行，买受人享有合同的解除权，并可以要求出卖人承担违约责任及赔偿损失，该损失应当包括房价上涨部分的损失。

【以案说法】

一、案情简介

买房人张某为购买房屋委托某地产中介公司寻找合适房源，中介公司推荐了杨某和王某夫妻共有的位于北京市某区的一套房屋，2015年10月14日，张某与杨某的代理人王某、居间人地产中介公司签订《北京市存量房屋买卖合同》，合同签订后，杨某在该合同中补签了签名。合同约定张某购买杨某位于某区房屋一套，房屋总价为92万元，签订合同时应支付定金1万元。后张某将中介服务费1.3万元交与地产中介公司。同年11月初，张某从地产中介公司得知杨某提出终止合同。杨某提出由于张某未向其支付定金1万元，构成违约，故其可以解除合同。法院审理中，杨某明确表示不同意继续履行合同。对此双方均认可，因某区房价上涨，涉案房屋亦增值。本案审理中，王某以确认合同无效为由，向原审法院起诉要求确认杨某、张某就涉案房屋签订的《北京市存量房屋买卖合同》无效。法院审理后于2016年2月26日判决驳回王某的诉讼请求。上述判决生效后，张某起诉至原审法院要求杨某支付违约金18.4万元，居间服务费1.3万元，法院支持了张某的诉讼请求。

二、案件分析

本案属于二手房买卖中经常出现的问题，即由于房价上涨，出卖人不愿继续履行房屋买卖合同而主动违约，此时买房人可以请求出卖人继续履行合同或者解除合同赔偿损失，法院一般会根据当事人的诉讼主张分类判决。

一是买房人请求继续履行合同的情况下，如果买房人可以证明其"有理由相信出卖人卖房的行为为夫妻双方共同意思表示的"，据此主张继续履行买卖合同。存在以下情形之一时，法院可以支持买受人要求继续履行合同的诉讼请求，判令出卖人及其配偶共同办理过户手续：①买房人举证证明出卖人配偶知道或应当知道房屋买卖事宜而未做反对表示的；②买房人已支付房款并实际占有房屋而出卖人未提出异议的；③出卖人配偶有主动配合腾退、交付房屋等参与履行或接受履行行为的。以上事实，除当事人签署的相关书面文件之外，也应结合微信记录、电话记录、录音文件以及中介证言等证据材料综合考量。

二是在买房人请求解除合同、要求出卖人承担违约责任的情况下，也要根据其具体的诉讼请求予以处理。一般有以下两种情况：①要求根据合同约定支付一定数额的违约金，对此法院还需释明是否请求对违约金进行调整，而后根据案件具体情况确定违约金数额；②除要求支付违约金外，还请求赔偿相应的房屋差价损失，对此法院可参照评估报告或者同等地段的房屋价格确定应予赔偿的具体数额。

第五章

消保与侵权

第一节　子曰衣食不厌精细，诗云事大无非住行
——消费者权益保护

【关键词】九大权利　后悔权　先行赔付　举证责任倒置

【引人入胜】

自人类社会产生私有制形态以来，商品交换就成了一个被经久讨论的话题，所谓"货值之利，工商是营"。在工业革命以前，由于社会分工的粗糙以及生产力的低下，人们同时具备"生产者"和"消费者"两种属性，如马克思所言"生产直接是消费，消费直接是生产"。但在进入工业社会以后，普通人作为"生产者"的属性已经被日渐剥离，而作为"消费者"的属性却日益凸显。尤其进入现代社会，物流与信息流的加快更使消费的形式与时效大大提高。在这个背景下，消费者权益保护理所当然成为我们每个人应该关心和关注的话题。

【条分缕析】

一、消费者有哪些基本权利

我国的《消费者权益保护法》是随着社会主义市场经济的确立而诞生的。1992年，党的十四大明确了社会主义市场经济体制。1993年，第八届全国人民代表大会常务委员会第四次会议通过了新中国第一部《消费者权益保护法》。此后，历经2009年与2013年两次修正，新版的《消费者权益保护法》（以下简称"新消法"）最终确立了下来。

"新消法"分总则、消费者的权利、经营者的义务、国家对消费者合法权益的保护、消费者组织、争议的解决、法律责任、附则八章，共六十三条，明确赋予了消费者九大权利，具体如下。

（1）安全权：消费者在购买使用商品或接受服务时人身和财产安全不受侵害的权利。

（2）知情权：消费者对其购买、使用的商品和接受的服务有知悉其真实情况的权利。

（3）选择权：消费者有根据自己的意愿自主地进行商品购买及接受服务的权利。

（4）公平交易权：消费者与经营者之间获得公平交易的权利。

（5）索赔权：消费者在购买、使用商品或接受服务的过程中受到人身和财产损害时，依法享有获得赔偿的权利。

（6）结社权：消费者为维护自身的合法权益而依法组织社会团体的权利。

（7）受教育权：消费者获得有关消费和消费者权利保护方面的知识的权利。

（8）受尊重权：消费者在购买、使用商品、接受服务时人格尊严、民族风俗习惯得到尊重的权利。

（9）监督权：消费者对商品和服务以及消费者保护工作进行监察和督导的权利。

上述权利是公民作为消费者享有的基础权利。市场上发生的侵害消费者权益的现象基本都能纳入对上述权利的侵害范畴。作为普通消费者，应对上述权利了然于胸，才能在纷繁复杂的社会生活与经济交往中更好地保护自己。

二、怎样保护消费者的合法权益

为切实维护消费者权益，"新消法"在明确消费者基本权利的同时，根据时代发展，也制定了权利救济措施，并完善了多项全新举措，从根本上保障了消费者权益保护的执行与落实。这些举措主要包括赋予消费者网购"后悔权"，确立"先行赔付"制度，明确举证责任倒置，提高消费欺诈惩罚标准，扩大消费权益保护场景，强化消费者保护协会地位，等等。下文将逐一介绍。

（一）消费者网购"后悔权"

"新消法"第二十五条规定：经营者采用网络、电视、电话、邮购等方式销售商品，消费者有权自收到商品之日起七日内退货，且无须说明理由，但下列商品除外：（一）消费者定做的；（二）鲜活易腐的；（三）在线下载或者消费者拆封的音像制品、计算机软件等数字化商品；（四）交付的报纸、期刊。除前款所列商品外，其他根据商品性质并经消费者在购买时确认不宜退货的商品，不适用无理由退货。

"后悔权"顾名思义，即消费者在从经营者处购买商品后可无条件反悔退货的权利，其渊源于英美法系国家的"冷静期"制度。"冷静期"制度的提出是英美法系国家对传统的"契约自由而神圣"理念的反思和改良，主要是为了保护身处弱势地位的消费者，防止商业垄断，维护市场秩序。我国法律规定的"三包"（包修、包换、包退）制度是"后悔权"理念的具体落实。近年来，随着电子商务的兴起，网购已经成为一种新的生活方式，但由于法律的出台修订有一定的滞后性，"三包"制度无法在网购中执行，因为消费者无法见到商品实体。在网购后，因为商品不中意而退货的情况非常普遍，而多数情况下，消费者与经营者无法就退货达成一致。

根据"新消法"，除去第二十五条规定的四类商品，消费者在网购后7天内，都可以无理由退货。被排除的四类商品主要是个性定制、鲜活易腐、音像制品、计算机软件等被保护的著作权载体和强时效性的报纸杂志。不过，在目前"新消法"的规定下，为平衡买卖双方权益，退货的运费一般需要消费者承担。此举也能一定程度上防止少数人恶意频繁行使"后悔权"，从而导致拖累社会交易效率，提升交易成本。

（二）网购平台"先行赔付"

"新消法"第四十四条规定：消费者通过网络交易平台购买商品或者接受服务，其合法权益受到损害的，可以向销售者或者服务者要求赔偿。网络交易平台提供者不能提供销售者或者服务者的真实名称、地址和有效联系方式的，消费者也可以向网络交易平台提供者要求赔偿。

"先行赔付"制度，同样渊源于现代契约理论的发展。早期经典的契约理论推崇绝对的自由性与合意性，是为"契约神圣"。但随着科技的发展，人们的生活方式发生了巨大变化，其中最重要的便是互联网技术的广泛应用。在网购中，经营者与消费者通过互联网平台完成交易，双方并不亲见，信赖利益全部托付给了平台本身，由平台负责对消费者与经营者的个人信息、商业信誉予以审核。平台的种种作用，类似于为双方都做了"担保"，故此，在发生侵权纠纷时，平台亦须履行这一"担保"义务，嗣后再向最终责任人追偿。这就是"先行赔付"制度背后的法理逻辑。"先行赔付"制度打破了传统"契约理论""不得为第三者设定权利义务"的准则，符合现代社会商业交易快捷高效的实际需要，也保护了弱势的消费者，实在是当代法律制度的一大进步。

当然，根据"新消法"的规定，网购平台承担责任必须以其不能提供销售者或者服务者的真实名称、地址和有效联系方式为前提。这也是法律对平台本身的一种保护和对"先行赔付"制度各方利益的一种平衡。

（三）争议中举证责任倒置

"新消法"第二十三条第三款："经营者提供的机动车、计算机、电视机、电冰箱、空调器、洗衣机等耐用商品或者装饰装修等服务，消费者自接受商品或者服务之日起六个月内发现瑕疵，发生争议的，由经营者承担有关瑕疵的举证责任。"

"谁主张谁举证"是一般的民事诉讼原则，在这个原则下，主张某一事实的当事人理应提供支持其主张的相关证据。但是由于专业及财力、精力限制，消费者如欲证明自己所购商品有瑕疵，则非常困难，而如无法举证，则消费者维权就无从谈起。有鉴于此，"新消法"为平衡经营者强、消费者弱的相对处境，规定了"举证责任倒置"，即将要求消费者"拿证据维权"转换为要求经营者"自证清白"，从而减轻了消费者举证的负担，使消费者维权更加便捷、高效。

不过，如法律条款所定，该规则仅适用于机动车等耐用品及装饰装修等商品或服务，且仅限于自购买或者接受服务之日起六个月内，超过六个月后，不再适用。同时，根据我国《民事诉讼法》的一般规定，虽然在"举证责任倒置"的情况下，经营者应对消费者所指控主要事实负责证明为非本方过错，但消费者仍然应就本方所受侵害与产品、服务之间的因果关系提供初步证据，以支持立案。

（四）严厉处罚消费欺诈

"新消法"第五十五条规定："经营者提供商品或者服务有欺诈行为的，应当按照消费者的要求增加赔偿其受到的损失，增加赔偿的金额为消费者购买商品的价款或者接受服务的费用的三倍；增加赔偿的金额不足五百元的，为五百元。法律另有规定的，依照其规定。"

"新消法"第五十六条规定：经营者有消费欺诈行为的，除承担相应的民事责任外，其他有关法律、法规对处罚机关和处罚方式有规定的，依照法律、法规的规定执行；法律、法规未作规定的，由工商行政管理部门或者其他有关行政部门责令改正，可以根据情节单处或者并处警告、没收违法所得、处以违法所得一倍以上十倍以下的罚款，没有违法所得的，处以五十万元以下的罚款，情节严重的，责令停业整顿、吊销营业执照。

《消费者权益保护法》在2013年修订之前，消费赔偿的原则是"退一赔一"，且未设保底金额，消费处罚的原则是"一至五倍或一万元以下"。"新消法"则明确了"退一赔三"和"500元保底"的赔偿原则，将处罚增加至十倍或五十万元以下，从而极大提升了经营者的违法成本。需要注意的是，上述条款所述赔偿原则仅适用于经营者存在欺诈消费者的场景，即采用虚构事实、隐瞒真相或其他足以欺瞒、误导消费者，侵害其权益的场合。

另外关于食品，我国还确定了十倍赔偿规则，根据《食品安全法》第一百四十八条第二款之规定："生产不符合食品安全标准的食品或者经营明知是不符合食品安全标准的食品，消费者除要求赔偿损失外，还可以向生产者或者经营者要求支付价款十倍或者损失三倍的赔偿金；增加赔偿的金额不足一千元的，为一千元。但是，食品的标签、说明书存在不影响食品安全且不会对消费者造成误导的瑕疵的除外。"

（五）明确将金融消费行为纳入保护

"新消法"第二十八条规定：提供证券、保险、银行等金融服务的经营者，应当向消费者提供经营地址、联系方式、商品或者服务的数量和质量、价款或者费用、履行期限和方式、安全注意事项和风险警示、售后服务、民事责任等信息。

我国的金融服务业起步晚，发展快。当前各项金融市场监管法律法规愈发严密，但与之配套的金融消费者权益保护却长期滞后。近年来，有关金融消费的纠纷不断涌现，内容涵盖格式条款、信息保护、资金安全甚至金融服务场所人身安全等各方面。这些案件有的被作为服务消费纠纷处理，但仍有大量案件被作为一般合同或侵权纠纷处理，没有对消费者的利益进行倾斜保护。而"新消法"的出台一锤定音，明确了证券、保险以及银行提供的金融服务也属于消费者权益保护范畴，适应了时代的发展和人民群众的需求，也进一步规范了金融服务行业向正规化方向发展。

（六）完善公益诉讼制度

"新消法"第三十七条第一款规定："消费者协会履行下列公益性职责：……（七）就损害消费者合法权益的行为，支持受损害的消费者提起诉讼或者依照本法提起诉讼。"

"新消法"第四十七条规定："对侵害众多消费者合法权益的行为，中国消费者协会以及在省、自治区、直辖市设立的消费者协会，可以向人民法院提起诉讼。"

对于受害者众多、情况复杂、涉及金额较大、地域较广的群体性案件，"新消法"明确规定了消协诉讼主体的地位，消费者可以请求消协提起公益诉讼。就公益诉讼而言，在消费者协会代表消费者起诉时，说明有关责任者侵害的已经不是单独某个消费者的利益，而是已损害了社会整体利益，所谓"三人为众，虽难尽继，宜从尤功"。根据中华人民共和国《民事诉讼法》第五十五条规定，对污染环境、侵害众多消费者合法权益等损害社会公共利益的行为，法律规定的机关和有关组织可以向人民法院提起诉讼。此处的法律规定的机关和有关组织，在侵害消费者权益案件中，一般认为即"消费者协会"。

同时，对未及时提起的公益诉讼，《民事诉讼法》第五十五条还补充了救济措施，即"人民检察院在履行职责中发现破坏生态环境和资源保护、食品药品安全领域侵害众多消费者合法权益等损害社会公共利益的行为，在没有前款规定的机关和组织或者前款规定的机关和组织不提起诉讼的情况下，可以向人民法院提起诉讼。前款规定的机关或者组织提起诉讼的，人民检察院可以支持起诉"。可以说"新消法"与修订后的《民事诉讼法》从制度层面基本上很好地明确和完善了我国的公益诉讼制度，增强了消协组织的维权力量，更好地保护了消费者的合法权益。

TIPS:

几种特殊消费模式下的消费者权益保护

分期付款消费：买受人延迟支付价款达到合同总金额五分之一时，出卖人可以要求买受人支付剩余全部价款，或解除买卖合同，并要求买受人支付使用费，但买受人已支付百分之七十五以上价款的，出卖人不得解除买卖合同。

先试后买消费：试用买卖的买受人在试用期内可购买商品，也可以拒绝购买。试用期届满，买受人对是否购买标的物未作表示的，视为购买。对于试用期间，商品灭失、损坏的风险负担问题，理论上有所争议，但实践中一般采用交付主义，即在商品交付买受人起，由买受人也就是消费者承担。

样品买卖消费：出卖人应对交付商品与样品一致负担保责任，亦应对交付商品负瑕疵担保责任，若买受人不知道样品有隐蔽瑕疵的，即使交付的商品与样品相同，出卖人交付的商品质量仍然应当符合同种物的通常标准。

预付款消费：即消费者提前支付一次或多次价款，后期只享受服务或接受商品而无须再行付款的消费模式，即当前社会常见的"充卡""充会员"等法律行为。关于其具体内容，将在本书第四章第四节详细说明。但需要强调的是，预付款模式下，消费者仍然享有"新消法"赋予的九项基本权利。

【以案说法】

一、案情简介

2015年某日，大米科技有限责任公司（以下简称大米公司）在其官方网站上发布广告：20400mAh容量的移动电源，原价229元，"大米节"抢购特价149元；10400mAh容量的移动电源，原价109元，"大米节"抢购特价79元，整个抢购活动仅持续30分钟。天天一直是"大米"的粉丝，随即心动。当日，天天连夜抢单，终于抢到20400mAh与10400mAh两款移动电源，然而付款时却发现10400mAh容量的移动电源价格为109元，而非广告宣传的79元。但作为粉丝，天天看着屏幕上的抢购倒计时，经斟酌后认为其买的是限量、个性和产品情怀，30元差价可以忍受，遂通过支付宝共付款258元。3天后，天天收到上述两个移动电源及配套的数据线。然而5天后，天天却发现10400mAh的移动电源配套的数据线无法给手机充电，且在使用时，过分发烫，开关指示灯也时亮时灭。天天无奈，只得与大米公司的客服联系沟通，要求调换一个新的10400mAh移动电源。大米公司同意调换，并收到了天天寄还的移动电源。此后，天天以大米公司对其实施价格欺诈为由向当地人民法院起诉，请求撤销网络购物合同，天天退还大米公司两套涉案移动电源，并请求大米公司：①赔偿天天500元；②退还天天购货价款258元；③支付天天快递费15元；④赔偿天天交通费、打印费、复印费100元。

二、案件分析

本案中，天天作为消费者，自网络平台购得移动电源商品，且不属于定做、在线下载数字产品和鲜活易腐产品，对产品不满意的，在7日内有后悔权，可以无条件退货。何况天天在使用中还发现了商品存在显而易见的质量问题。另外大米公司的广告宣传与其实际销售价格不一致，并利用饥饿销售形成的优势地位，迫使消费者别无他选，只能被动接受这一差价，应属欺诈。最后法院判决，天天与大米公司达成的涉案网购合同有效，天天作为消费者拥有公平交易权和商品知情权。大米公司利用网络抢购的销售形式，迫使消费者在短时间内做出购买的意思表示，天天本来的真实意思应当是按照广告宣传79元价格购买，而非109元，大米公司关于其电脑后台系统错误的辩解没有足够证据证明，且即使如电脑后台系统错误属实，由于大米公司并没有及时采取有效手段告知消费者，其更应该承担赔偿责任，故应认定大米公司对此存在故意欺诈行为，天天关于10400mAh移动电源存在欺诈请求撤销合同的请求合理，法院予以支持。故而，法院最终依法判决天天退还大米公司上述两套移动电源，由于涉案移动电源价格为109元，根据"退一赔三"规则，不足500元的，大米公司应保底赔偿天天500元，并退还天天货款258元。

第二节　充值开卡办理会员，圈钱跑路集资诈骗
——消费储值卡跑路

【关键词】充值开卡行为的法律性质　非法集资

【引人入胜】

随着社会经济的发展和科学技术的进步，人们的消费观念逐渐变化，消费模式也逐渐升级。在美容美发、医疗保健、洗浴休闲以及一些电信服务领域出现了一类新型的预付消费模式——充值卡消费。一方面，商家利用此种模式可以在短期内集聚大量资金，获得充裕现金流；另一方面，消费者也能获得优惠服务与价格，可谓双赢。但近年来，商家跑路、陷入欺诈甚至非法集资的旋涡，使消费者蒙受损失的案例也屡见不鲜。国家层面，各地正在积极探索监管规制路径，而作为消费者，也必须擦亮双眼，提高辨识水平与维权能力，以避免不必要的损失。

【条分缕析】

一、充值开卡行为的法律性质

目前，我国常见充值开卡消费模式大致包括三类：一为定点式，如美容美发店、洗车场所、网络会所、球会等；二为定时式，如某些健身俱乐部、泳池等；三为定额式，如各种商场或超市发放的购物卡。三者在消费者先交费、后消费的模式上本质是相同的，只不过在具体消费的时间、空间上有所差异。另外，还有一种"类储值卡"消费模式为押金消费，这一消费类型是伴随着在当前兴起的各

类"共享经济"而出现的。与前三类模式相同的是，它也是一种先交费、后消费的模式，但不同之处在于商家将在先的交费定义为押金，将其与消费者支付的消费对价割裂开来，使法律关系更趋于复杂。

关于商家发行的各类储值卡的法律性质，理论与实践中意见并不统一，大致来说包括物权凭证说、债权凭证说与代币票券说三种。

（一）物权凭证说

物权凭证说，顾名思义是将储值卡定义成对消费物品的占有使用而收益的一种对外证明。消费者凭储值卡可以支配消费物品，且自得到储值卡之时起，就已经取得了储值卡上特定对象物品的物权，该物品已属于消费者，只不过由商家代为保管而已。这一观点主要是在预付消费模式刚刚兴起时盛行，彼时储值卡尚未出现，预付消费确实是消费者以对价获得商家开出提货券或提货单，稍后提货而已。但随着储值卡的出现，一来消费者将来所提消费物品并不会事先固定，二来消费者所支付对价已经不仅仅限于实体物品，而包含更多服务类消费。基于此，物权凭证说已不能适应时代与社会发展。

（二）债权凭证说

债权凭证说，即将储值卡作为一种债权凭证，消费者先履行对价支付义务，后根据双方对消费时间、地点、数量等约定，随时要求商家履行债务。此时，储值卡便成为消费者主张债权的凭证，但这只是初步机械地对双方权利义务进行了抽象定义。在实际生活中，这种债权的实现却面临多重困境。一是有的储值卡并不记名，事实上可以多次转让，甚至在某些特定场合具有了一般等价物的流通效力，从而使其债权性质有所减弱；二是消费者并不能完全享受债权人地位，储值卡对应的消费合同事实上是一种更加严苛的消费格式合同，消费者处于完全的弱势地位，关于债权实现的最终解释权大多归于债务人即商家一方，更何况在商家进行门面转让、停业整顿甚至更换储值卡等侵害债权的行为时，消费者作为债权人的撤销权、代位权以及其他催告、免除的种种权利根本无所救济，而"无救济即无权利"，此时的债权只不过是一纸空谈罢了。

（三）代币票券说

代币票券说是随着近年来电子货币及电子支付的兴起而产生的。随着磁条芯片等技术的引入，某些储值卡功能极丰富，除传统的储值消费功能外，甚至有了身份核证、积分升级甚至信用证明等拓展功能。如前所述，越来越多的储值卡也开始在不同主体之间进行转让流通，在实物储值卡之外，电子储值卡也逐渐大行其道，尤其在电信、游戏服务领域。在国外甚至出现了具有支付加密算法的电子卡，俨然具备了电子货币的各种特征。而实践中，监管机构已经将部分多功能储值卡作为代币票券来规制，如中国人民银行2010年出台的《非金融机构支付服务管理办法》将网络支付、银行卡收单、"在发行机构之外购买商品或服务"的预付卡作为非金融机构的一项"货币资金转移服务"纳入法制化渠道，商务部2012年发布的《单用途商业预付卡管理办法（试行）》对单用途预付卡的备案、发行服务、资金管理等事项做出了详细规定。不过，在司法实务中，对该类储值卡具备代币票券各项特性后是否有效，依据"货币法定"的原则，基本都持否定态度。

在上述三种观点之外，如本章开头所述，对押金消费的法律定性则更为复杂。商家与消费者对于交付"押金"自无异议，表面上看似达成了合意。但根据我国担保法律规则体系，以货币作押，必须满足特定化要求，即与质押权人自有资金区别管理，而现实是多数商家都无法做到这一点，近年来发生的多起重大消费者维权案件也说明，商家预收押金，本来就为大规模"融资"的目的而来，这就引出了我们后面要讲的"非法集资"问题。无论如何，在押金无法特定化的情况下，就无法认定双方存在质押担保关系，而如果是普通债权，一旦商家申请破产，消费者即无法优先获返"押金"，这也是近年来各类"共享经济"下消费者维权难的症结所在。

二、充值开卡与非法集资

非法集资，顾名思义，即违反法律的禁止性规范而开展集资活动。它扰乱的是国家的金融秩序，破坏了国家金融权力。非法集资的具体手法有很多，我国《刑法》将"非法吸收公众存款"与"擅自发行股票，公司、企业债券"两类行为直接入罪。可以看出，充值开卡与非法集资二者在概念的外延上有所交叉。而事实上，近年更有许多以招徕客户办理大额储值卡、会员卡等为幌子，进行"非法吸收公众存款"与"擅自发行股票、债券"等违法犯罪活动的案例发生。那么，这二者的边界具体在哪里呢？

（一）非法集资本身是违法行为

金融主权是国家最重要的权力之一，无论是个人还是各类组织在社会活动中筹集资金都必须在国家法律制度框架内进行。这一框架的内涵包括资金筹集的渠道、筹集的对价和筹集的对象以及筹集的规则等方面。就渠道而言，无论是金融机构还是在民间贷款抑或通过股票市场、债券市场融资的，国家都制定了专门的法律进行规范；价格方面，金融机构贷款过去由人民银行定期公布基准利率，现在则由人民银行定期公布贷款市场报价利率（LPR利率），民间借贷则要严格遵守24%与36%的两点三段规则。而非法集资则至少违背了上述一个或数个方面的国家规范。而一般的商家为促销获客进行的办理储值卡、会员卡行为并不会侵犯到国家金融市场准则。

（二）非法集资本身以集资为目的

非法集资之所以属于违法甚至是犯罪行为，最重要的原因在于违法或犯罪主体大多以高息或高回报为名，短时间内大量收拢集聚社会资金。这种针对不特定多数人的融资行为一方面并没有相关资金使用与风险规避的合理方案，也没有事先履行风险准备金制度，根本没有抗风险能力。可以说"集资"就是其最终目的，在此之上一般鲜有集资后实现资本增值的目标和方案。而我们常见的充值开卡行为，基本都是以一定服务或产品为对价，提前充值的目的只是为了提前回笼资金而已。

（三）非法集资行为大多具有诈骗的故意

从前两点可以看出，行为人在集资时既无视国家有关金融市场秩序的强制性规定，也无视资金风险，在外观上又多以"合作协议""投资约定"等为幌子，其对外宣示与其内在运作极不相匹配，夸大甚至虚构了事实，刻意扭曲或者隐瞒了真相，多数人在进行集资时根本没有考虑能否如期履约，存在故意诈骗的可能。而一般的充值开卡行为则不存在这一情况。

由此可以看出非法集资行为与一般的充值开卡行为虽然在形式上具有相似之处，但二者的行为性质与主观目的完全不同。作为消费者，在日常生活中一定要擦亮双眼，加强辨别，提升法律意识，一方面要警惕商家利用各种卡券侵害消费者利益，一方面也切莫存贪财侥幸之心而被高利回报所诱惑，只有如此才能避免不法分子设下的圈套。

三、消费者维权建议

那么，作为普通消费者，在日常生活中如果遇到有关充值办卡利益受损的情形该如何维权呢？本书认为可以从以下几个方面入手。

（一）仔细了解合同内容

消费者在商家办理各类储值卡、会员卡时应仔细认真了解各卡券的使用规则，重点掌握有关卡券使用场景、时间以及折扣标准等内容。对于双方公平协商约定的使用内容应严格遵守，但对于商家利用优势地位设立的权利义务不平衡条款应予以明确拒绝。现实中，很多商家会在充卡时告知消费者"遗失不补""过期作废""本店拥有最终解释权"等，这些实质都属于片面有利于商家的格式条款，并不能发生效力。

（二）如果发生纠纷，应保留好相关证据，第一时间向工商行政管理部门举报或向消费者协会进行投诉

许多人在与商家发生纠纷后，慑于其"店大欺客"的优势地位，不敢维权或不愿相信公权力的力量。但随着国家法治的进步和社会转型的推动，以往消费者投诉无门的情形已经大为改善，一般的小额纠纷都能得到快速高效的处理。

（三）对于金额较大或案情较为复杂的应着手进行诉讼

实践中有许多商家为客户办理的充值卡金额较大，使用限制较为复杂，此种情形下工商行政管理机构或消费者协会处理较为不便。此时，消费者应收集好包括协议、卡券、与商家交涉往来记录以及主管部门处理笔录、有关法律关系性质的认定的文件等证据材料，并寻求专业律师帮助诉讼。

（四）如果商家或发卡方存在非法集资可能的，应立即向公安机关报案，并登记本人受损情况，以便将来追偿

对于非法集资案件，除了事后的补救，更应做好事前的防范。消费者务必谨记，作为社会主义国家，我国的金融管制历来严格，无论公私社会主体，在向不

特定社会公众融资时的限制非常严格，一般商家根本无法达标，况且，单纯就投资而言，其收益高低也要遵循一定的社会经济活动规律。故而，对于某些商家打出的高额回报的噱头一定要自觉抵制。

【以案说法】

一、案情简介

王先生家住某市高档小区，因其是商业精英，因此需要经常出席各类应酬。王先生家附近有一家丽丽美容院，近日举行开业酬宾，王先生某日路过，并办理了会员卡。丽丽美容院的服务项目有理发、美容、护肤、理疗、推拿等。开业当天，王先生往会员卡里充值预付了2000元服务费，并领取了200元抵用券。当日，王先生先剪了头发，做了祛痘护肤，接着又做了一次排毒理疗。待全部项目做完要结账时，王先生却发现，之前充进卡里的预付服务费无法使用。丽丽美容院前台告知王先生，会员卡里用来理发的项目与护肤、理疗的项目服务费不能通用。也就是说，做排毒理疗需要再另行充值，用作专项理疗。王先生无奈，只好又充了1000元，并用后充的资金支付了排毒理疗的费用。另外，丽丽美容院本来号称会员卡会员全部享受五折价格优惠，然而实际情况却是，除了常规的理发、美容、护肤项目，理疗、推拿项目无法打折，200元的抵用券也不能使用。王先生认为丽丽美容院上述行为已构成欺诈。王先生发现，他在美容院做的排毒理疗，事后出现了红肿、瘀血等情况，且并发胸肋神经痛，一直没有完全恢复。后经王先生了解得知，丽丽美容院实际上并没有医疗机构执业许可证。王先生遂要求美容院退回卡内余额，但多次协商未果，无奈诉至法院。此时，王先生总共在丽丽美容院消费4次：理发3次，费用各49元，理发余额还有1853元；排毒理疗一次，费用288元，理疗余额712元。王先生的诉讼请求包括：退一赔三，被告美容院退回预付款3000元，并按3倍标准赔偿9000元；被告承担原告体检费用1300元；被告支付原告维权过程中产生的误工费、材料费、交通费等费用共1960元。对此，被告丽丽美容院表示，愿意退回原告会员卡中的剩余金额，但是其认为自己没有欺诈行为，原告提出的惩罚性赔偿以及体检费用、维权过程损失费用都不应得到支持。

法院经审理后认为，原告王先生在被告丽丽美容院办理了会员卡，并在卡内充值预付了服务费，双方建立了服务合同关系，被告应按照约定履行服务合同。但是，被告提供的排毒理疗却造成原告身体出现红肿、瘀血，而被告也没有医疗机构执业许可证，其提供的服务无法实现合同目的。因此，被告应向原告退回为理疗预付的服务费712元。至于另外预付的理发、护肤、美容费用，因没有证据证明被告未按约定提供服务，不过因被告自愿同意退回余额1853元，法院照准同意。至于原告主张的误工费、材料费等，因属于被告排毒理疗至原告损伤引起的附加损失，被告对此应予以赔偿，但因原告没有证据证明其1960元损失，法院根据现实情况，酌定原告的维权合理损失为450元。对原告其他诉求，法院未予支持。一审后，王先生上诉。但二审法院审理后认为，上诉人王先生提供的证据还是不能证明丽丽美容院充值卡存在欺诈行为，也仍然没有确凿证据证明体检结果与那次排毒理疗有关，而关于误工费、材料费、交通费等维权损失，一审法院判决事实充分，金额合理，因而，二审法院终审维持了原判。

二、案件分析

消费者在消费过程中，如果享受到的服务与付出的价值明显不对等，其要求退回充值卡中预付款是合理正当的，而且相关证据的采集也是比较容易的，退款请求一般都能得到法院支持。然而主张惩罚性赔偿的难度较大，因消费者要举证证明商家采取了欺诈手段，而服务类消费项目不像一般的商品买卖那样能做到价格、数量、尺寸、规格清晰明确，反而常常是口头的、模糊的，在此种情况下，要证明商家误导消费者或者有欺诈的主观故意，证据的获取难度较大。另外，对于商家已经按约定正常提供的服务项目，与消费者未按约定标准享受服务需要区别对待，消费者应按照公平诚信原则按约支付对价。

第三节　洋货虽好也有三六九等，海淘不易留心二五八分
——海外代购风险

【关键词】海外消费　捎货　职业代购　产品质量纠纷

【引人入胜】

随着交通技术的进步，人口及物资流动越来越快，越来越频繁，人们的生活方式发生了极大的变化，生活半径也大大扩展，相应的消费模式也在快速迭代。越来越多的人选择出国消费购物，即为"海淘"，而对于不方便出国又想享受原产地优质产品的人们，海外代购便成了一个很不错的选择。但不可忽略的是，在"海淘"和海外代购过程中也发生了很多法律纠纷，买主与卖家之间的法律关系因涉外因素而变得复杂。怎样既淘来好货，又确保安全，避免纠纷，是一个值得广大淘主关注和了解的问题。

【条分缕析】

一、什么是海外代购

所谓海外代购，即在境外代理或代为购买商品的行为。一般而言，海外代购有官方代购与私人代购两种。前者是B2C模式，后者是C2C模式。对B2C模式而言，目前各大电商平台都有专门的代购网站。这些代购网站上一般会详细列明自己可代购的商品信息、性能指标、销售价格、邮送方式等内容，买主直接在网站上点选付款即可。此种模式下，代购商有的其实是事先将货品购入列明于自己

的货架，有的是事先将自己可代购的商品范围品类列出清单供买主选择。此时，代购网站实质上是销售者的角色，商家宣传的所谓"海外代购"已经成了一个旗号，实质上与一般的电商经销并无差别。再者，在考察了很多代购网站的财税账务情况后发现，其与一般意义上的进口经销商并无二致。此时的代购更多已成为商家宣传自己的一种噱头。

而对C2C模式而言，又有职业代购与熟人代购两种。熟人代购即人们日常生活中出于亲戚、朋友感情而捎货的情谊行为。这种代购关系中一般货品数量较少，代购人也没有收费要求，风险较小。而职业代购则是以代购为职业的人为赚取佣金而接受买主委托，从海外带货的行为。职业代购人有的以代购为主业，有的则利用工作出国机会以代购为副业。有的有自己专门的网站，更多的则是通过微信、QQ等社交平台来自我宣传和拓展业务。但无论是主业还是副业，职业代购都因买主与代购人的不熟悉和代购人私人身份而存在巨大风险。不过，无论是熟人代购抑或是职业代购，有别于官方代购，都是需要买主清晰指明所要购买物品的品类、型号以及价格等要素。买主事先确定自己所买商品而非根据代购人提供清单而做出选择，这是B2C模式与C2C模式最大的区别。而那些事先已经批量囤积了一定货源的职业代购本质上与官方代购一样，也是自营购销行为，其应该被划分为个体经销商，承担销售者责任。

二、海外代购的法律风险及应对措施

如前所述，海外代购包括官方代购、熟人代购以及职业代购三种类型。其中官方代购的商业模式其实与一般的网购模式一致，其中所蕴含的法律风险和应对措施在本书第四章第一节已经详述，这里不再重复。需要说明的是，买主在海外代购电商平台上购买商品时，应重点关注商品的产地证明、质检安检信息以及完税情况，避免后续使用中发生产品质量侵权或税务纠纷。

而对于熟人代购，因为多系情谊行为，存在风险较小，主要包括因为买主指示不清或者买主与代购人之间对产品型号、数量、价格产生理解偏差，发生重大误解等情形。此时，双方因为亲朋关系，一般可以协商解决。如果少数极端情况下，无法私下协商解决，需要通过法律途径解决时，本书认为，这牵涉代购行为的法律关系的定性。在代购行为中有三方两组法律关系，即买主与代购人之间、代购人与卖家之间。在熟人代购中，买主一般不会与代购人之间约定报酬，代购人按照买主指示购回货品，买主向代购人支付购货价款，是一种典型的委托合同关系。根据《民法典》第九百二十九条之规定："有偿的委托合同，因受托人的过错造成委托人损失的，委托人可以请求赔偿损失。无偿的委托合同，因受托人的故意或者重大过失造成委托人损失的，委托人可以请求赔偿损失。受托人超越权限造成委托人损失的，应当赔偿损失。"也就是说，在无偿委托合同中，受托人只有在故意或重大过失或超越授权的情况下，才应当向委托人承担赔偿责任，否则应按双方过错程度承担公平责任或不承担责任。比如甲委托好友乙在海外某国旅游时为其代购某名牌男士挎包一个，款式为2019迪士尼联名限量款，价格为人民币30000元，若乙因游玩忘情，未予查验便代购回了2019阿凡达联名限量款女士背包一个，则属于重大过失，因为男士挎包与女士背包、迪士尼与阿凡达的外观差别是一般人肉眼可见的巨大；而若乙在购买挎包时，看见同一家店铺还有限量版皮衣非常精美，便擅作主张，替甲购回，此时乙便属于超越代理权限，甲不用负责。

比较复杂的是职业代购。职业代购与官方代购最大的区别在于其经营主体是自然人个人，与熟人代购最大的区别则是其服务有偿。具体而言，职业代购人又包含以下几类：注册在电商平台的代购人、通过社交平台或网站自营经销的代购人，以及利用职务便利在空闲时间以代购为副业的人。根据我国2019年1月1日起施行的《电子商务法》第九条之规定：电子商务经营者，是指通过互联网等信息网络从事销售商品或者提供服务的经营活动的自然人、法人和非法人组织，包括电子商务平台经营者、平台内经营者以及通过自建网站、其他网络服务销售商品或者提供服务的电子商务经营者。据此，从事网络代购的人全部都属于电子商务经营者。而根据《电子商务法》第十条之规定：电子商务经营者应当依法办理市场主体登记。在电商平台注册的代购人自不待言，其属于比较规范的经营主体，承担销售者责任，目前无论是电商平台自身规范还是相关法律法规的规定都比较明确。但对于通过社交平台或网站自营经销的代购人和副业代购人的定性则较为困难，这也是目前实务中纠纷比较集中的领域。

我们认为对于已经按照《电子商务法》进行了市场主体登记的代购人与买主之间，应认定为行纪合同关系。因行纪合同中行纪人资格必须经过有权机关备案登记，而行纪合同是有偿性、诺成性合同，代购人作为行纪人收取服务费，自行与出卖人进行价格谈判，直接承担买卖行为的权利与义务，而代购人作为行纪人也可以行使介入权，直接出卖自己所有的货品。但是对于没有依法进行市场主体登记的代购人，因行纪人资格未进行备案登记，其代购行为只能作为一般委托合同关系。而一般委托合同中，双方都有任意解除权，在代购人行使任意解除权时，买主权益将无法保障。而对于没有进行备案登记的代购人和副业代购人，由于涉嫌侵害国家的进出口管理制度和税收管理制度，则很可能触犯刑法。而由于违反国家有关进出口关税的强制性法律规定，代购委托合同很可能被认定归于无效，买主的权益也无法得到应有的保障。

有鉴于此，在有意寻求海外代购时，作为买主应该采取以下多种措施来防范风险，维护自身合法权益。首先，寻求代购时应选择有适格资质的代购人，目前，虽然国家尚未颁布正式的海外代购认证标准，但从《电子商务法》的立法意旨来看，国家有意将包括代购在内的电子商务行为统一纳入工商行政许可范畴，所以买主在寻求代购前，同样可以要求查阅对方工商登记信息。其次，代购时应要求对方提供正规的发票或出货单，以免因货品质量或货源地生产商等问题发生纠纷。再次，应尽量避免社交平台私人代购，很多微信、QQ或其他社交平台的微商代购没有正规货源通道与质检认证，发生纠纷也无法锁定求偿对象，买主应谨慎选择。最后，当买主与代购人因代购产品质量或规格、型号等与约定不符发生纠纷时，要勇于维权。很多人往往选择"息事宁人"，其实与一般商品买卖或消费一样，买主或消费者一样享有后悔权，可以享受先行赔付和要求举证责任倒置，而作为行纪合同或委托合同的委托人，在行纪人或受托人没有勤勉尽责、违反双方约定或损害委托人权益时，一样可以向对方要求承担违约责任或侵权赔偿。

三、海外消费的风险与预防措施

除了海外代购，近年来，随着国民收入水平的提升，直接走出国门"海淘"

的人也不在少数。然而不同国家的法律制度、法律文化以及法律习惯是不同的，那么消费者应该怎样保护自己在海外消费的合法权益呢？本书认为，至少应从以下几个方面着手。

（一）管辖问题

原告就被告是我国民事诉讼中最基础的管辖原则。但我国《民事诉讼法》对涉外民事诉讼规定了特殊的地域管辖，即《民事诉讼法》第二百六十五条的规定："因合同纠纷或者其他财产权益纠纷，对在中华人民共和国领域内没有住所的被告提起的诉讼，如果合同在中华人民共和国领域内签订或者履行，或者诉讼标的物在中华人民共和国领域内，或者被告在中华人民共和国领域内有可供扣押的财产，或者被告在中华人民共和国领域内设有代表机构，可以由合同签订地、合同履行地、诉讼标的物所在地、可供扣押财产所在地、侵权行为地或者代表机构住所地人民法院管辖。"也就是说，如果我国公民在海外消费时发生纠纷，只要作为被告的相对方在我国领域内有可供扣押的财产、设有代表机构的，我国相关法院就拥有管辖权，当然就可以接受受害人提起诉讼。而对于在我国没有可供执行财产或营业机构的，根据相关国际公约，按照《民事诉讼法》有关规定，同样可以通过司法协助的方式执行生效判决。所以出国购物，一旦发生法律纠纷，切莫以无从管辖而放弃追责。

（二）有关诉讼时效与举证责任问题

海外消费产生的法律纠纷多是产品责任纠纷，由于消费者的弱势地位，此时应仅将举证责任限定在基本的初步要求之内，即只要初步举证证明产品可能存在缺陷，且能够初步证明此种缺陷与损害结果之间存在联系就会被认可。此时，如果生产者或销售者不能举证免责事由，就需要承担赔偿责任。而根据《中华人民共和国产品质量法》，免责事由包括未将产品投入流通的、产品投入流通时引起损害的缺陷尚不存在的、将产品投入流通时的科学技术水平尚不能发现缺陷存在的三类。我国法律并未规定涉外法律纠纷时可以适用其他举证规则，所以上述规则在海外消费时同样适用。简言之，被侵权人必须要初步举证产品存在的缺陷、损害的发生、存在的缺陷与损害结果之间存在因果关系。在此前提下，如果生产经营者不能举证免责事由的，需要承担赔偿责任。反过来说，即使生产经营者没有举证免责事由，但被侵权人连基本的举证义务都没有完成的，生产经营者也不用承担赔偿责任；或者即使被侵权人能够初步举证三项构成要件，但只要生产经营者能够举证免责事由的，也不用承担赔偿责任。

鉴于此，在产品责任纠纷中，产品质量鉴定、人身损害鉴定、财产损失评估等一系列鉴定结果起到了至关重要的作用。但大多数情况下，因双方前期没有明确约定产品责任事故发生后可以委托的鉴定机构范围，侵权人单方面委托做出的鉴定结果往往因种种理由不被生产经营者或法院认可，甚至被侵权人在未做出具有权威性的鉴定之前就把关键性的证据遗失，导致连最基本的举证义务也无法承担。

（三）对于大宗或贵重产品，建议双方协商投保，以保护在产品损害或发生违约责任时受害方能及时止亏弥损

根据国际惯常做法，一般大宗货物的投保责任约定在进口方及买方一侧，但是对于议价能力或市场地位较高的买主，建议与对方协商将投保责任予以转移。当然，保险公司在履行赔付义务后，对真正责任方拥有追偿权。

总而言之，虽然当今世界人员物资信息交互频率与速度被前所未有地提高了，但对于涉外的买卖或消费行为，仍应谨慎从之，买主或消费者应尽量了解所欲购买产品的相关国家地理人文乃至法律环境信息，与卖方做好充分交流，做到信息透明，诚实信用，对于大宗商品还应明确有关投保责任乃至质量鉴定以及诉讼或仲裁管辖机关及管辖规则，只有这样才能在纷繁复杂的国际市场中"海淘"得舒心与快乐。

【以案说法】

一、案情简介

小王是一名"职业打假人"。2018年4月29日，小王在某宝网小莉开设的店铺内购买"日本原装39种植物an.an杂志推荐针对便秘引起的顽固肥胖加强版"商品6件，商品总价为2448元，快递费37元，订单总金额为2485元，订单编号为

×××××××××××。小王付款后，小莉于2018年5月3日联系某通速递发货，运单编号为×××××××××××。小王于2018年5月6日签收了该快递。后小王发现涉案商品作为进口食品，包装上均为日文，未载明中文标识，亦未经我国相关检验检疫部门鉴定为合格产品，且按照被告销售宣传内容，涉案商品为保健食品，但涉案商品未载明批准文号。此外，被告销售时称涉案商品添加了辅酶Q10，根据相关规定，辅酶Q10属于药品，不能添加到食品中。

二、案件分析

本案中，小王认为，其从小莉处购得商品，然而小莉提供的商品却未经我国相关检验检疫部门检验，且商品是海外进口产品，但却未按规定张贴中文标签或者中文说明书，故应认定涉案产品属于不符合我国食品安全标准的食品。而销售不符合我国安全标准的食品，根据《食品安全法》应支付十倍价款的赔偿。而小莉却认为，其是某宝网上按照正规程序合法注册的"海外代购"店家，店铺内所售代购商品均通过日本直邮的方式到达店铺处，再由店铺进行销售，所售商品均符合某宝网各项制度规定，且涉案商品系日本原装产品，相关中文说明、外包装信息、原产地信息均在某宝网销售网页有所载明，小王在小莉店铺下单购买的行为应认定为委托合同关系，而非买卖合同关系。委托合同关系中，小莉作为受托人是依据委托人小王的指示，遵照委托人小王的个人意愿从海外进行的采购活动，受托人小莉在其中只是赚取了委托人小王正常支付的办理委托事项的报酬，而对于受托人小莉采购商品的不利后果应由委托人小王承担，何况小王作为所谓"职业打假人"其与小莉订立合同的真实意思并不是真的要使用涉案商品，而是一开始就奔着索要高额赔偿的目的，不应以消费者身份得到有关消费者权益保护法的权利支持。最后，法院经审查认定，小王与小莉之间成立"海外代购"的委托关系，小王在小莉开设的某宝店铺中采买的商品已经在某宝网网页展示说明了有关产地、成分等信息，小王也是基于某宝网网页有关介绍选定了需要小莉"代购"的产品，至于未经我国有关部门检验的，因其是海外渠道直接购买，应有别于我国《消费者权益保护法》及《食品安全法》相关进口产品的规定，且该产品只是未经检验，并非小王所言不符合我国食品安全标准，小王也无有效证据证明其不符合我国食品安全标准。故对小王十倍赔偿请求不予支持。至于小莉主张小王因"职业打假人"身份而不能要求赔偿的主张，法院释明：职业打假人在不损害国家、社会及第三人合法权益，不扰乱市场交易秩序的情况下，并不违反国家禁止性法律法规规定，在其从商家店铺付出对价购买商品的，应认定为消费者，从而能够援用《消费者权益保护法》《食品安全法》有关规定，维护自身合法权益。

第四节 流光之思多宝贵，虚拟财产要保卫
——虚拟财产与网络知识产权

【关键词】虚拟财产 网络知识产权 "通知—删除"规则

【引人入胜】

近年来，随着网络技术的发展，人们对网络世界的理解和认知不断深化，一些看得见、摸不着但却用处大的虚拟化的物品不断被赋予了和现实实物一样的交换价值，于是虚拟财产的概念便应运而生。有虚拟财产，便有对虚拟财产的相关权利，不过实践中这种权利究竟该被赋予怎样的内涵，其外延包括哪些内容，又是否该有和实物财产一样的用益、担保属性，一直是人们讨论的话题。另外，网络知识产权的保护也成了一个十分热门的话题。众所周知，知识产权是一个复合了财产权和人身权的特殊权利，甚至有时候，一些虚拟财产本身就是知识产权保护的对象，而现实中越来越多的知识产权侵权事件也发生在互联网领域，这其中也和虚拟财产的保护有着千丝万缕的联系。

【条分缕析】

一、虚拟财产及网络知识产权的概念

（一）什么是虚拟财产

虚拟财产(Virtual Property)，是与实物财产相对的概念，这里的虚拟特指的是在网络技术规范下的"虚拟"，是借助现代计算机技术，在网络世界中逼真再现、模拟甚至创造出一种事物。而这些事物之所以被称作"财产"，则是因为它

对某一类人具有价值和交换价值，能够成为财富被拥有、使用和处置。不过本书也只是对虚拟财产的概念进行了一般意义的概括，关于虚拟财产的外延界定，学术界分歧很大。有观点认为，虚拟财产必须是指网络环境中模拟现实的事物，以数字化形式存在的信息资源；也有观点认为，所谓虚拟财产仅仅是为了在物理形态上与传统的实物财产相区分；有观点认为，虚拟财产仅指在网络游戏中存在的数字化的、非物化的财产形式，但也有反对者认为，虚拟财产的范围不仅仅限于网络游戏。虽然各类观点对虚拟财产的外延界定不尽相同，但基本都同意虚拟财产的虚拟并非虚幻，而应是在特定载体中客观存在的具有价值的财产。实务中以下财产作为虚拟财产一般争议不大。

1. 账户类虚拟财产

账户类虚拟财产包括用户在各类网站上注册的用于社交、身份识别以及互动操作等用途的身份号码、游戏账号、电子邮箱、QQ、微信、陌陌、探探等。前述账户之所以能够被认为是虚拟财产，在于其不仅仅有识别功能，还有独占与排他的属性。特别是游戏账户，是游戏玩家进入游戏的密匙，只有通过游戏账号，用户才能对游戏中的任务、装备进行控制和操作。而其他一些通信类的账户中可能存在用户的个人隐私以及一些记录用户重大活动甚至知识产权成果的信息，将其称为财产，并不为过。

2. 事物类虚拟财产

典型的如一些网络游戏中的装备、道具、坐骑，甚至玩家所使用的角色本身，也可以看作是一种财产。除此之外，随着互联网电商的发展，越来越多的人开始开设网上店铺，网上店铺与线下实体店基本具有相同的使用功能，对一些经营者而言，开网店已经成为其重要的经济来源，而网店也自然成为其重要的财产之一。

3. 类货币虚拟财产

类货币虚拟财产主要指一些在特定的互联网领域可以充当一般等价物的游戏币、Q币、百度币和其他下载券、兑换券等类货币。这些所谓的"币"都是以一定价格人民币兑换购买的，在特定的互联网领域又能充当等价物来换取道具、装备，作为一类财产毋庸置疑。值得探讨的是数字货币是否是虚拟财产，本书认为，其与互联网领域的类货币不同，其本质是货币的数字化，是在无现金交易的背景下产生的，本质上还是货币，既非虚拟也非财产，而是和实物货币一样作为财产的衡量符号。至于比特币等互联网虚拟币，由于我国法律并不承认其货币主体地位，并对其交易实行了关停措施，其价值既已不为法律认可，当然也不能算作财产。

关于虚拟财产的法律性质，目前主要有"法益说""无形财产权说""知识产权说""物权说""债权说""新型财产权说"等多种观点。综合来看，"法益说"认为虚拟财产不符合权利法定的特征，其仅仅是一种可得利益，法律保护这种利益，而不是其所谓权利；"无形财产"说源自著名的"李宏晨案"，在该案中，北京市朝阳区法院认为，"虽然虚拟装备是无形的，且存在于特殊的网络游戏环境中，但并不影响虚拟物品作为无形财产的一种获得法律上的适当评价和救济"，但无形财产权概念本身并非一个规范的法学概念，具有不确定性。"知识产权说"则认为，虚拟财产因具有创造性和可复制性，当属一种智力成果，应以知识产权规范予以保护；"物权说"则认为虚拟财产与实物一样具有排他支配性，不应因其不具有实体而否认物的存在；"债权说"与此针锋相对，认为如将虚拟财产作为物，然其并不适用返还原物、排除妨碍等物权保护方式，无法承认其与实体物相同的法律地位。实际上，无论学界如何争议，《民法典》第一百二十七条已经明确了国家对虚拟财产的保护，该条规定："法律对数据、网络虚拟财产的保护有规定的，依照其规定。"只不过对于如何保护，以及保护背后的法理依据，还需要今后在理论与实践中不断研究深化。

（二）什么是网络知识产权

知识产权，是指权利人通过智力劳动所取得成果之上的财产权利和人身权利的集合。其主要包括两大类，即著作权与工业产权。著作权即俗称的"版权"，是指权利人通过对文学、艺术元素和科学技术的创造加工及运用形成的文艺或技术产品，包括发表、署名、修改、复制、发行、展览、信息网络传播等多种权利；而工业产权，在我国主要是指专利权与商标权，商标即对商品的标识，专利权是对发明创造成果赋予的专有权利，其包括发明、实用新型和外观设计三种类型。随着网络科学技术的进步，知识产权由原来的实物化已经被迅速数字化和信息技术化，网络知识产权已经成为当前知识产权的主要表现形式。相比于传统知识产权，网络知识产权呈现新的时代特征。

一是专有性弱化。传统知识产权的载体一般是通过纸质书面形式保存，流通传播速率较低，固定化程度较高，但进入网络时代，信息传播速度大幅提高，这一方面便利了知识产权的传播，但也为知识产权的侵权行为提供了极大便利，知识产权的专有性程度降低。二是开放性更高。由于网络传播具有范围广、类型多、速度快的特性，导致网络知识产权的传播更具开放性，任何一个用户都可以通过网络发表自己的文艺作品、创作设计乃至专利发明，然而更高的开放性却意味着短时间内即可通过多种途径和方法实施知识产权网络侵权活动。三是技术性更强。借助于计算机和互联网技术，网络知识产权产品必然带有计算机和互联网的技术性特质，如P2P技术、网络定时播放、网页快照服务等，新技术的拓展固然带来了更好的用户体验，但也为各类侵权行为提供了途径和渠道。

二、虚拟财产及网络知识产权的立法现状

（一）虚拟财产的立法现状

2003年的"李宏晨案"堪称我国虚拟财产保护第一案。原告李宏晨因在网络游戏"红月"中的装备被盗起诉"红月"游戏制作方北极冰公司，要求恢复自己丢失的装备，并给予一定的金额赔偿。法院最终判决北极冰公司赔付李宏晨被盗的游戏装备，但并未支持其他主张。但自本案以后，在我国虚拟财产开始引起人们广泛的关注。在《民法典》颁布之前，我国有关虚拟财产的立法文件，多数都集中在行政管理方面，且大多是行政规章甚至部门规章或更低层面的规范性文件。如由国务院发布，于2002年1月1日起施行的《计算机软件保护条例》；由新闻出版总署、信息产业部、国家工商行政管理总局、国家版权局、全国"扫黄""打非"工作小组办公室于2003年12月18日联合下发的《关于开展对"私服""外挂"专项治理的通知》；文化部、信息产业部等部门于2005年7月12日联合下发的《关于网络游戏发展和管理的若干意见》；文化部、商务部于2009年6月4日联合下发的《关于加强网络游戏虚拟货币管理工作的通知》；国家工商行政管理总局于2010年5月31日出台的《网络商品交易及有关服务行为管理暂行办

法》等。但关于虚拟财产保护民事及刑事方面的立法则长期处于空白状态。

2017年10月1日起施行的《民法总则》第一百二十七条规定："法律对数据、网络虚拟财产的保护有规定的，依照其规定。"《民法典》对《民法总则》的该条规定进行了保留沿用，从该条所处的地位看，相较于之前，《民法典》确立了虚拟财产应受法律保护的权利地位，但第一百二十七条的规定仍然没有明确虚拟财产的内涵和外延，且条文过于简白，又是委任性条款，缺乏操作性，未来适用时，仍然需要相关的立法或司法解释予以细化。

（二）网络知识产权的立法现状

我国的知识产权保护起步较晚，但发展很快，目前已经形成了由《中华人民共和国著作权法》《中华人民共和国商标法》《中华人民共和国专利法》《中华人民共和国反不正当竞争法》构建的较为全面的知识产权立法体系。不过，法律相较于现实生活总是滞后的，上述法律规制对象主要还是针对传统的知识产权领域，没有针对网络知识产权的特点进行特殊化规制。到目前为止，有关网络知识产权保护的规范只散见于少数法律、行政法规、部门规章、司法解释当中，比较权威的是国务院于2005年5月18日公布、2013年1月30日修订的《信息网络传播权保护条例》。但除此之外，其他规范性文件互相之间仍然存在许多不协调甚至矛盾冲突的地方，给司法实务造成了许多困难。不过，经过近些年的发展，我国在网络知识产权保护上依然出现了一些亮点，值得肯定。这之中尤为突出的便是"通知—删除"规则的建立。该规则最早见于2000年出台的《最高人民法院关于审理涉及计算机网络著作权纠纷案件适用法律若干问题的解释》（现已废止）中，其第七条第一款规定："著作权人发现侵权信息向网络服务提供者提出警告或者索要侵权行为人网络注册资料时，不能出示身份证明、著作权权属证明及侵权情况证明的，视为未提出警告或者未提出索要请求"；其第八条第二款同时规定，著作权人对不实警告所造成的损失应承担赔偿责任。2005年国家版权局、信息产业部联合发布的《互联网著作权行政保护办法》在"通知—删除"规则外，第一次提出了"反通知"规则。该办法第七条规定，网络服务提供者根据内容提供者不侵权的"反通知"而恢复被移除的内容，对该恢复行为不承担行政法律责任。2006年颁布的《信息网络传播权保护条例》，在行政法规层面明确了"通知—删除"规则在我国著作权法领域的适用。而2009年颁布的《侵权责任法》第三十六条进一步在法律层面确立了"通知—删除"规则在著作权法领域的权威地位。《民法典》第一千一百九十五条也继承和延续了《侵权责任法》的精神。

三、虚拟财产及网络知识产权保护现存的问题

（一）虚拟财产保护存在的问题

关于虚拟财产涉及的民事案件，从目前司法实务来看，案由多是合同纠纷及侵权纠纷，涉诉主体主要是网络用户与网络运营商。具体集中在安全保障义务的理解分歧、网络服务合同具体条款的争议两方面，包括网络运营商根据网络服务合同，处理"私服""外挂"及其他作弊行为，查封用户账号、删除游戏装备引起的纠纷及网络运营商禁止网络店主私自转让店铺合同引起的纠纷，等等。除此之外，网络用户与用户之间有关游戏装备、网络店铺等买卖合同纠纷亦较多见。而这些案件在实际审理中存在的问题主要集中在民事救济手段与刑事救济手段的冲突抵牾上，而这种抵牾的焦点又集中体现在对虚拟财产性质的认定上。一般在刑事裁判思路中，倾向于将虚拟财产作为物权来保护，从而能从财产犯罪角度对相关法益予以保护。而大多数民事案件的裁判，却是尽力避免对虚拟财产的性质予以正面认定，而是从契约特性上平衡涉案各方利益，或者仅确认虚拟财产的有关使用、转让的利益归属，而不会对其到底是物权抑或债权、实物财产还是电磁数据进行认定。相应的，在虚拟财产的价值核算上，存在分歧更甚，由于虚拟财产的特性，在涉诉时关于其实际价值的举证、质证实质成为司法审判的焦点。从人民法院裁判思路来看，部分法院根据网络用户投入成本来认定，有的根据侵权后另行转让的出售价值来认定，还有的直接依据司法鉴定机构的鉴定结论来认定，当然如在"李宏晨案"中一样，还有部分法院通过判令返还原物（恢复虚拟财产）的方式回避对虚拟财产的价值认定。

（二）网络知识产权保护存在的问题

与虚拟财产保护中遇到的问题一样，网络知识产权保护因涉及互联网因素，在侵权主体核实、侵权行为认定以及赔偿金额等方面依然存在许多问题。

关于侵权主体身份核实，主要是因为网络虚拟身份的影响，虽然目前国家在

不断推进网络实名化认证工作，但鉴于互联网无限深度与广度的特性，利用临时ID或者盗用他人ID甚至虚拟ID的技术壁垒并不高，这些都造成了在网络知识产权保护中侵权主体身份确定难的现状。

关于侵权行为认定难的问题，由于互联网的快速传播性，使得某些侵权行为产生的作品可能在很短时间内历经多手再改编再创造，从而很难确定达到侵权临界点的行为和时间，原始证据很容易灭失。另外，当代网络环境下已经出现了一些复杂度极高的侵权行为，如在电信、广播电视和互联网三网融合的背景下，通过提供交互式网络电视回看服务、利用网络播放设备在线播放影视作品、通过手机客户端转播影视作品引起的知识产权纠纷，不但对裁判者法律素养要求较高，还要求其必须深入了解和掌握有关互联网信息传播技术的相关知识，难度极大；又如《反不正当竞争法》只列举了11种不正当竞争行为，但对诸如网络链接劫持、搜索引擎竞价排名、安插"流氓软件"等行为，目前依然只能运用法律解释技术予以规范。

关于赔偿金额的计算，一方面，与虚拟财产价值的认定一样，目前尚无对互联网财产包括知识产权价值认定的统一标准与方法；另一方面，以侵犯著作权为例，多数侵权人其实并没有直接利用作品获利，法院无法照搬传统做法基于侵权作品数量来确定损害赔偿数额。而一些网络作品也很难套用传统模式确定其市场价值，进而也难以确定权利人的实际损失和侵权人的违法所得，赔偿金额的计算也因此尚没有常例可循。

【以案说法】

一、案情简介

2017年2月12日，李华在某数字货币交易平台富贵币行购买了38.748个比特币。2017年7月12日，富贵币行发布《富贵币行关于比特币分叉处理方案的公告》以提示投资者，比特币将进行分叉（分叉可以简单理解为复制），"派生"出比特币现金（BCH）。2017年7月30日，富贵币行发布公告称，对2017年9月1日21：30前持有比特币的用户，富贵币行将按照用户拥有的比特币金额兑换等额的比特币现金。2017年9月1日，富贵币行再次发布公告承诺，称将进行比特币权益结算，请投资者在自己的富贵币行账户内领取比特币现金，并明确宣称所有领取的比特币现金将直接打入用户的现货账户。然而，2017年11月25日，当李华按照富贵币行公告提示提取比特币现金时却发现，富贵币行网页中已无法找到"领取"通道，无法领取现金。经咨询客服，李华方知富贵币行的比特币现金领取通道已经关闭，且由于其之前没有领取比特币现金，之后也无法领取。李华想提取的当天，1BCH≈9017.78元，但是，1 BCH在2018年7月12日已经跌到了4631.25元。在蒙受巨大的损失后，李华一纸诉状将富贵币行告上了法庭。李华要求富贵币行履行合同，将38.748个比特币现金（BCH）打入其个人账户，并要求富贵币行赔偿38.748个比特币现金的价格损失约17万元。

二、案件分析

本案中，比特币是基于计算机数字技术产生的，其本身虽不包含固有价值，但比特币持有人仍然可通过分布存储及数据库所记载的信息而行使占有、使用、收益、处分的权能。虽然我国现行法律暂时没有将比特币作为物权法上的"物"，李华无法按照所有权的法律规定（如孳息）要求富贵币行交付比特币"分叉"所产生的比特币现金，但互联网市场上，比特币的交易是现实存在的，并且很多比特币持有者也在交易中获得了很高的收益，具有很大的交换价值，故而虚拟货币应当属于虚拟财产，是合同法上的交易对象，应当受到法律保护。本案中，李华与富贵币行前期已经达成了比特币的购买合同，且已履行事实。富贵币行有关比特币兑换结算的公告是卖家对自己所负义务做出的承诺，应当认为是可以确认双方权利义务关系的具体依据，而富贵币行到期不履行承诺的义务，属于违约行为。但是也应该看到，时至今日，我国并没有承认比特币的货币地位，因而比特币的实际价值是无法通过法定货币确定一个固定比率来衡量的，而是与其他财产一样随供需及其他市场因素进行波动。

二审法院最终认定，本案中李华对自己损失的计算是按照自己兑换之日与起诉之日比特币的价差确定的，但因比特币价值波动幅度一直较大，不符合合同法关于损失"可预见性"的规定，且富贵币行事实上是没有履行自己兑换比特币的义务。在比特币现金尚未交付，更没有完成与实体货币兑换的情况下，不能认定交易差损的现实发生。而李华截取部分特定时间段的比特币、比特币现金市场价格差主张其损失范围，亦没有现实的依据，因此法院最终支持了李华要求富贵币行给付比特币现金的诉讼请求，但有关赔偿损失的诉讼请求不予支持。不过本书倒认为，对于因一方违约导致另一方丧失交易机会的，违约一方应对守约一方进行赔偿，最高人民法院的相关判决也确定了这一规则。虽然比特币的价格长久以来波动较大，但在李华准备兑换并进行交易时其价格明显属于上扬态势，如李华当日完成兑换并卖出，其以当时价格获得收益完全是可以预期的，而富贵币行的违约行为明显造成了李华信赖利益的损失，应予赔偿。

第六章

劳动者权利

第一节　载月仆仆为生计，岂能无约不付酬
——劳动合同问题

【关键词】劳动合同　劳动关系

【引人入胜】

现代社会是法治社会，平等、诚信、互助是社会的主流价值观。人们劳动除了维持生计，也要实现自我价值。在法制不健全的时期，用人单位对劳动者有绝对的优势，劳动总是带有依附性，也因此许多劳动者的辛勤付出并不能换来等价的报酬，甚至常常被用人单位以各种名义克扣剥削。这种情况在当前已经得到了极大的改善，不过现实中仍然存在视《劳动合同法》为无物的不良现象，一些用人单位还没有意识到自己与劳动者只不过是劳动力价值交换的关系，忘记了自己与劳动者人格本是平等的。而一些劳动者也还没有用劳动合同保护自己的意识。对此，就相关法律知识有必要进行专题介绍。

【条分缕析】

一、什么是劳动合同

劳动合同是用人单位与劳动者之间就工作内容、工作时间、劳动报酬、休息休假、职业危害等一系列问题商得一致而签订的对双方具有约束力的法律文件。现代社会崇尚契约自由，而劳动合同就是为契约自由保驾护航的法律武器。对劳

动者而言，劳动合同能保障其获得法律赋予的各项劳动权利，享受社会保险待遇；对用人单位而言，劳动合同能充分调动员工的劳动积极性，巩固劳动纪律，有效减少劳动争议。所以，不论是对劳动者还是用人单位，签订劳动合同都十分必要。那么，我们在订立劳动合同时应注意哪些方面呢？

首先，就劳动合同期限来讲，劳动合同按照期限不同，可分为固定期限劳动合同、无固定期限劳动合同和以完成一定工作任务为期限的劳动合同。固定期限劳动合同是指合同中明确约定了起止时间的劳动合同；无固定期限劳动合同是指合同中约定无确定终止时间的劳动合同，只有发生法定事由时该合同才终止；以完成一定工作任务为期限的劳动合同是指劳资双方约定以某项工作的完成为期限的劳动合同。根据《劳动合同法》第十四条的规定，当同一劳动者已与用人单位连续订立两次固定期限劳动合同，再与该用人单位续订劳动合同时应订立无固定期限劳动合同。无固定期限劳动合同比固定期限劳动合同更加稳定，是对劳动者的一种保护，而用人单位若违反该规定，可能会受到法律的制裁，应格外注意。

其次，就劳动合同内容来讲，劳动合同应当具备九个必备条款，包含：①用人单位的名称、住所、法定代表人等；②劳动者的姓名、身份证号、住所地、联系方式；③工作内容、工作地点；④劳动合同的期限；⑤工作时间和休息休假；⑥劳动报酬；⑦社会保险；⑧劳动条件与职业危害防护；⑨法律、法规规定的其他事项。在签订劳动合同时应注意各部分约定是否明确，例如工资除了包含基本工资，是否还包含奖金、绩效及奖金、绩效是如何发放的，合同中是否约定了试用期及试用期的约定是否符合法律规定等，避免因约定不明而产生争议。

最后，就签订时间来讲，建立劳动关系，应当订立书面劳动合同。已建立劳动关系，未同时订立书面劳动合同的，应当自用工之日起一个月内订立书面劳动合同，如果用人单位超过一个月仍未与劳动者签订劳动合同，应当向劳动者每月支付两倍的工资，支付两倍工资的起算点为入职满一个月的次日，最长期限为11个月。用人单位自用工之日起满一年都未与劳动者签订书面劳动关系的，视为已签订无固定期限劳动关系，而且用人单位仍应向劳动者支付11个月的双倍工资。

因此，用人单位应特别注意，及时与劳动者签订合同，以免支付双倍工资的情形出现。

值得关注的是，随着电子信息化的发展，使得用人单位与劳动者面对面签订劳动合同变得越来越麻烦，于是电子劳动合同应运而生。与传统纸质劳动合同相比，电子劳动合同具有成本低廉、管理方便、效率高等优点，越来越受到用人单位的青睐。在2020年3月4日，人社部办公厅印发《人力资源社会保障部办公厅关于订立电子劳动合同有关问题的函》，明确规定"用人单位与劳动者协商一致，可以采用电子形式订立书面劳动合同"。那么，在签订电子劳动合同时应当注意哪些事项呢？首先，应进行实名认证，对劳动者与用人单位都要进行认证；其次，为确保签名的有效性，根据《电子签名法》的规定，应申请CA证书；最后，应确保电子合同能够被查阅、下载，方便今后使用。

二、没有签订劳动合同就不存在劳动关系吗

现实生活中，有许多管理不规范的公司不重视劳动方面的法律法规，没有及时与劳动者签订劳动合同，甚至不与劳动者签订合同，那么这种情况下双方就不存在劳动法律关系了吗？认定劳动关系的依据有哪些呢？根据《劳动和社会保障部关于确立劳动关系有关事项的通知》（劳社部发〔2005〕12号）第二条："用人单位未与劳动者签订劳动合同，认定双方存在劳动关系时可参照下列凭证：（一）工资支付凭证或记录（职工工资发放花名册）、缴纳各项社会保险费的记录；（二）用人单位向劳动者发放的'工作证''服务证'等能够证明身份的证件；（三）劳动者填写的用人单位招工招聘'登记表''报名表'等招用记录；（四）考勤记录；（五）其他劳动者的证言等。其中，（一）、（三）（四）项的有关凭证由用人单位负举证责任。"所以，劳动合同并不是认定劳动关系的唯一依据，若劳动者手中没有劳动合同，但可以提供其他证据足以证明劳动者与用人单位之间存在着管理与被管理的隶属关系，比如工作证、胸牌、工资发放记录等，就可以证明双方之间存在着事实劳动关系。此时，劳动者可向用人单位主张赔偿双倍工资及补缴社会保险，严重的还可以向劳动监管部门申诉相关情况，请求监管部门对用人单位予以行政处罚。

TIPS：

劳动关系与劳务关系

除了劳动者与用人单位之间建立的劳动关系外，生活中还存在着另一种比较常见的用工形式，比如自然人雇用劳工完成一定的工作，这类用工形式因一方不是法人组织，双方之间形成的是一种劳务关系，一方提供劳动，一方支付报酬，双方并无人身上的隶属关系。其实，劳动关系与劳务关系的区别不止这一点，劳动关系是用人单位与劳动者基于劳动合同用工而形成的法律关系，劳务关系则是平等主体之间一方向另一方提供劳务，另一方支付对价而形成的权利义务关系。

劳动关系和劳务关系是两个容易混淆的概念，在司法实践中非常有必要将两者区分开。这二者的区别主要体现在以下五个方面。

1. 主体范围不同

劳动关系的用工主体必须是公司或其他组织，但不能是自然人；而劳务关系既可以是公司、其他组织，也可以是自然人。

2. 隶属关系不同

劳动关系中劳动者与用人单位之间不仅具有财产关系，还具有一定的人身关系，劳动者需要接受用人单位的管理，服从用人单位的安排，成为用人单位的一员；而劳务关系中双方仅有财产关系，彼此之间不存在隶属关系，各自独立，地位平等。

3. 主体待遇不同

劳动关系中用人单位除按照劳动合同向劳动者支付工资报酬外，还应当为劳动者缴纳社会保险以及其他福利待遇；而在劳务关系中用工主体仅支付劳务对价，无其他义务。

4. 法律调整不同

劳动关系中，双方权利义务由《劳动法》《劳动合同法》《社会保险法》等来调整；而劳务关系主要由《民法典》统一来调整。

5. 争议处理机制不同

发生劳动争议时，首先应当由当地劳动争议仲裁委员会裁决，对裁决不服的才可以向人民法院起诉，也就是说劳动争议中有仲裁前置程序；而劳务争议则直接向法院起诉。

三、劳务派遣

我国现存的用工形式是以劳动合同用工为基本，以劳务派遣用工为补充。在一些临时性、辅助性或者替代性的工作岗位上普遍存在着劳务派遣用工的情形。何为劳务派遣呢？劳务派遣就是劳动者与劳务派遣单位签订劳动合同，劳务派遣单位再将劳动者派遣到实际用工单位，劳动者听从实际用工单位的安排进行工作，但劳动报酬由劳务派遣单位发放的一种用工形式。

在劳务派遣关系中，劳动者与实际用工单位不存在劳动关系，而是与劳务派遣单位存在劳动关系，在发生工资、保险、工伤等方面的争议时，劳动者应向劳务派遣单位主张权利。劳务派遣期间，被派遣的工作人员因执行工作任务造成他人损害的，由接受劳务派遣的用工单位承担侵权责任；劳务派遣单位有过错的，承担相应的补充责任。

关于劳务派遣合同的期限，法律仅规定了劳务派遣单位应当与被派遣劳动者订立两年以上的固定期限劳动合同，并未规定双方之间能否订立无固定期限劳动合同。关于双方之间能否订立无固定期限劳动合同，实务中，不同的法院有不同的理解，有些法院认为法律已明确约定双方只能签订固定期限劳动合同，有些法院认为法律并未禁止双方签订无固定期限劳动合同，因此应适用劳动合同法的一般规定，可以签订无固定期限劳动合同。

【以案说法】

一、案情简介

2015年5月4日，吕某到某旅游公司应聘，从事外联销售工作（销售旅游产品），月工资3000元，按照业绩有相应提成，双方未签订劳动合同，单位也没有给吕某缴纳社会保险，但将社保相对应的钱以现金的形式发放给了吕某，吕某对此也表示认同，工作期间经常被要求加班，每周工作六日。2018年12月，双方因绩效提成问题产生争议，协商未果，吕某提出离职并将该旅游公司告上仲裁委。仲裁请求为：①确认申请人与被申请人自2015年5月4日至2018年12月31日期间存在劳动关系；②被申请人支付申请人自2015年5月4日至2018年12月31日期间拖欠的提成工资86000元；③被申请人支付自2015年5月4日至2018年12月31日期间未签订劳动合同双倍工资132000元；④被申请人补发2015年5月4日至2018年12月31日期间休息日加班费50025元（共191天）；⑤要求补偿2015年5月4日至2018年12月31日期间未休年休假14天工资4022元；⑥要求补偿2015年5月4日至2018年12月31日期间未缴纳社保金额。

被申请人某旅游公司辩称：申请人与被申请人之间不存在劳动关系，双方为劳务雇佣关系，这从双方之间未签订劳动合同、未为申请人缴纳社会保险也可以看出，申请人从事外联工作，不受公司的制度管理，公司只依据申请人的业绩发放相应的劳务报酬，因此，双方之间不存在提成、双倍工资、加班、社保、年休假等问题。

二、案件分析

本案的关键在于确认吕某与旅游公司之间究竟是属于劳动关系还是劳务关系，双方没有签订纸质的劳动合同，旅游公司也未给吕某缴纳社会保险，从表面看双方更加符合劳务关系的特征，但根据《关于确立劳动关系有关事项的通知》（劳社部发〔2005〕12号）第二条的规定，确认劳动关系的证据有很多种，在庭审中吕某提交了工资明细及与公司人事主管的微信聊天记录，以上证据可以佐证劳动关系的存在，并且吕某的工作时间、工作内容均接受用人单位的指挥命令，遵守用人单位的规章制度，工作性质与公司其他员工没有区别，最终仲裁委确认了双方之间的劳动关系。

对于仲裁请求第③项双倍工资的问题，由《劳动合同法》第八十二条"用人单位自用工之日起超过一个月不满一年未与劳动者订立书面劳动合同的，应当向劳动者每月支付二倍的工资"及第十四条"用人单位自用工之日起满一年不与劳动者订立书面劳动合同的，视为用人单位与劳动者已订立无固定期限劳动合同"可知，吕某与某旅游公司间已订立了无固定期限劳动合同，某旅游公司应向吕某支付11个月的双倍工资。但根据《劳动争议调解仲裁法》第二十七条第一款的规定："劳动争议申请仲裁的时效期间为一年。仲裁时效期间从当事人知道或者应当知道其权利被侵害之日起计算。"可知，吕某要求支付双倍工资的仲裁请求已超过仲裁时效，故仲裁委未支持此项请求。

对于仲裁请求第④项加班费，依据《最高人民法院关于审理劳动争议案件适用法律若干问题的解释（一）》第四十二条"劳动者主张加班费的，应当就加班事实的存在承担举证责任"之规定，由劳动者承担加班的举证责任，若无法举证则要承担不利的法律后果。

而对于仲裁请求第⑤项年休假的举证责任则由用人单位举证，若无法举证证明劳动者已休年休假，则要承担不利后果。

对于仲裁请求第⑥项社会保险，虽然职工同意用人单位不缴纳社会保险，但因用人单位的该行为违反了法律、行政法规的强制性规定，所以仍应向劳动者支付经济补偿金。

对劳动者来讲，劳动合同是认定用人单位与劳动者之间劳动关系及权利义务最直接、最有效的证据材料，应当妥善保存，平时还应特别留意工作考勤表、加班通知及工作时间等。另外，发生争议时应及早向有关机关起诉，避免因时效已过而承担不利的后果。对用人单位来讲，应及时与劳动者签订劳动合同，最迟应在劳动者入职一个月内，否则可能会赔偿劳动者双倍工资；缴纳社会保险是用人单位的法定义务，其应依法足额为劳动者缴纳社会保险，并不因劳动者的自愿放弃而免除。

第二节 一拍不可轻易两散，劳资哪能随便殊途
——劳动关系的解除

【关键词】协商解除　单方解除　经济补偿

【引人入胜】

劳资关系是当前社会最重要的一对社会关系。一方面，许多用人单位盲目提倡"狼性文化"，宣传"996"；另一方面，新生代的劳动者自我维权意识更强，受尊重需求更高。劳资双方矛盾基于此有尖锐化趋势，尤其是一些用人单位法律意识不强，随意"开人"已是常态。这些都使得劳动者权利保护显得格外重要。应该看到，规范劳资双方劳动关系的解除，不仅是为了保护劳动者个人，更是规范劳动市场、促进人力资源更高效率流通的必然要求。

【条分缕析】

用人单位自用工之日起与劳动者建立劳动关系，劳动者为用人单位提供劳动，用人单位向劳动者支付报酬，但该关系不是一成不变的，由于用人单位或劳动者一方或双方的原因都会导致劳动关系解除。实践中，劳动关系的解除可分为劳资双方协商一致解除、用人单位单方解除及劳动者单方解除。但不管采用哪种解除方式，双方都应按照法律规定的权利义务来处理相关事宜。

一、协商一致解除

民事法律关系中最重要的就是看法律关系主体之间的合意。劳动合同法律关系是一种特殊的民事法律关系。劳资双方虽然在业务上是管理与被管理的关系，但在人格上也应当是平等的。协商一致解除是劳资双方合意的体现，理应被尊重和保护。在双方协商一致解除劳动关系中，根据提出人的不同，又分为由用人单位提出的协商一致解除和由劳动者提出的协商一致解除。由用人单位提出的协商一致解除，用人单位应向劳动者支付补偿金；而由劳动者提出的协商一致解除中，用人单位无须再向劳动者支付补偿金。但不论劳动合同的解除由谁提出，都需要提前一个月通知对方，履行必要的法定程序后方可解除，否则应承担违约赔偿责任。

二、单方解除

（一）用人单位单方解除

用人单位单方解除，俗称"解雇"。在此大家应该树立一个观念，即由于在劳资关系中，劳动者始终处于弱势一方，有关劳动关系领域法律的首要价值应该是保护劳动者的权利和义务。"工会"作为劳动者自治组织，需要时刻维护劳动者权益保护，特别应当在用人单位无理、随意解除劳动合同时，及时站出来为劳动者维权。而《劳动合同法》对有关工会职责也进行了明确，其第四十三条规定，用人单位单方解除劳动合同，应当事先将理由通知工会。用人单位违反法律、行政法规规定或者劳动合同约定的，工会有权要求用人单位纠正。因为工会在解除劳动合同过程中起到了一定的监督作用，用人单位应当研究工会的意见，并将处理结果书面通知工会。不过法律只是明确了成立工会是劳动者的权利，而没有规定是用人单位的义务。故而，在用人单位根本没有工会组织的情况下，由于法律法规中并未明确规定，通常的做法是用人单位向其所在地的基层组织或上级组织的工会报备，比如向单位所在地的街道办事处的工会组织报备。

我国法律规定了很多种用人单位单方解除劳动合同的情形，大体可以分为过失性辞退、无过失性辞退及经济性裁员，分别对应《劳动合同法》第三十九条、

第四十条和第四十一条。

1. 过失性辞退

所谓过失性辞退，是指因劳动者存在过错而导致用人单位解除劳动合同，具体包括：在试用期间被证明不符合录用条件的；严重违反用人单位的规章制度的；严重失职，营私舞弊，给用人单位造成重大损害的；劳动者同时与其他用人单位建立劳动关系，对完成本单位的工作任务造成严重影响，或者经用人单位提出，拒不改正的；劳动者以欺诈、胁迫的手段或者乘人之危，使用人单位在违背真实意思的情况下订立或者变更劳动合同，从而致使劳动合同无效的；被依法追究刑事责任的。

TIPS：

用人单位的规章制度能否作为解除劳动合同的依据

用人单位为规范劳动者的劳动纪律，往往会制定许多制度规范，正规的公司一般还有员工手册等书面文件。那么这些制度规范是否能作为用人单位解除劳动合同的依据呢？这就要具体情况具体分析。根据《劳动合同法》第三十九条规定，劳动者严重违反用人单位规章制度的，用人单位可以解除劳动合同。《劳动合同法》第四条规定："用人单位应当依法建立和完善劳动规章制度，保障劳动者享有劳动权利、履行劳动义务。用人单位在制定、修改或者决定有关劳动报酬、工作时间、休息休假、劳动安全卫生、保险福利、职工培训、劳动纪律以及劳动定额管理等直接涉及劳动者切身利益的规章制度或者重大事项时，应当经职工代表大会或者全体职工讨论，提出方案和意见，与工会或者职工代表平等协商确定。在规章制度和重大事项决定实施过程中，工会或者职工认为不适当的，有权向用人单位提出，通过协商予以修改完善。用人单位应当将直接涉及劳动者切身利益的规章制度和重大事项决定公示，或者告知劳动者。"也就是说，只有在用人单位的规章制度内容合法、程序规范并已向劳动者公示后，若劳动者违反了，才可以依据规章制度解除劳动合同。

2. 无过失性辞退

所谓无过失性辞退，是指合同的解除并非因劳动者的故意过错，但现实条件决定劳动合同无法继续履行而只能解除，具体情形包括：劳动者患病或者非因工负伤，在规定的医疗期满后不能从事原工作，也不能从事由用人单位另行安排的工作的；劳动者不能胜任工作，经过培训或者调整工作岗位，仍不能胜任工作的；劳动合同订立时所依据的客观情况发生重大变化，致使劳动合同无法履行，经用人单位与劳动者协商，未能就变更劳动合同内容达成协议的。

3. 经济性裁员

所谓经济性裁员，是指由于用人单位经营不善或其他原因导致经营困难而裁减员工的情形，具体包括：若需要裁减人员达二十人以上或者裁减不足二十人但占企业职工总数百分之十以上的，用人单位需提前三十日向工会或者全体职工说明情况，听取工会或者职工的意见，裁减人员方案经向劳动行政部门报告后，方可裁减人员；依照企业破产法规定进行重整的；生产经营发生严重困难的；企业转产、重大技术革新或者经营方式调整，经变更劳动合同后，仍需裁减人员的；其他因劳动合同订立时所依据的客观经济情况发生重大变化，致使劳动合同无法履行的。

值得一提的是，《劳动合同法》中不仅规定了用人单位解除劳动合同的情形，同时也规定了用人单位不得解除劳动合同的情形，具体包括：从事接触职业病危害作业的劳动者未进行离岗前职业健康检查，或者疑似职业病病人在诊断或者医学观察期间的；在本单位患职业病或者因工负伤并被确认丧失或者部分丧失劳动能力的；患病或者非因工负伤，在规定的医疗期内的；女职工在孕期、产期、哺乳期的；在本单位连续工作满十五年，且距法定退休年龄不足五年的；法律、行政法规规定的其他情形。

（二）劳动者单方解除

劳动者单方解除，即我们常说的"辞职"。我国劳动法在单方解除劳动合同的情形中体现出保护劳动者的倾向。《劳动合同法》对用人单位单方解除劳动合同施加了较为严格的限制条件，但对劳动者单方解除劳动合同条件较为宽松。这也体现了国家促进劳动力要素流通的立法旨意。

根据法律规定，劳动者在履行劳动合同过程中，若出现下列情形，可单方解除合同：提前三十日以书面形式通知用人单位；未按照劳动合同约定提供劳动保护或者劳动条件的；未及时足额支付劳动报酬的；未依法为劳动者缴纳社会保险费的；用人单位的规章制度违反法律、法规的规定，损害劳动者权益的；用人单位以欺诈、胁迫的手段或者乘人之危，使劳动者在违背真实意思的情况下订立或者变更劳动合同，从而致使劳动合同无效的；法律、行政法规规定劳动者可以解除劳动合同的其他情形；以暴力、威胁或者非法限制人身自由的手段强迫劳动者劳动的，或者用人单位违章指挥、强令冒险作业危及劳动者人身安全的，该种情形下，劳动者可立即解除劳动合同，并不需事先告知用人单位。

三、经济补偿的情形及计算方式

双方解除劳动合同后，在大多数情况下，用人单位需向劳动者支付经济补偿金，以弥补劳动者重新择业的经济损失。经济补偿金的计算方式为，按劳动者在本单位工作的年限，每满一年支付一个月工资；六个月以上不满一年的，按一年计算；不满六个月的，向劳动者支付半个月工资的经济补偿。劳动者月工资高于用人单位所在直辖市、设区的市级人民政府公布的本地区上年度职工月平均工资三倍的，向其支付经济补偿的标准按职工月平均工资三倍的数额支付，向其支付经济补偿的年限最高不超过十二年。此处所称月工资是指劳动者在劳动合同解除或者终止前十二个月的平均工资。需支付经济补偿金的具体情形为：

在双方协商一致解除劳动合同时，若该解除合同的意愿由用人单位提出，则用人单位应向劳动者支付经济补偿；若由劳动者提出，则用人单位无须向劳动者支付经济补偿，但一种情形除外，即在双方签订的固定期限劳动合同到期后，若用人单位降低待遇续签劳动合同，劳动者不同意而解除劳动合同时，用人单位也应向劳动者支付经济补偿。

在过失性辞退情形中，用人单位均无须向劳动者支付经济补偿。在无过失性辞退情形中，用人单位均需向劳动者支付经济补偿。在经济性裁员的第一种情形中，即依照《企业破产法》规定进行重组的需要向劳动者支付经济补偿，其余情形无须向劳动者支付经济补偿。

以上各情形均为合法解除劳动合同的情形，但实践中有许多用人单位由于法律意识淡薄，按照自己的想法随意解除劳动合同，鉴于此，《劳动合同法》规定了违法解除劳动合同的后果。《劳动合同法》第八十七条规定："用人单位违反本法规定解除或者终止劳动合同的，应当依照本法第四十七条规定的经济补偿标准的二倍向劳动者支付赔偿金。"也就是说，用人单位违法解除劳动合同，除了正常的经济补偿，还需多支付一倍的费用作为赔偿。

另外需要注意的是，医疗期满后解除劳动合同经济补偿金如何计算的问题。由于经济补偿金的计算基数为劳动者在劳动合同解除或者终止前十二个月的平均工资，若劳动者在解除劳动合同前十二个月恰巧处于医疗期或病假期，此期间其工资水平要远低于正常工资，此时解除劳动合同时若仍以劳动合同解除或者终止前十二个月的平均工资作为计算标准，则显然对劳动者不利。对此特殊情况，法律并未做出明确规定。但某些省在本省范围内已明确了相关处理规则，如浙江省高院、浙劳仲裁院《关于审理劳动争议案件若干问题的解答（二）》（浙高法民一〔2014〕7号），将《劳动合同法》第四十七条第三款规定的"本条所称月工资是指劳动者在劳动合同解除或者终止前十二个月的平均工资"，理解为劳动合同解除或终止前劳动者正常工作状态下十二个月的平均工资，不包括医疗期等非正常工作期间。

【以案说法】

一、案情简介

小张于2014年2月通过应聘进入一家汽车销售公司担任销售经理的职位，并与公司签订了自2014年2月至2019年2月止的为期5年的劳动合同。2017年6月的一天，小张被诊断出患有非常严重的颈椎病，并已压迫神经无法正常工作，于是小张开始住院治疗并连续向公司提交病假诊断证明。2018年6月，医疗期届满后，小张仍未康复，还是无法正常上班，于是公司决定与小张解除劳动合同关系，提前三十日以书面形式通知了小张。但小张认为公司解除劳动合同的做法违法，遂向仲裁委员会提出仲裁，要求赔偿双倍工资。

仲裁委认为，《劳动合同法》第四十条明确规定"有下列情形之一的，用人单位提前三十日以书面形式通知劳动者本人或者额外支付劳动者一个月工资后，可以解除劳动合同：（一）劳动者患病或者非因工负伤，在规定的医疗期满后不能从事原工作，也不能从事由用人单位另行安排的工作的；（二）劳动者不能胜任工作，经过培训或者调整工作岗位，仍不能胜任工作的；（三）劳动合同订立时所依据的客观情况发生重大变化，致使劳动合同无法履行，经用人单位与劳动者协商，未能就变更劳动合同内容达成协议的。"虽然用人单位履行了提前通知的义务，但仍属于违法解除劳动合同，在劳动者医疗期满后，用人单位应积极与劳动者协商，在无法从事原工作后，应安排劳动者从事其他工作，若劳动者仍无法胜任时，用人单位才可以与劳动者解除劳动合同并支付补偿金。本案中，在小张的医疗期届满后，公司应安排小张从事其他的工作，比如一些辅助性的工作，在确认小张仍无法胜任时才可以解除合同，但公司并未给小张安排其他工作，而是直接解除合同，属于违法解除劳动合同，应按照经济补偿标准的二倍向小张支付赔偿金，小张共工作了四年零四个月，应支付给小张九个月的工资，工资基数应为小张2016年6月到2017年6月期间的平均工资，而不是2017年6月到2018年6月期间的平均工资。

二、案件分析

医疗期是法律为保障患病劳动者在患病期间可以享有正常的休息期的一种制度安排，是限制用人单位解除劳动合同的期间，也即用人单位不得在劳动者医疗期内与劳动者解除劳动关系。在医疗期满后，若劳动者仍无法正常工作，用人单位也不得随意解除劳动关系，应按照法律规定给劳动者安排其他工作岗位。若劳动者在其他岗位仍无法胜任工作时，用人单位方可解除劳动合同。

第三节　成疾定有因果，积劳当求补偿
——工伤赔付问题

【关键词】工伤　视同工伤　工伤赔偿

【引人入胜】

现代社会是一个风险社会。社会在进步，科技在发展，人们对世界的认识在不断深化，但是每天面临的各种内外部风险却不断增多。特别是在工作过程中，提起工伤，以前人们总是想到一些重危行业从业人员受到的各种侵害、发生的各种意外，但如今无论哪行哪业，人们都已普遍意识到工作中受伤并不是小概率事件，况且风险预防并不能因概率大小而区分强弱。然而，现实是，很多人在发生工伤事故后，仍然不知所措，求偿无门；许多人对工伤以及有关工伤保险待遇相关问题茫然无知，总是在未发生时心存侥幸，发生后听天由命。正如英国社会学家安东尼·吉登斯所言："正是这一系列风险给现代性以一种失控的毁灭性力量的感觉，并使我们内心充满了对本体的不安全感。"有感于此，本节将对工伤以及有关的知识进行系统的介绍。

【条分缕析】

一、什么是工伤

所谓工伤，即指劳动者在工作中所受到的伤害。从这个定义中我们能看出关于工伤的三个要素：一是劳动者，二是工作中，三是受伤害。

（一）劳动者身份

所谓劳动者身份，一般而言必须是在劳动关系中予以体现。确认工伤的前提必须是受伤职工与用人单位之间存在劳动关系，而且这种劳动关系应该是属于《劳动法》及《劳动合同法》调整的对象。实务中，除了劳动关系，还存在一些劳务关系、雇佣关系，根据相关法律法规的规定，劳务关系、雇佣关系中因工负伤不能认定为工伤，不受《工伤保险条例》调整，而应当认定为人身损害侵权，并应当适用《最高人民法院关于审理人身损害赔偿案件适用法律若干问题的解释》的相关规定进行赔偿。

TIPS：

雇佣关系与劳务关系

雇佣关系是指受雇人向雇佣人提供劳务，雇佣人支付相应报酬形成的权利义务关系；劳务关系是指提供劳务的一方为需要的一方以劳动形式提供劳动活动，而需要的一方支付约定的报酬的社会关系。二者都不必须要求书面形式。不同之处在于，劳务关系更强调双方的平等性，并不存在管理上的服从与被服从关系，并且由于双方在损害的发生上均无过错，故适用公平原则，由受益人在受益范围内对受损害方的经济损失作适当补偿；而雇佣关系双方一般有支配和服从的关系，地位并不平等，且雇主对雇员的损害承担无过错责任，只要雇员在进行受雇工作中因工伤事故而遭受损害，雇主就应赔偿，而不存在免责事由。他们都与劳动关系相区别。

（二）工伤类型

在工作中所受的伤害并不必然的都会被认定为工伤，只有符合一定的情形才可能会被认定为工伤。《工伤保险条例》第十四条将工伤细化为以下具体的七种类型。

一是在工作时间和工作场所内，因工作原因受到事故伤害的。这里应当注意"三工"的表述，即工作时间、工作场所、工作原因。若在工作时间和工作场所内受到伤害，用人单位没有证据证明是非工作原因导致的，也应当认定为工伤。

二是工作时间前后在工作场所内，从事与工作有关的预备性或者收尾性工作受到事故伤害的。此处的预备性工作及收尾性工作都应当是与正式工作相关的，若从事与工作无关的其他工作不应认定为工伤。

三是在工作时间和工作场所内，因履行工作职责受到暴力等意外伤害的。这里的"暴力等意外伤害"指既包括受到不法分子的人身伤害，也包括诸如地震、火灾等自然灾害。

四是患职业病的。患职业病应与工作具有关联性，若某人患有职业病目录里所规定的疾病但不是工作原因造成的，就不应当认定为工伤。

五是因工外出期间，由于工作原因受到伤害或者发生事故下落不明的。"因工外出"指劳动者受用人单位的指派，到工作场所以外的地方从事与工作相关的活动或进行学习、培训等。劳动者因工外出发生事故下落不明的，事故发生起的3个月内用人单位应正常发放工资，从第4个月起停发工资，由工伤保险基金向其供养的亲属按月发放抚恤金。劳动者被人民法院宣告死亡的，按照《工伤保险条例》因工死亡的规定处理。

六是在上下班途中，受到非本人主要责任的交通事故或者城市轨道交通、客运轮渡、火车事故伤害的。"上下班途中"不仅包括正常合理的单位与家之间的路线，也包括在合理范围内的买菜、接孩子路线等。

七是法律、行政法规规定应当认定为工伤的其他情形。

除了上述七种明确认定为工伤的情形，为更加有效地保障劳动者的权益，在这七种之外又规定了三种视同工伤的情形。

一是在工作时间和工作岗位，突发疾病死亡或者在48小时之内经抢救无效死亡的。这里的"突发疾病"不需要与工作有关联性，但突发疾病后应立即抢救，突发疾病与抢救之间不能有间隔，抢救48小时以后才死亡的也不能认定为工伤。

二是在抢险救灾等维护国家利益、公共利益活动中受到伤害的。此处不要求"三工"的条件，只要是在抢险救灾中受伤就属于工伤。

三是职工原在军队服役，因战、因公负伤致残，已取得革命伤残军人证，到用人单位后旧伤复发的。此处职工的一次性伤残补助金不再享受，只享受除此以外的其他工伤保险待遇。

（三）工伤鉴定

认定工伤的目的是为了给劳动者以赔偿，用来弥补劳动者因受伤而遭遇的肉体、精神甚至个人发展机遇上的损失。而伤害有大有小，并不是所有的伤害都应被认定为"工伤"，这需要一定的程序来对伤害程度进行评定，以确立劳动者的损失，明晰赔付的金额。这个过程在法律上叫作"工伤认定"和"劳动能力鉴定"，前者是明确是否受伤，后者是确定伤害程度。

根据《工伤保险条例》的规定，在发生事故伤害或者按照《职业病防治法》规定被诊断、鉴定为职业病之日起的30日内，用人单位应向统筹地区社会保险行政部门提出工伤认定申请。

在社会保险行政部门做出工伤认定后，接下来就需要对伤害程度进行鉴定，也就是"劳动能力鉴定"。此时，由用人单位、劳动者或者其近亲属向设区的市级劳动能力鉴定委员会提出申请，并提供工伤认定决定和职工工伤医疗的有关资料。一般而言，劳动能力鉴定委员会分别由市级社会保险行政部门、卫生行政部门、工会组织、经办机构代表以及用人单位代表组成。劳动能力鉴定结论最晚做出期限为申请之日起60日，必要时，可以延长30日。鉴定结论应当及时送达申请鉴定的单位和个人。用人单位或劳动者对鉴定结论不服的，可以在收到该鉴定结论之日起15日内向省、自治区、直辖市劳动能力鉴定委员会提出再次鉴定申请。省、自治区、直辖市劳动能力鉴定委员会做出的劳动能力鉴定结论为最终结论。劳动能力鉴定结果分为十个伤残等级，最重的为一级，最轻的为十级。伤残等级是工伤赔付中伤残补助金和伤残津贴的支付标准。

二、不得认定为工伤或者视同工伤的情形

《工伤保险条例》在认定工伤时，除了以正面列举的形式明确工伤范围外，也以反向列举的形式规定了不得认定为工伤或视同工伤的情形。法律将一些情形视同工伤是为了最大限度保障劳动者的利益，而将一些情形不得认定为工伤则是为了更好地保护用人单位的利益，不能让用人单位为劳动者自身的过错买单。不得认定为工伤或者视同工伤的具体情形有以下几种。

（1）故意犯罪的。故意犯罪应当以司法机关有效的法律文书作为认定的依据，过失犯罪及一般的违法行为并不影响工伤的认定。

（2）醉酒或者吸毒的。关于对醉酒的认定，一般以血液中酒精含量大于或等于80毫克/100毫升的标准来认定。

（3）自残或者自杀的。自残或自杀都是劳动者对自身的伤害存在主观的故意，与工作没有必然的关联性，故法律将这种情形排除在工伤的认定之外。

三、工伤赔偿的标准

根据《工伤保险条例》的规定，职工发生工伤时可以享受的工伤保险待遇共计12项。

一是医疗费。职工因治疗工伤所需费用符合工伤保险诊疗项目目录、工伤保险药品目录、工伤保险住院服务标准的，从工伤保险基金支付。而对于超出目录及服务标准的医药费用是应该由工伤职工承担还是用人单位承担，目前实践中并无统一的做法，多数地区的做法是用人单位不承担。

二是交通、食宿费。职工因治疗工伤所花费的食宿费，以及因去外地治疗所花费的交通费，从工伤保险基金支付，具体标准由当地政府规定。

三是康复费。工伤职工到签订服务协议的医疗机构进行工伤康复的费用，符合规定的，从工伤保险基金支付。

四是辅助器具费。工伤职工因日常生活或者就业需要，经劳动能力鉴定委员会确认，可以安装假肢、矫形器、假眼、假牙和配置轮椅等辅助器具，所需费用按照国家规定的标准从工伤保险基金支付。需要注意的是，辅助器具仅限于辅助日常生产生活所必需，并采用国内市场的普及型产品。工伤职工选择其他型号产品，费用高出普及型部分，由个人自付。

五是停工留薪期工资。职工因工作遭受事故伤害或者患职业病需要暂停工作接受工伤医疗的，在停工留薪期内，原工资福利待遇不变，由所在单位按月支付。停工留薪期一般不超过12个月，工伤职工评定伤残等级后，停发原待遇，享受伤残待遇。

六是护理费。对于生活不能自理的工伤职工，在停工留薪期需要护理的，由所在单位负责。

七是一次性伤残补助金。职工因工致残被鉴定为一级至十级伤残的，由工伤保险基金支付一次性伤残补助金，标准如下。

一级伤残：本人工资×27个月；

二级伤残：本人工资×25个月；

三级伤残：本人工资×23个月；

四级伤残：本人工资×21个月；

五级伤残：本人工资×18个月；

六级伤残：本人工资×16个月；

七级伤残：本人工资×13个月；

八级伤残：本人工资×11个月；

九级伤残：本人工资×9个月；

十级伤残：本人工资×7个月。

八是伤残津贴。职工因工致残被鉴定为一级至六级伤残的，按月支付伤残津贴，标准如下。

一级伤残：本人工资×90%；

二级伤残：本人工资×85%；

三级伤残：本人工资×80%；

四级伤残：本人工资×75%；

五级伤残：本人工资×70%；

六级伤残：本人工资×60%。

其中，一到四级伤残津贴由工伤保险基金支付，实际金额低于当地最低工资标准的，由工伤保险基金补足差额；五到六级伤残津贴由用人单位在难以安排工作的情况下支付，伤残津贴实际金额低于当地最低工资标准的，由用人单位补足差额。

九是一次性伤残就业补助金和一次性工伤医疗补助金。职工因工致残被鉴定为五级、六级伤残的，经工伤职工本人提出，该职工可以与用人单位解除或者终止劳动关系，由用人单位支付一次性工伤医疗补助金和一次性伤残就业补助金；职工因工致残被鉴定为七级至十级伤残的，劳动合同期满终止，或者职工本人提出解除劳动合同的，由用人单位支付一次性工伤医疗补助金和一次性伤残就业补助金。具体标准由省、自治区、直辖市人民政府规定。其中，一次性工伤医疗补助金由工伤保险基金支付，一次性伤残就业补助金由用人单位支付。以山东省为例，其一次性工伤医疗补助金和一次性伤残就业补助金标准如下。

一次性工伤医疗补助金：

五级伤残：统筹工资×22个月；

六级伤残：统筹工资×18个月；

七级伤残：统筹工资×13个月；

八级伤残：统筹工资×10个月；

九级伤残：统筹工资×7个月；

十级伤残：统筹工资×4个月。

一次性伤残就业补助金：

五级伤残：统筹工资×36个月；

六级伤残：统筹工资×30个月；

七级伤残：统筹工资×20个月；

八级伤残：统筹工资×16个月；

九级伤残：统筹工资×12个月；

十级伤残：统筹工资×8个月。

十是丧葬补助金。职工因工死亡的，其近亲属可以从工伤保险基金领取丧葬补助金，标准为6个月的统筹地区上一年度职工月平均工资。

十一是供养亲属抚恤金。职工因工死亡的，对由其生前提供主要生活来源、无劳动能力的亲属从工伤保险基金发放一定比例的抚恤金，标准为：配偶每月40%，其他亲属每人每月30%，孤寡老人或者孤儿每人每月在上述标准的基础上增加10%。核定的各供养亲属的抚恤金之和不应高于因工死亡职工生前的工资。

十二是一次性工亡补助金。标准为上一年度全国城镇居民人均可支配收入的20倍，此标准全国统一，2020年为847180元。

【以案说法】

一、案情简介

阿峰系欣欣公司的员工。2014年5月26日上班期间，阿峰于上午8时许以"家中有事"为由向车间主任口头请假，在未获批准的情况下即骑电动车离开公司前往父亲家，途中不幸发生交通事故受伤，交警认定阿峰负次要责任。

当地人社局于2014年8月29日受理阿峰的工伤认定申请，经调查后，人社局认为阿峰在上班期间请假未获批准，且因本人私事外出而发生交通事故受伤，不属于工伤，遂于2014年10月23日根据《工伤保险条例》第十四条、第十五条的规定，作出不予认定工伤的决定。

阿峰不服提起行政诉讼。此案经一审、二审、高院再审，最终做出不予认定工伤的判决。

二、案件分析

本案的焦点在于因私事请假未获批准的情况下擅自离岗，能不能认定为合理时间、合理路线的上下班途中。一审法院认为阿峰的行为属于在合理时间内往返于工作地与配偶、父母、子女居住地的合理路线的上下班途中，属于《工伤保险条例》第十四条第（六）项规定的"上下班途中"，应当认定为工伤。二审法院审理认为，下班是指规定工作的结束或通过单位准假的方式视为结束。阿峰在请假未获批准的情况下擅自离开单位，不属于下班。因此，阿峰在离开单位途中受到交通事故伤害，不符合《工伤保险条例》第十四条、第十五条规定的认定工伤或者视同工伤的情形。高院再审裁定，在请假未获批准的情况下擅自离开单位，不属于下班。因此，阿峰在离开单位途中受到交通事故伤害，不符合《工伤保险条例》第十四条、第十五条规定的认定工伤或者视同工伤的情形。高院再审裁定，在请假未获批准的情况下擅自离开单位，不属于下班，在离开单位途中受到的交通事故伤害不属工伤。因此，阿峰在离开单位途中受到交通事故伤害，不符合《工伤保险条例》规定的认定工伤或者视同工伤的情形。遂驳回阿峰的再审申请。

对于工伤的认定应严格按照《工伤保险条例》中所列举的标准进行，不能任意扩大或缩小该认定标准。视同工伤的情形本身就是基于社会公共利益或者公平正义的原则对劳动者的一种倾斜保护，所以在适用时更应严格限定认定条件，不得再对其做扩大解释。

第四节　休息之权不可剥夺，加班补偿岂能漠视
——休息、休假与加班

【关键词】休息　休假　加班费

【引人入胜】

当下我国正经历经济高速发展与社会快速发展时期，人们生活节奏不断加快。在职场上"996"甚至"007"都已不是什么新鲜事。但与此同时，许多老年病的发病趋势逐渐年轻化，很多人的身体因为长期得不到休息，早早响起了警报。我国《宪法》第四十三条明确规定："中华人民共和国劳动者有休息的权利。国家发展劳动者休息和休养的设施，规定职工的工作时间和休假制度。"国家以根本大法的形式规定了劳动者在正常提供劳动的过程中，依法享有休息的权利，任何单位或个人都不得剥夺这项权利，国家出台各项政策法规保障劳动者各项休息的权利落到实处。同时，对于一些特殊岗位或特许职业，法律也规定了在其允许的范围内，用人单位可要求劳动者加班，但应按照法律规定支付相应的加班费。

【条分缕析】

一、休息的权利

快乐工作、劳逸结合，是许多职场人梦寐以求的工作状态。然而，现实却往往事与愿违，当下许多用人单位都以"奋斗"文化著称，加班加点早已成了

常态。许多人在任劳任怨的同时，仿佛已经忘记了自己作为劳动者，获得休息本身就是天赋人权。尤其在我们这样的社会主义国家，人民作为国家的主人，更应得到保护和尊重。习总书记指出："人民对美好生活的向往，就是我们的奋斗目标。"党的十九大报告中强调，中国特色社会主义进入新时代，我国社会主要矛盾已经转化为人民日益增长的美好生活需要和不平衡不充分的发展之间的矛盾。改革开放四十年以来，全国人民凭借自己勤劳刻苦的优秀品质，创造了世界经济发展史上的奇迹。因此进入新世纪，在党中央已经做出百年未有之大变局的基本判断之下，我们不但要更快发展，也要更好发展。在这个背景下，让广大劳动者有更多获得感、参与感，受到更好的尊重，得到更好的休息，也是社会主义核心价值观的应有之义。

在《宪法》这一根本大法的统率下，《劳动法》及《劳动合同法》具体落实了对劳动者休息权利的保护。根据《劳动合同法》规定，国家实行劳动者每日工作时间不超过八小时、平均每周工作时间不超过四十四小时的工时制度。正常情况下，周六、周日为休息日，用人单位应尽量安排劳动者在休息日休息，若确有原因无法安排劳动者在休息日休息，那么用人单位应当安排劳动者调休并保证劳动者每周至少休息一日。按照法律规定，劳动者平均每月的工作天数为21.75天，其余时间为劳动者的休息时间，在无特殊情况时，用人单位不得要求劳动者提供超过上述时间的劳动，否则可能会面临监管机关的处罚。

二、休假的权利

为使劳动者得到充分的休息，及时调整工作状态，缓解紧张情绪，在正常休息之外，法律又规定了劳动者依法享有休假的权利。按照休假的类型不同，可将休假分为公休假、带薪年休假、婚丧假、产假、哺乳假、探亲假、病假、事假等。

公休假是指法律规定的节假日，在我国也称法定节假日。自2007年，我国法定节假日调整后，我国公休假共11天，包括元旦（1天）、春节（3天）、清明节（1天）、劳动节（1天）、端午节（1天）、中秋节（1天）、国庆节（3天）。

带薪年休假是指劳动者在用人单位工作满一定年限而享有的除法定休假日、

休息日以外的假期。根据国务院出台的《职工带薪年休假条例》的规定，职工在一个单位连续工作一年以上的，享受带薪年休假，职工在年休假期间享受与正常工作期间相同的工资收入。根据工作年限的不同，带薪年休假的天数也有所不同，职工累计工作已满1年不满10年的，年休假天数为5天；已满10年不满20年的，年休假天数为10天；已满20年的，年休假天数为15天。同时该《条例》也规定了职工不享受年休假的情形："职工有下列情形之一的，不享受当年的年休假：（一）职工依法享受寒暑假，其休假天数多于年休假天数的；（二）职工请事假累计20天以上且单位按照规定不扣工资的；（三）累计工作满1年不满10年的职工，请病假累计2个月以上的；（四）累计工作满10年不满20年的职工，请病假累计3个月以上的；（五）累计工作满20年以上的职工，请病假累计4个月以上的。"

TIPS：

关于带薪年休假中工作年限的认定

带薪年休假是以劳动者的工作年限为基数计算的，工作满1年以上不足10年的，有5天的年休假；工作满10年不足20年的，有10天的年休假；工作满20年的，有15天的年休假。实践中存在这样一个问题，就是同一个劳动者在别的单位工作了很多年，现在又换到新的单位，在新单位工作不满10年，但其几家单位加起来的工作时间超过10年，即工龄超过10年，此时带薪年休假是5天还是10天呢？《职工带薪年休假条例》第二条规定，"机关、团体、企业、事业单位、民办非企业单位、有雇工的个体工商户等单位的职工连续工作1年以上的，享受带薪年休假（以下简称年休假）"。根据该条规定，职工享受带薪年休假必须连续工作满1年以上，这里的重点在于"连续"，即便劳动者更换了多家用人单位，只要能证明其工作时间一直连续，中间没有中断过，其工作年限就应当以在所有用人单位工作时间的总和来计算。也就是说，工作年限不是以工龄计算，也不是以在新单位的工作时间计算，而是以在多家单位的连续工作时间计算。至于"连续"的认定，一般以职工在同一单位或不同单位间的工作时间不得间断超过一个月为宜。

婚丧假是指职工结婚或直系亲属死亡所享有的假期。根据《国家劳动总局、财政部关于国有企业职工请婚丧假和路程假问题的通知》的规定："职工本人结婚或职工的直系亲属（父母、配偶和子女）死亡时，可以根据具体情况，由本单位行政领导批准，酌情给予一至三天的婚丧假。"可见，婚丧假并不是法律明确规定必须要享有的假期，而是由单位领导酌情批准，实践中各个省份对婚丧假都有自己单独的规定，而且规定的差异性很大，有些省份规定的期限长一些，如甘肃可达到一个月之久；有些省份规定的期限短一些，如江苏、湖北等，只有三天。

产假是指女职工因生育后需要恢复身体并照顾婴儿而享有的假期。根据国务院出台的《女职工劳动保护特别规定》的规定，女职工生育时依法享受98天的产假，其中产前可以休15天；难产的，产假增加15天；生育多胞胎的，每多生育1个婴儿，产假增加15天。女职工怀孕未满4个月流产的，享受15天的产假；怀孕满4个月流产的，享受42天的产假。在《人口与计划生育法》修正之前，国家授予了各省根据其实际情况，确定"晚婚"产假的自主权。所谓"晚婚"，按照我国《婚姻法》的规定，是指男25周岁、女23周岁以后结婚。不过修正后的《人口与计划生育法》删除了"晚婚"字眼，但各省有关晚婚产假的规定仍然有效，许多地方晚婚产假都超过了6个月。值得一提的是，根据法律规定，对怀孕7个月以上的女职工，用人单位不得延长劳动时间或者安排夜班劳动，并应当在劳动时间内安排一定的休息时间。

哺乳假是指女职工休完产假后回到工作岗位，但因婴儿尚小仍需哺乳而享有的每天1小时的哺乳时间。该时间需在正常工作时间内扣除，每多哺乳一个婴儿增加1小时的时间。哺乳假的期限为6个月，有条件的单位可以延长至婴儿一周岁时。

探亲假指因职工长期在异地工作，无法与家人团聚，为了适当地解决职工同亲属长期分居两地的探亲问题，法律赋予职工与亲人相聚的时间。《国务院关于职工探亲待遇的规定》第三条第一款规定："（一）职工探望配偶的，每年给予一方探亲假一次，假期为30天；（二）未婚职工探望父母，原则上每年给假一次，假期为20天；如果因为工作需要，本单位当年不能给予假期，或者职工自愿两年探亲一次的，可以两年给假一次，假期为45天；（三）已婚职工探望父母的，每四年给假一次，假期为20天。"

事假，顾名思义，因临时有事无法正常上班而请的假。事假的天数法律无明文规定，由各用人单位制定规章制度来规范，事假期间的工资待遇等也由用人单位决定。

病假，又称疾病或非工受伤医疗期，是指在职工患病或者非因工受伤时，企业按照职工的工作年限给予职工相应的医疗期，并按照企业规定支付其病假工资，标准为当地最低工资标准的80%。病假的长短和其工作年限有关，根据《企业职工患病或非因工受伤医疗期规定》，病假期分为3个月、6个月、9个月、12个月、24个月。特殊疾病（如癌症、瘫痪等）根据相应的规定可以在24个月的基础上适当延长假期。

工伤假，又称停工留薪期，是指职工因工受伤或患职业病需要停工接受治疗的期间。在工伤期，职工所在单位仍需按照原来的福利待遇向职工支付薪资。工伤假一般来说不超过12个月，特殊情况需要延长的，要经过设区的市级劳动能力鉴定委员会进行确认。

甲类传染病假。甲类传染病因具有传染性强、病死率高、易引起大流行的烈性传染病的特点，个别省份规定了甲类传染病病假，《江苏省工资支付条例》第二十八条规定："对依法被列为甲类传染病或者采取甲类传染病控制措施的疑似病人或者其密切接触者，经隔离观察排除是病人或者疑似病人的，其隔离观察期间，用人单位应当视同劳动者提供正常劳动并支付其工资。"由于目前我国正处于新型冠状病毒的管控期间，需要提醒大家注意的是，非典型肺炎和新型冠状病毒是被国家列为乙类传染病，采取甲类传染病的防控措施。同时甲类传染病假目前仅见江苏省有明文规定，其他省份并未有此明文规定。

三、加班费

加班费，是指劳动者在规定的工作时间之外按照用人单位的要求继续从事生产劳动而应当获得的劳动报酬。

由于赶工或临时增加工作内容的需要，很多用人单位都存在着加班的情形，而加班支付加班费是用人单位的应尽义务。根据《劳动法》的规定，用人单位需要劳动者加班时，应与工会和劳动者协商，加班时间每天不应超过一个小时，特殊情况下，每天也不应超过三小时，每月不得超过三十六小时。同时法律也规定了在极端情形下可以突破该时间限制，具体包括：发生自然灾害、事故或者因其他原因，威胁劳动者生命健康和财产安全，需要紧急处理的；生产设备、交通运输线路、公共设施发生故障，影响生产和公众利益，必须及时抢修的；法律、行政法规规定的其他情形。

关于加班的工资报酬即加班费，法律规定，在正常工作日超出工作时间加班的，支付不低于工资百分之一百五十的工资报酬；在休息日安排加班又不能安排补休的，支付不低于工资百分之二百的工资报酬；在法定休假日安排加班的，支付不低于工资百分之三百的工资报酬。

值得注意的是，加班和值班属于不同的概念，《劳动法》保障了劳动者加班获得加班费的权利，对于值班是否需要补助并未进行规定。在劳动争议案件中对于加班费的主张，有些劳动者会混淆加班和值班的区别，从而导致其诉讼请求得不到法院支持。根据《劳动法》的规定，加班是指劳动者超过规定的工作时间继续从事生产经营的本职工作。而值班通常是用人单位安排劳动者从事与其本职工作无关的值班任务。值班的劳动强度通常是小于加班的，值班期间多数是可以休息的。在法律实务中，法官会综合考量工作内容和工作强度对加班和值班进行区分，值班只能根据劳动者与用人单位的约定来主张值班费，并不适用加班补助的法律规定。

【以案说法】

一、案情简介

杨某为某货运公司驾驶员，负责物流配送及运输，双方之间签订有正式的劳动合同，期限自2014年6月至2017年6月。2017年3月杨某提出离职，并向当地劳动仲裁委员会提出仲裁申请，要求货运公司支付其2014年、2015年、2016年的未休年休假工资及节假日加班工资。仲裁中，货运公司辩称，杨某作为公司的运输员，实行的是不定时工作制，以杨某的运输里程为标准向其支付工资，不对杨某进行考勤。杨某平时休息的时间很多，节假日上班不应属于加班，至于年休假，杨某未向公司申请过，平常休息时间足以冲抵年休假。劳动仲裁委员会审理认为，虽然杨某实行的是不定时工作制，但其也应当享有正常的休息休假的权利，即使其平常有足够时间休息，但在节假日上班就属于加班，公司应当按照劳动法的规定支付加班费用。对于年休假，职工不主动申请休年休假时公司应主动安排，本案中公司无法证明已安排杨某休年休假而杨某自愿不休，故应当认定杨某未休年休假，其平常休息时间不能冲抵年休假时间，故公司应当向其支付未休年休假工资。

二、案件分析

休息与休假的权利，是法律赋予劳动者的法定权利，用人单位无权单方予以排除，甚至用人单位与劳动者在劳动合同中约定排除，也不一定有效，除非用人单位按要求给予劳动者相应补偿。本案中，虽然公司实行的是不定时工作制，但仍应保障劳动者正常的休息休假权利。而法定节假日因法定性，用人单位安排劳动者在法定节假日工作的，应当依法支付加班费。而对于年休假，用人单位不安排的，也应给予补偿。

第七章

投资理财

第一节　人单未必无用，有权怎能噤声
——公司股东维权之路

【关键词】查账权　无效诉讼　撤销诉讼

【引人入胜】

随着市场经济的蓬勃发展和公司法律制度的不断完善，办公司早已不再是少数人的专利，设立公司做生意、投资入股挣分红也成为普罗大众挣钱谋生、实现职业发展和财务自由的方式之一。现实中，公司各位股东所持有的股权份额往往不等，参与经营管理的程度也不相同。如果有限责任公司的大股东或者实际参与经营管理的股东以及公司的经营主力军——董事、监事、高级管理人员违法滥用其优势地位或者便利条件，就有可能侵犯公司以及其他股东的合法权益。为此，我国法律设置了相应的制度，保障股东维护自身合法权益。本节主要讨论公司股东维权的一般方式和路径。

【条分缕析】

一、有限责任公司股东有权依法查账

（一）股东查账权的具体内涵

账本是记载公司资产负债、收入支出、资金流水等经营财务状况的载体，是股东掌握公司生产经营实况的"必备法宝"。与股东会议记录、董事会会议决议、财务会计报告等公司的重大记录报告相比，账本虽然琐碎繁杂，但记载的

具体信息量很大，不得也不容易造假，最为贴近具体的微观生产经营活动。有限责任公司的股东无论出资比例多寡，其作为公司的出资者以及风险、收益的承担者，均享有对公司生产经营状况的知情权；查账权就属于股东知情权的一种具体形式。

根据《公司法》第三十三条规定，有限责任公司的股东不仅有权查阅、复制公司章程、股东会会议记录、董事会会议决议、监事会会议决议和财务会计报告，也有权查阅公司的会计账簿。根据2017年修订的《会计法》第十五条及第十七条规定，"会计账簿"包括公司的总账、明细账、日记账和其他辅助性账簿；可以是纸质账簿，也可以是电子账簿；股东不仅有权查看公司的会计账簿记录内容，也有权将会计账簿记录与相应的实物、款项及有关资料相互核对，否则便无法验证会计账簿记录的真实性，无法达到知悉公司真实经营财务状况的目的。

《公司法》第九十七条规定，股份有限公司的股东有权查阅公司章程、股东名册、公司债券存根、股东大会会议记录、董事会会议决议、监事会会议决议、财务会计报告，对公司的经营提出建议或者质询。但《公司法》未规定股东可以查阅股份有限公司的会计账簿，这主要是因为股份有限公司体现为"资合性"，多数股东主要是不参与也不愿参与公司生产经营的财务投资型股东，因此不赋予其微观会计账簿的查阅权。

（二）股东的查账权属于法定权利，不能通过公司章程或股东协议等予以剥夺

有限责任公司的股东无论所持股权份额多寡，均享有查账权，这是基于有限责任公司"人合性"特点设置的制度。根据《最高人民法院关于适用〈中华人民共和国公司法〉若干问题发规定（四）》（以下简称公司法解释（四））第七条，公司的现任股东有权查阅公司的会计账簿；公司的前任股东有初步证据证明在持股期间其合法权益受到损害的，也享有查账权。

在实务当中，公司的大股东或者具体负责生产经营的股东可以非常方便地知悉公司财务状况，一般没有援引查账权的必要。主张行使查账权的主要是公司的小股东或者不直接参与公司生产经营决策的财务投资型股东。为了保护其权益，公司法解释（四）第九条明确规定，公司章程、股东协议等实质性剥夺股东依法查阅公司文件材料权利的，相应条款无效。换句话说，不管公司章程或者股东协议是否规定了股东的查账权，也不论公司章程或股东协议如何剥夺了股东的查账权，股东都可以援引《公司法》，要求查阅公司会计账簿。

（三）股东行使查账权的方式

股东要求查阅公司会计账簿的，应当向公司书面提出请求，说明目的，公司应当提供查阅。如果公司有证据认为股东查账有不正当目的，可能损害公司合法利益的，可以拒绝提供查阅，但应当自股东提出书面请求之日起15日内书面答复股东并说明理由。

公司明确拒绝查阅或者超出答复期限仍没有提供查阅的，股东可以向法院起诉，要求公司提供查阅。请注意，出于节约司法资源的考虑，股东一般不能绕过公司直接向法院主张查账。

如果公司认为股东查账有不正当目的，可能损害公司合法利益的，由公司承担证明股东具有不正当目的的举证责任，股东不负担证明查账具有正当目的的责任。

TIPS：

根据公司法解释（四）第八条，有限责任公司有证据证明股东存在下列情形之一的，可以认定股东查阅会计账簿具有"不正当目的"：

（一）股东自营或者为他人经营与公司主营业务有实质性竞争关系业务的，但公司章程另有规定或者全体股东另有约定的除外；

（二）股东为了向他人通报有关信息而查阅公司会计账簿，可能损害公司合法利益的；

（三）股东在向公司提出查阅请求之日前的三年内，曾通过查阅公司会计账簿，向他人通报有关信息损害公司合法利益的；

（四）股东有不正当目的的其他情形。

阅读、分析公司会计账簿需要比较专业的会计、法律知识，但实务中很多股东不具备这种查账能力。根据公司法解释（四）第十条，股东可以聘请会计师、律师等负有保密义务的专业中介机构执业人员辅助自己查账，并且股东应当同专业辅助人员共同在场查账，不能自己做甩手掌柜。股东、辅助查账的专业辅助人员负有对公司商业秘密的保密义务；泄露公司商业秘密导致公司合法利益受到损害的，应当承担相应赔偿责任。

二、有限责任公司和股份有限公司股东有权提起公司决议无效诉讼、撤销诉讼

在公司运营实践中，由于股东的表决权一般按照出资额或者股份分配，在少数服从多数的表决制度下，有可能出现大股东利用其优势地位任意决定公司重大事项，甚至操纵股东会、股东大会的现象，损害公司、其他股东的合法权益。在公司董事会决议中也同样可能存在类似的问题。为了有效制约公司大股东、董事的权利，保护公司以及其他股东的合法权利，维护法律秩序和法律规定，对于违反法律、行政法规、公司章程的股东会或者股东大会、董事会决议，有限责任公司和股份有限公司的股东有权依法提起公司决议无效诉讼、撤销诉讼，如表7-1所示。

表7-1 有限责任公司和股份有限公司董事有权提起诉讼类型

诉讼类型	有权起诉的情形	起诉主体	起诉期限	诉讼效力	担保义务	公司义务
向人民法院提起公司决议无效之诉	公司股东会或者股东大会、董事会的决议内容违反法律、行政法规规定	有限公司、股份公司的股东、董事、监事	不受除斥期间、诉讼时效限制	有关公司决议内容自始无效	无	公司根据有关决议已办理变更登记的，应当向公司登记机关申请撤销变更登记

续表

诉讼类型	有权起诉的情形	起诉主体	起诉期限	诉讼效力	担保义务	公司义务
向人民法院提起公司决议撤销之诉	公司股东会或者股东大会、董事会的会议召集程序、表决方式违反法律、行政法规或者公司章程，或者决议内容违反公司章程规定	有限公司、股份公司的股东	自公司决议做出之日起60日内	有关公司决议内容自法院撤销判决生效之日起无效	法院可以应公司请求，要求股东提供相应担保	公司根据有关决议已办理变更登记的，应当向公司登记机关申请撤销变更登记。但是，公司已经依据被撤销决议内容与善意相对人形成的民事法律关系效力不受影响，公司仍然应当履行相应权利义务

（一）提起公司决议无效诉讼

《公司法》第二十二条第一款规定："公司股东会或者股东大会、董事会的决议内容违反法律、行政法规的无效。"公司股东有权向法院提起确认之诉，请求法院确认股东会或者股东大会、董事会决议无效。

公司决议无效诉讼限于决议实体内容违反法律、行政法规强行性规定的情形。公司股东有权提起公司决议无效诉讼，公司的董事、监事也有权提请法院确认有关决议无效。事实上，违反法律、行政法规强行性规定的公司股东会或者股东大会、董事会的决议内容是当然无效的；公司股东、董事、监事的诉讼行为只是起到明确宣告公司决议无效的效果。

（二）提起公司决议撤销诉讼

根据《公司法》第二十二条第二、第三款，公司股东会或者股东大会、董事会的会议召集程序、表决方式违反法律、行政法规或者公司章程，或者决议内容违反公司章程的，股东可以自决议做出之日起60日内，请求人民法院撤销。在公司决议撤销诉讼中，人民法院可以应公司的请求，要求股东提供相应担保。

公司决议撤销诉讼限于决议的主要程序违反法律、行政法规或者公司章程，以及决议实体内容违反公司章程的情形。应予注意的是，决议的主要程序仅限于相应会议的召集程序、表决方式两类主要程序，不包括会议地点、签到次序等一般性程序问题。此外，根据公司法解释（四）第四条，会议召集程序、表决方式应明显地违反了法律、行政法规或者公司章程，存在合规性缺陷，并且这种缺陷对最终的决议产生了实质影响，股东才可以提请法院撤销公司决议；否则法院将不予支持。

提起公司决议撤销诉讼的权利是公司股东所独享的，公司董事、监事不享有该权利。在可以提起撤销诉讼的情形里，在股东行使撤销权之前，相应的公司决议是有效的；只是在股东行使撤销权后，相应决议才归于无效。如果股东超出60日的法定期限未提起撤销诉讼，那么股东的撤销权利就归于消灭，相应的公司决议保持有效不变。在诉讼过程中，如果公司请求股东提供担保的，法院可以要求股东提供相应担保，但是法院不能主动要求股东提供担保。

三、公司异议股东享有股权、股份回购请求权
（一）有限责任公司异议股东的股权回购请求权

一般情况下，公司股东无权要求公司回购自己所持有的股权，但是在特殊情况下，股东可以请求公司收购其股权。

根据《公司法》第七十四条第一款："有下列情形之一的，对股东会该项决议投反对票的股东可以请求公司按照合理的价格收购其股权：（一）公司连续五年不向股东分配利润，而公司该五年连续盈利，并且符合分配利润条件的；（二）公司合并、分立、转让主要财产的；（三）公司章程规定的营业期限届满或者章程规定的其他解散事由出现，股东会会议通过决议修改章程使公司存续

的。"公司长期不分红，公司合并、分立、转让主要财产，以及公司生命"到期"后延展等三大情形，均视为是对公司的基础制度进行了根本性变革。此时，反对该种变革的股东实际上已经丧失了同其他股东的契约基础，允许异议股东依法退出公司是合情合理的。

根据《公司法》第七十四条第二款，异议股东应当与公司协商，达成股权收购协议。自股东会会议决议通过之日起60日内，股东与公司不能达成股权收购协议的，股东可以自股东会会议决议通过之日起90日内向人民法院提起诉讼。

（二）股份有限公司异议股东的股份回购请求权

股份有限公司的异议股东也享有一定的股份回购请求权，但是异议股东有权要求回购股份的情形限定更加严格。根据《公司法》第一百四十二条，股东因对股东大会做出的公司合并、分立决议持异议，要求公司收购其股份的，公司可以收购异议股东所持有的股份。这主要是因为股份有限公司具有较强的资合性和开放性。一方面，股份有限公司股东主要是基于对公司资本信用的信任而加入公司成为股东的；股东信用以及股东之间的信任不是股份公司的立足基础。另一方面，股份公司开放性较强，股东转让股份是比较容易的，不需要设置过多的股份回购制度。

四、股东代表诉讼

股东代表诉讼指股东为了公司的利益，以自己的名义向侵犯公司利益的人提起的诉讼制度，是股东维护公司权益以及自身关联权益的重要手段。所谓"代表诉讼"，指的是股东作为公司的代表，为公司主张权利的行为，虽然使用的是股东自己的名义，但主张的是公司的权利，诉讼的结果是保护公司的利益。股东代表诉讼制度直接保护的是公司利益，如此有利于股东分享利润、参与公司治理等利益的实现，也就是保护了股东的关联权益。根据《公司法》第一百五十一条，股东代表诉讼制度分为以下两个层次：

（一）股东有权请求监事会、不设监事会的有限责任公司的监事或者董事会、执行董事依法履行职责，通过诉讼方式维护公司利益

（1）董事、高级管理人员执行公司职务时违反法律、行政法规或者公司章

程规定，给公司造成损失的，有限责任公司的股东、股份有限公司连续一百八十日以上单独或者合计持有公司百分之一以上股份的股东，可以书面请求监事会或者不设监事会的有限责任公司的监事，以公司的名义向人民法院提起诉讼，维护公司合法权益。

（2）监事执行公司职务时违反法律、行政法规或者公司章程规定，给公司造成损失的，有限责任公司的股东、股份有限公司连续一百八十日以上单独或者合计持有公司百分之一以上股份的股东，可以书面请求董事会或者不设董事会的有限责任公司的执行董事，以公司的名义向人民法院提起诉讼，维护公司合法权益。

（3）除公司董事、监事、高级管理人员以外的其他人侵犯公司合法权益，给公司造成损失的，有限责任公司的股东、股份有限公司连续一百八十日以上单独或者合计持有公司百分之一以上股份的股东，可以书面请求董事会或者不设董事会的有限责任公司的执行董事，以公司的名义向人民法院提起诉讼，维护公司合法权益。

（二）在特定情形下，股东有权以自己的名义，通过诉讼方式维护公司利益

（1）有限责任公司的股东、股份有限公司连续一百八十日以上单独或者合计持有公司百分之一以上股份的股东，书面请求监事会、不设监事会的有限责任公司的监事或者董事会、执行董事通过诉讼维护公司利益，但是后者拒绝起诉；或者自收到股东请求之日起三十日内未提起诉讼的，股东有权为了公司的利益，以自己的名义直接向人民法院提起诉讼。

（2）发生董事、监事、高级管理人员执行公司职务时违反法律、行政法规或者公司章程的规定，给公司造成损失的；或者他人侵犯公司合法权益，给公司造成损失等的情况，但是情况紧急、不立即提起诉讼将会使公司利益受到难以弥补的损害的，有限责任公司的股东、股份有限公司连续一百八十日以上单独或者合计持有公司百分之一以上股份的股东，有权为了公司的利益，以自己的名义直接向人民法院提起诉讼。

【以案说法】

一、案情简介

兴旺有限责任公司有秦明、林冲、关胜、徐宁四名股东，出资额分别占公司注册资本的30%、30%、20%、20%。后秦明提议兴旺公司与另一家繁荣公司合并，并召开股东会讨论表决。股东会上，秦明、关胜、徐宁赞成通过公司合并议案，但是股东会未通知林冲参加。林冲不服，于股东会决议之日起第二十日向人民法院起诉，请求撤销股东会关于兴旺公司与繁荣公司合并的决议。

二、案件分析

根据《公司法》第四十一条，召开股东会会议，应当于会议召开十五日前通知全体股东，公司章程另有规定或者全体股东另有约定的除外。兴旺公司应当在股东会会议召开十五日前通知包括林冲在内的全体股东，但没有履行其通知义务，导致林冲在不知情的情况下缺席了股东会表决公司合并的会议。股东会的议事方式违反了法律规定，存在重大缺陷，侵犯了林冲的合法权利。林冲有权依照《公司法》第二十二条的规定，自股东会决议作出之日起六十日内，请求人民法院撤销股东会关于兴旺公司与繁荣公司合并的决议。

第二节 股海沉浮黄粱梦，随波逐流岂甘心
——散户如何维权

【关键词】散户　内幕交易

【引人入胜】

证券市场中，既有资金实力雄厚、交易策略专业、掌握信息灵通的大户、主力、机构，更有数量庞大、擅长"游击作战"、时而跟随大潮追涨杀跌、时而灵光一现有点睛之笔的散户。不同于成熟证券市场以机构投资者为主的投资者结构，我国A股市场以个人投资者，尤其是中小投资者、普通投资者为主。深圳证券交易所《2019年个人投资者状况调查报告》显示，证券账户资产量在50万元以下的中小投资者占到全部投资者数量的75.1%。在现代无纸化交易环境下，买卖股票也就是点击一下鼠标或者滑动一下手机屏幕的事情。不过，证券市场风云诡谲，一些人破坏市场规则，在无形当中侵害他人权益，特别是广大散户的合法权益。对于此，散户应当运用法治化思维，使用法律规则和法治手段维护其合法权益及证券市场的法律秩序。

【条分缕析】

一、哪些人是散户

证券市场中的散户，指进行中小额证券买卖的投资者，具有数量占比高、资金规模小、专业水平相对较低、风险承受能力较低、投资风格情绪化明显等特点。散户并非正式的规范术语，在法律上主要使用"中小投资者""普通投资者"等特定概念。

根据2020年修订的《深圳证券交易所上市公司规范运作指引》第2.2.7条规定，中小投资者指"除公司董事、监事、高级管理人员以及单独或者合计持有公司5%以上股份的股东以外的其他股东"。这里主要从持股比例的维度界定中小投资者，将中小投资者基本等同于某一上市公司的中小股东；无论投资者的资质、专业水平、金融资产状况如何，只要持股比例未达5%并且不是该上市公司董事、监事、高级管理人员的，均属于中小投资者范畴。这种界定对于在特定上市公司案例中保护投资者利益具有重要意义，其范围比较宽泛。

现行《证券法》、2016年证监会《证券期货投资者适当性管理办法》同时规定了"普通投资者"概念。《证券法》第八十九条根据财产状况、金融资产状况、投资知识和经验、专业能力等因素，将投资者分为普通投资者和专业投资者；并给予普通投资者特别保护，规定普通投资者与证券公司发生纠纷的，实行举证责任倒置，要求证券公司负担证明其自身行为合法性的义务。《证券期货投资者适当性管理办法》第八条具体规定了专业投资者的范围，包括金融机构、金融机构理财产品、养老基金、社会公益基金、合格境外机构投资者、人民币合格境外机构投资者、符合条件的高净值机构投资者以及符合条件的高净值自然人投资者。该《办法》第十条规定，专业投资者之外的投资者为普通投资者；并在第七条规定，普通投资者在信息告知、风险警示、适当性匹配等方面享有特别保护。

TIPS：

根据《证券期货投资者适当性管理办法》第八条，同时符合下列条件的法人或者其他组织是专业投资者：

1. 最近1年末净资产不低于2000万元；

2. 最近1年末金融资产不低于1000万元；

3. 具有2年以上证券、基金、期货、黄金、外汇等投资经历。

同时符合下列条件的自然人是专业投资者：

1. 金融资产不低于500万元，或者最近3年个人年均收入不低于50万元；

2. 具有2年以上证券、基金、期货、黄金、外汇等投资经历，或者具有2年以上金融产品设计、投资、风险管理及相关工作经历，或者属于金融机构的高级管理人员、获得职业资格认证的从事金融相关业务的注册会计师和律师。

二、侵害投资者权益的法律责任

（一）内幕交易行为侵害投资者权益的法律责任

证券市场对于"消息"极为敏感。相关人员如果利用其自身提前知悉内幕信息的微妙时间差，从事证券买空卖空，将极大扰乱证券市场。能够从事内幕交易的人一般并非普通投资者，而往往是与上市公司密切相关的大股东、董事、监事、高级管理人员或者专业投资者；他们所获得的丰厚收益，不是劳动经营所得，也不是凭空产生的，而是通过与市场上普通投资者买卖交易而获取的差价，内幕交易实质上是对普通投资者的"剪刀收割"。

内幕交易指内幕信息知情人以及非法获取内幕信息的人利用内幕信息从事证券交易的行为。对内幕交易的行为主体应作广义理解，凡是因职责、工作可获取内幕信息的人均属于内幕信息知情人，不得泄露内幕信息或者从事内幕交易；其他非法获取内幕信息的人，例如偶然从朋友或者陌生人处知悉内幕信息的人，同样负有不得泄露内幕信息或者从事内幕交易的义务。内幕信息的内涵和外延，限于《证券法》（2019年修订，下同）第八十条第二款、第八十一条第二款所列的重大事件。在内幕信息公开前，知悉内幕信息的人自己不能买卖信息指向的证券，也不能泄露内幕信息，还不能采用明示或者暗示的方式建议他人买卖信息指向的证券。法律严格禁止内幕交易行为，投资者因该种行为造成损失的，有权请求侵权人依法承担赔偿责任。

在证券法律当中还有"未公开信息"的概念。未公开信息，指内幕信息以外的其他对证券交易可能有影响的未公开且对指向证券的市场行情有一定影响但尚未构成重大影响的信息。根据2019年《最高人民法院　最高人民检察院关于办理利用未公开信息交易刑事案件适用法律若干问题的解释》第一条，"内幕信息以外的其他未公开的信息"包括证券的投资决策、交易执行信息，证券持仓数量及变化、资金数量及变化、交易动向信息，以及其他可能影响证券交易活动的信息。利用未公开信息交易给投资者造成损失的，应当依法承担赔偿责任。

但是，在内幕信息、未公开信息向社会公开之后，再从事信息指向的证券交易的，鉴于此时已经不存在未公开的信息，也就不存在利用信息公开前的时间差非法获利的基础，未破坏证券市场秩序，行为不具有违法性。积极地收集、分析市场消息行情，以此为基础从事证券交易，希望获得利益，是证券市场的正常行为模式。对于已经公开的重大信息，投资者自己是否去积极了解、分析、吸收，就是投资者自己的事了，更不存在违法性问题。

（二）操纵证券市场侵害投资者权益的法律责任

操纵证券市场行为是另一种多发的侵害投资者尤其是普通投资者权益的违法行为，对投资者造成损失的，应当依法承担赔偿责任。根据《证券法》第五十五条，比较典型的操纵证券市场行为包括以下几类：一是集中资金优势、持股优势或者利用信息优势，联合或者连续买卖；二是与他人串通，以事先约定的时间、价格和方式相互交易；三是在自己实际控制的账户之间交易；四是不以成交为目的，频繁或大量申报并撤销申报；五是利用虚假或不确定重大信息，诱导投资者交易；六是对证券、发行人公开做出评价、预测或者投资建议，并进行反向交易；七是利用在其他相关市场的活动操纵证券市场；八是其他操纵证券市场行为。

（三）虚假陈述侵害投资者权益的法律责任

虚假陈述是证券市场严格禁止的违法行为。上市公司（发行人）及其控股股东、实际控制人、董事、监事、高级管理人员和其他直接责任人员，以及保荐人、证券承销机构在证券发行与交易过程中负有重要的信息披露义务。证券发行文件、定期报告、临时报告及其他信息披露材料应当真实、准确、完整，不得有虚假记载、误导性陈述或者重大遗漏，违背了前述义务给投资者造成损失的，应当承担赔偿责任。此外，根据《证券法》第五十六条，禁止任何单位和个人编造、传播虚假信息或者误导性信息，扰乱证券市场；给投资者造成损失的，应当依法承担赔偿责任。

（四）证券经纪机构侵害投资者权益的法律责任

证券经纪机构是普通投资者必须直接接触也是最常接触的金融机构，经纪机构履行义务的忠实程度，对普通投资者权益有重大影响。证券经纪机构应当依法为投资者利益而行为，忠实地按照投资者指示的证券标的、数量、价格、时间、方式、买卖方向交易；不得引诱、许诺投资者从事证券交易。根据《证券法》第五十七条，如果证券经纪机构及其从业人员违背客户委托买卖证券，或者未经投资者委托擅自买卖证券，或者诱使投资者进行不必要证券买卖以牟取佣金收入，给投资者造成损失的，应当依法承担赔偿责任。除此之外，证券经纪机构应当在规定时间内向投资者提供交易确认文件，忠实地执行投资者的真实意思表示，不得损害客户利益；违反前述义务给投资者造成损失的，也应当承担赔偿责任。

（五）证券投资咨询机构侵害投资者权益的法律责任

证券投资咨询机构主要从事投资顾问业务，向投资者提供投资分析意见、预测建议，以顾问服务获取报酬。证券投资咨询机构及其从业人员必须严格遵守"顾问"定位，可以向投资者给出专业投资意见，但是不得代替投资者决策或具体操作投资，也不得与投资者约定共享投资收益与风险，并应当尽到"回避"义务，不得买卖本机构提供服务的证券，等等。根据《证券法》第一百六十一条，如果证券投资咨询机构及其从业人员违反前述义务，给投资者造成损失的，应当依法承担赔偿责任。

（六）侵害投资者个人信息权利的法律责任

现代社会是信息社会，更是法治社会；公民个人信息权利保护已经成为一个重要的时代命题。在证券交易当中，证券交易场所、证券公司、证券登记结算机构、证券服务机构、电信运营商等均有可能因各自职责而接触到投资者的个人信息。但这些相关机构只能依法在合理范围内使用投资者的个人信息，不得泄露，更不能非法买卖、提供或者公开，否则应当承担相应法律责任。《证券法》第四十一条明文规定，证券交易有关机构及其工作人员应当依法条明文规定，证券交易有关机构保密，不得非法买卖、提供或者公开投资者的信息。

鉴于目前证券交易主要采用无纸化在线交易方式，投资者的个人信息主要表现为网络信息数据。《网络安全法》严格保护用户的网络个人信息，根据该法第二十二条规定，证券App、第三方证券交易终端等网络产品、服务具有收集用户信息功能的，必须向用户明示并取得同意；涉及用户个人信息的，应当遵守有关法律要求。证券经纪机构等有关证券交易网络运营者收集、使用个人信息必须经投资者同意，不得收集与其提供服务无关的个人信息，不得泄露、篡改、毁损其收集的个人信息。如果相关主体违反了这一信息保密义务，投资者有权依法请求排除妨害、消除影响并予以赔偿。全国人大常委会正在起草制定《个人信息保护法》，该法必将进一步推动保护投资者个人信息权利，严格规范使用投资者个人信息的范围、方式及相应法律责任。

三、投资者维护法律权益的方式

（一）提起民事诉讼

投资者在证券市场遭遇侵权、蒙受损失的，可以依法向人民法院提起民事诉讼，请求侵权人承担侵权责任。在起诉时，投资者可以根据案件具体情况，选择采用单独诉讼、共同诉讼、代表人诉讼等具体方式。此外，还可以尝试请求提起证券民事公益诉讼。

一是单独诉讼与共同诉讼。受到侵害的投资者当然可以单独对侵权人提起民事诉讼要求赔偿。但是，由于证券市场具有参与主体广泛性的显著特点，证券市场侵权行为往往是针对抽象市场和不特定的投资者实施的，受害对象的人数普遍较多。这种情况下，如果让投资者各自单独提起诉讼维权，既占用了过多的司法资源，也将耗费投资者大量的时间与精力。根据《民事诉讼法》第五十二条，当事人一方或者双方为二人以上，其诉讼标的是共同的或者属于同一种类，人民法院认为可以合并审理并经当事人同意的，为共同诉讼。共同诉讼比较适合于投资者人数相对较少的证券诉讼。

二是普通代表人诉讼。投资者众多的证券诉讼，比较适于采用代表人诉讼的方式。根据《民事诉讼法》第五十三条以及2020年《最高人民法院关于证券纠纷代表人诉讼若干问题的规定》（以下简称《证券代表人诉讼规定》），投资者人数众多的共同诉讼，可以由投资者推选代表人二至五人进行诉讼，代表人的诉讼行为对其所代表的投资者发生效力，这称为普通代表人诉讼。在普通代表人诉讼中，只有明示同意参加诉讼的权利人，才能列为诉讼当事人，适用代表人诉讼的判决、裁定；代表人变更、放弃诉讼请求或者承认对方当事人的诉讼请求，进行和解，必须经被代表的投资者同意。另据《最高人民法院关于适用<中华人民共和国民事诉讼法>的解释》以及《证券代表人诉讼规定》的有关规定，投资者"人数众多"一般指十人以上。

三是特别代表人诉讼。《证券法》第九十五条第三款专门规定了投资者保护机构可以作为代表提起证券民事赔偿诉讼，《证券代表人诉讼规定》将该种诉讼称为特别代表人诉讼。一般而言，代表人诉讼中的"代表人"本人应当也是原告；但是在证券民事赔偿诉讼中，五十名以上投资者可以委托本为案外人的投资者保护机构作为代表人参加诉讼。此外，投资者保护机构原则上可以将所有经证券登记结算机构确认的投资者登记为诉讼当事人，除非投资者明示不参加诉讼。这是对普通代表人诉讼制度的重大突破，体现了对证券投资者的特别保护。

四是证券民事公益诉讼。《民事诉讼法》第五十五条规定对损害社会公共利益的行为，实行公益诉讼制度。2019年《上海市高级人民法院关于服务保障设立科创板并试点注册制的若干意见》第十七条提出，"充分发挥投资者保护机构作用，探索建立证券公益诉讼制度，支持其依法提起股东代表诉讼、证券支持诉讼等，切实维护投资者合法权益"。证券民事公益诉讼制度已经呼之欲出，将成为投资者维权的重要方式之一。投资者可以积极请求投资者保护机构履行发挥投资者保护功能，为广大投资者依法提起公益诉讼。如果投资者保护机构不起诉的，投资者还可以尝试请求检察机关履行法律监督职责，依法提起证券民事公益诉讼。

（二）请求调解

当前，国家正在全面推进纠纷多元化解机制建设，投资者维护权益的渠道也并不限于诉讼一条道路，还可以使用调解的方式。2018年《最高人民法院、中国证券监督管理委员会关于全面推进证券期货纠纷多元化解机制建设的意见》全面推进采用调解方式化解证券民事纠纷，维护投资者等市场主体合法权益。国家专门成立了中证中小投资者服务中心（以下简称投服中心），专门提供调解等纠纷解决服务，为投资者提供公益性诉讼支持，保护中小投资者合法权益。《证券法》第九十四条明文规定，投资者与发行人、证券公司等发生纠纷的，双方可以向投资者保护机构申请调解；普通投资者与证券公司发生证券业务纠纷，普通投资者提出调解请求的，证券公司不得拒绝，对普通投资者予以倾斜保护。投资者遭遇证券民事纠纷的，可以请求投服中心提供普通调解、网络调解、简易调解等多种具体形式的调解服务。

（三）向行政执法或刑事司法机关举报

证券市场是金融市场的重要组成部分，由国家依法进行监管。证券市场中侵害投资者合法权益的侵权行为，同样也是违反国家监管、法律法规的违法行为。对涉嫌证券违法、违规行为，投资者等任何单位和个人都有权向证券监督管理机构举报；对涉嫌证券犯罪行为，投资者等任何单位和个人有权向公安机关举报、控告、报案。

【以案说法】

一、案情简介

A上市公司因披露的公司年报隐瞒重大关联交易，构成虚假陈述侵权行为。100余名投资者因此向法院提起诉讼，要求公司赔偿股价下跌给投资者造成的损失。法院立案后将案件委托中证中小投资者服务中心进行调解。投服中心精心研究了虚假陈述侵权行为造成损失的计算方法以及系统性风险扣除方法，在此基础上提出了法律和事实依据充分、投资者可接受的赔偿调解方案。最终，100余名投资者和A公司正式签署调解协议，解决了有关证券纠纷；投资者和上市公司对调解结果均表示满意。①

二、案件分析

诉讼固然是纠纷解决的重要方式，但绝非唯一的方式。在纠纷解决的多元机制下，和解、调解、仲裁等都可以成为当事人解决纠纷的可选项。在证券纠纷发生的很多时候，中证中小投资者服务中心为中小投资者维权提供了一条低成本、快速度、可信赖的通道。本案通过调解的方式，高效便捷地解决了有关群体性纠纷，既帮助投资者以较低成本维护了合法权益，又显著地节约了司法资源，避免了案件久拖不决对上市公司正常经营的影响，实现了投资者权益保护、证券市场稳定、上市公司维持正常经营之间的平衡。

----

① 参见最高人民法院：《证券期货纠纷多元化解十大典型案例》（２０１８年１２月１日）之三。

第三节　未雨绸缪量力，曲突徙薪趁早
——如何购买商业保险

【关键词】商业保险　格式条款　保险事故

【引人入胜】

保险是当人在遭受风险的时候给人提供保障的一种机制。它践行了"我为人人、人人为我"的社会互助思想，每一个参保成员支付可以承受的相对小额的费用，却可以获得遭受更大风险后的赔偿保障，从而分散了风险，使自己得以经受住风险的打击。世界上现存最古老的保险单诞生于1347年。"圣·克勒拉"号商船要做一笔路途凶险但利润可观的海运生意，船主既不想放弃这笔生意，又要防范海运危险，于是他和一个叫乔治·勒柯维伦的商人订立了一份保险合同，约定：船主付给乔治一笔费用，如果"圣·克勒拉"号平安到达，钱就归乔治；否则乔治要承担船主的损失。据说单据现存于热那亚图书馆，去意大利的朋友可以去找一找这份世界上现存最早的保险单。

【条分缕析】

一、商业保险是怎么"保险"的

商业保险的意义在于分散社会风险，本质上是一种社会互助行为。在商业保险当中，投保人和保险人订立保险合同，由投保人向保险人支付保险费；当保险合同约定的保险事故发生或者保险条件成就时，由保险人向被保险人或者受益人支付保险金。

（一）保险人、投保人、被保险人和受益人

开展商业保险业务的保险公司是保险人，如我们熟悉的中国人寿、中国平安、太平洋保险等保险公司都是保险人。

同保险公司订立保险合同的人是投保人，需要向保险公司支付保险费。

被保险人是财产或者人身受到保险合同保障，有权要求保险公司支付保险金的人，可以和投保人是同一人，也可以不是同一人。在人身保险合同中，当保险条件成就时，有权要求保险公司支付保险金的人是受益人。

受益人可以是投保人或者被保险人，也可以是其他人。受益人是人身保险合同中的专有概念，在财产保险合同中没有受益人概念，这是因为受益人主要是为了解决人身保险合同中对于被保险人遭受疾病、意外等身故死亡时指定由谁享有保险金的问题；财产保险中保障的是财产遭受损失的风险，并不保障被保险人死亡的风险，由被保险人享有保险金即可，无须再另行指定一个受益人。被保险人自己可以指定一人或者数人为受益人；投保人经被保险人同意，也可以指定一人或者数人为受益人。

（二）保险费、保险金、保险金额和现金价值

投保人根据保险合同约定向保险人支付的是保险费，民间习惯将其简称为"保费"。保险费收入是保险公司的主要营业收入。

如果保险事故发生、保险条件成就，保险公司需要反向赔付被保险人或者受益人一笔钱，这笔钱就称为"保险金"。保险金也是保险合同关系中被保险人或者受益人最重要的利益之一。

不过，保险人的赔付义务一般会设定一个最高限额，如果被保险人、受益人主张的保险金低于或者等于这个最高限额，那么就按照被保险人、受益人主张的保险金金额赔付；如果主张的保险金超过了这个最高限额，保险公司就按照这个最高限额赔付，避免出现过分畸高的"天价"保险金诉求。这个赔付义务的最高限额就称为"保险金额"。

有时候投保人交了一段时间保险费后，认为每年交出一笔保险费却一笔回头钱也没看到，觉得自己很吃亏，不想继续投保了。这个时候投保人可以单方面解除保险合同，并且可以向投保人要回自己所交保险费的一部分。投保人可以要

回的这部分钱就称为"现金价值"。这种情况中，由于是投保人单方面解除了保险合同，保险人在保险过程中并无不当，所以保险人可以留存一部分保险费用于弥补自己前期发生的费用，需要返还的现金价值会小于投保人累计交纳的保险费金额。

（三）人身保险

人身保险是以人的寿命和身体为保险标的的保险。生活中的人寿保险、疾病保险、人身意外伤害险都属于人身保险。投保人身保险的，投保人原则上必须取得被保险人同意，或者投保人与被保险人具有特定关系，这样是为了防止一个人为陌生人甚至仇敌投保人身保险，发生道德风险。被保险人与投保人具有以下关系的，属于《保险法》规定的特定关系：①本人；②配偶、子女、父母；③其他与投保人有抚养、赡养或者扶养关系的家庭成员、近亲属；④与投保人有劳动关系的劳动者。在法律上，被保险人的同意或者被保险人和投保人具有的特定关系称为"保险利益"。根据《保险法》第三十一条，在订立保险合同时，投保人必须对保险人具有保险利益，否则保险合同无效。

（四）财产保险

财产保险是以财产及其有关利益为保险标的的保险。常见的机动车险、航空延误险、邮寄丢失险等都属于财产保险。在保险事故发生时，财产保险的被保险人应当对作为标的的财产具有保险利益，否则无权向保险人请求赔偿保险金。法律并没有具体规定"保险利益"的内涵，根据法院判例和市场交易习惯，被保险人对标的财产享有的所有权、用益物权、担保物权等现有利益属于"保险利益"；因生产经营可能获得的期待利益，以及基于民事责任产生的责任利益有时也被承认属于"保险利益"。财产保险要求在保险事故发生时被保险人对标的财产具有保险利益；如果保险标的转让的，受让人在受让保险标的时，同时受让作为被保险人的权利和义务。假设张三买了一辆轿车，并以自己为被保险人购买了商业车险，后张三将轿车卖给了李四，那么张三在车险中的权利和义务一并转让给李四。如果轿车发生了事故需要理赔，只有李四有权请求保险公司赔偿保险金，张三不再享有该权利。

二、购买保险应注意的问题

（一）核验保险公司、保险中介机构、具体经办的从业人员和保险产品的资质

在我国，保险公司需要依法通过监管部门批准才能设立，必须持有经营保险业务的法定牌照；保险中介机构、保险从业人员需要持有监管部门授予的相应资质（格）；保险产品应当依法备案。在购买商业保险时，消费者首先要做的就是认真核验有关主体和保险产品的资质。消费者可以登录中国银保监会的官方在线服务网站（http://www.cbirc.gov.cn/cn/view/pages/zaixianfuwu/zaixianfuwu.html）一站式查询保险公司、保险中介机构、具体经办的从业人员和保险产品的相应资质。

（二）认真阅读保险保障范围

保险的保障范围决定了被保险人的哪些具体风险可以获得保险公司的理赔保障，是投保人在投保时应当注意的核心问题。投保人应当认真阅读保险合同载明的保障范围，判断是否满足自身的投保需要，避免仅仅通过保险产品的名称或者销售人员的口头介绍了解保险保障范围。

（三）仔细阅读格式条款，判断是否限制自身权利

保险合同条款一般都是由保险公司预先拟定，交投保人阅读；投保人无异议的，双方签订保险合同，成立保险合同关系。这种条款称为格式条款。保险公司应当向投保人解释说明格式条款的内容，向投保人提示条款中免除保险人责任的条款内容。针对格式条款，《保险法》还对投保人、被保险人、收益人做了特别保护；根据该法，免除保险人法定义务，加重投保人、被保险人责任，以及排除投保人、被保险人或者受益人法定权利的格式条款无效。

TIPS：

《保险法》关于格式条款的认定

根据《保险法》的要求，对保险合同中免除保险人责任的条款，保险人在订立合同时应当在投保单、保险单或者其他保险凭证上做出足以引起投保人注意的提示，并对该条款的内容以书面或者口头形式向投保人做出明确说明；未做提示或者明确说明的，该条款不产生效力。

保险人提供的格式条款中有关免除保险人依法应承担的义务或者加

重投保人、被保险人责任，以及排除投保人、被保险人或者受益人依法享有的权利的条款无效。保险人与投保人、被保险人或者受益人对合同条款有争议的，应当按照通常理解予以解释。对合同条款有两种以上解释的，人民法院或者仲裁机构应当作出有利于被保险人和受益人的解释。

（四）将投保信息如实告知保险公司

保险界有着"最高诚信"原则的说法，要求投保人在投保的时候，要将有关投保信息如实告知保险公司，真实、准确、全面地说明保险标的有关情况。如果投保人虚构或者隐瞒信息，未履行如实告知义务，足以影响保险公司决定是否同意承保或者提高保险费率的，保险公司有权解除合同。投保人故意不履行如实告知义务的，保险公司对于合同解除前发生的保险事故，不承担赔偿或者给付保险金的责任，并不退还保险费。投保人因重大过失未履行如实告知义务，对保险事故的发生有严重影响的，保险公司对于合同解除前发生的保险事故，不承担赔偿或者给付保险金的责任，但应当退还保险费。不过，保险公司如果在投保时已经知道投保人未如实告知的情况的，无权解除合同；发生保险事故的，应当承担赔偿或者给付保险金的责任。

（五）完整阅读保险合同，索取保险凭证

保险合同是记载保险人、投保人、被保险人、受益人权利义务的正式文件。一般而言，投保人需要完整阅读一遍保险合同，明确自己、被保险人、受益人享有的权利义务以及保险人的权利义务。保险合同记载的事项包括：保险人的名称和住所；投保人、被保险人的姓名或者名称、住所，以及人身保险的受益人的姓名或者名称、住所；保险标的；保险责任和责任免除；保险期间和保险责任开始时间；保险金额；保险费以及支付办法；保险金赔偿或者给付办法；违约责任和争议处理；订立合同的年、月、日。投保人和保险人也可以自行约定与保险有关的其他事项。

投保人和保险公司（保险人）签订保险合同后，保险公司应当及时向投保人签发载明保险合同约定内容的保险单或其他保险凭证。根据《保险法》规定，投保人享有保险合同的任意解除权，可以随时解除保险合同；但是保险公司不享有保险合同的任意解除权，只能在几种法定情形下有权解除保险合同。银保监会

专门开设了"银保监微课堂"微信公众号，专门为社会公众提供权益保护知识解读，有兴趣的读者可以在微信中关注。

三、商业保险严禁行为

商业保险严格禁止保险诈骗行为。投保人、被保险人或者受益人采取虚构保险标的、虚构保险事故、故意制造保险事故、编造虚假保险事故原因、夸大保险事故损失程度等方式骗取保险金的，保险人有权不承担理赔或者给付保险金的责任。投保人、被保险人或者受益人不仅要依照《保险法》规定和保险合同约定承担民事责任，更有可能依照《刑法》承担刑事责任。投保人、被保险人或者受益人不向保险人及时通知保险事故的，或者被保险人因故意犯罪或者抗拒依法采取的刑事强制措施导致自己伤残或者死亡的，保险人同样有权不承担理赔或者给付保险金的责任。

（一）虚构保险标的或者保险事故

投保人虚构保险标的的，投保人对保险标的不具有保险利益，保险合同无效，保险人不需要承担理赔或者给付保险金的责任。被保险人或者受益人虚构保险事故，要求保险人赔偿或者给付保险金的，保险人有权解除合同，并不退还保险费。虚构保险标的或者保险事故是严重的欺诈行为，投保人、被保险人或者受益人不能获得相应保险赔偿或者保险金；给保险人造成损失的，应当承担相应民事责任。投保人虚构保险标的，或者被保险人、受益人虚构保险事故骗取保险金，数额较大的，其行为还触犯了《刑法》第一百九十八条，构成保险诈骗罪，应当承担相应刑事责任。

（二）故意制造保险事故

投保人、被保险人故意制造保险事故的，保险人有权解除保险合同，不承担赔偿或者给付保险金的责任，并且除法律另有规定外，保险人有权不退还保险费。故意制造保险事故行为给保险人造成损失的，投保人、被保险人应当承担相应的民事责任。在人身保险合同中，投保人故意造成被保险人死亡、伤残或者疾病的，如果投保人已交足两年以上保险费，保险人应当按照合同约定向其他权利人退还保险单的现金价值。

人身保险合同约定保险人给付保险金的条件为被保险人死亡的，自人身保险合同成立或者合同效力恢复之日起两年内，被保险人自杀的，保险人有权不给付保险金，但被保险人自杀时为无民事行为能力人（不满八周岁的人或者不能辨认自己行为的人）的除外。此时保险人应当按照保险合同退还保险单的现金价值。

投保人、被保险人故意造成财产损失的保险事故，或者投保人、受益人故意造成被保险人死亡、伤残或者疾病，骗取保险金，数额较大的，其行为也构成保险诈骗罪。

（三）编造虚假的保险事故原因或者夸大保险事故损失程度

即使保险事故是真实的，但是如果投保人、被保险人或者受益人编造虚假的保险事故原因的，保险人对编造虚报的部分不承担赔偿或者给付保险金的责任。

即使保险事故是真实的，而且保险事故发生的原因也在保险人理赔保障的范围之内，但是投保人、被保险人或者受益人夸大保险事故损失程度的，保险人对编造虚报的部分同样不承担赔偿或者给付保险金的责任。

投保人、被保险人或者受益人对保险事故编造虚假原因或者夸大损失程度，骗取保险金，数额较大的，其行为也构成保险诈骗罪。

（四）不向保险人及时通知保险事故

按照一般的保险理赔流程，保险事故发生后，投保人、被保险人或者受益人应当及时通知保险人，固定保险事故有关证据，防止保险事故损失扩大。如果投保人、被保险人或者受益人基于故意或者因重大过失，不履行及时通知保险人义务的，将可能导致保险事故的性质、原因、损失程度等难以确定，无法判断保险事故与诱发原因、损失结果之间的因果关系。此时投保人、被保险人或者受益人就存在一个不正当的牟利空间，有可能出于编造保险事故原因、夸大损失程度等目的，故意不及时通知保险人，届时保险人也难以说清楚。为了规避这种道德风险，《保险法》规定，投保人、被保险人或者受益人故意或者因重大过失未及时通知保险人发生的保险事故，导致保险事故的性质、原因、损失程度等难以确定的，保险人对无法确定的部分，不承担赔偿或者给付保险金的责任。但是，保险人通过其他途径已经及时知道或者应当及时知道保险事故发生的除外。

（五）被保险人因故意犯罪或者抗拒依法采取的刑事强制措施导致自己伤残或者死亡

根据《保险法》第四十五条，被保险人因自身故意犯罪或者抗拒依法采取的刑事强制措施，导致自己伤残或者死亡的，保险人不承担给付保险金的责任。法律界有一个古老的法律原则：人不能从违法的行为中获益。被保险人实施故意犯罪或者抗拒依法采取的刑事强制措施的行为是严重的违法犯罪行为；因该种行为导致自己伤残或者死亡的，豁免保险人的保险责任。在该种情形下，如果投保人已交足两年以上保险费的，保险人应按照保险合同退还保险单的现金价值。

【以案说法】

一、案情简介

2018年，天津男子张某某陆续为妻子张某在10余家保险公司购买了多份大额保险，总保额合计约3000万元，受益人均为张某某本人。当年10月27日，张某某、张某以及女儿从天津出发，前往泰国普吉岛度假。10月29日，张某被发现死于普吉岛一酒店游泳池内。但警方经过侦查发现，张某并非意外溺亡，而是被丈夫张某某杀害。2018年12月11日，天津警方对张某某涉嫌保险诈骗立案侦查。后泰国普吉府检察院以张某某涉嫌蓄意谋杀、残忍伤害他人致死罪提起公诉。2019年12月24日，泰国普吉府法院判处张某某无期徒刑。[①]

二、案件分析

张某某作为商业保险的投保人和受益人，故意杀害被保险人张某，其行为不仅违反了保险法律规定，侵犯了保险公司的合法权益，更严重违反了刑法，侵害了被保险人的生命权和保险金融秩序。我国《刑法》第一百九十八条明文规定，投保人、受益人故意造成被保险人死亡、伤残或者疾病，骗取保险金的，构成保险诈骗罪，最高可处十年以上有期徒刑，并处两万元以上二十万元以下罚金或者没收财产；有该行为，同时构成其他犯罪的，实行数罪并罚。据此，如果投保人或者受益人故意杀害被保险人骗取相应保险金的，同时构成故意杀人罪和保险诈骗罪，实行数罪并罚，最高可处死刑。

---

① 参见骆巍、李敏：《"杀妻骗保案"天津男子在泰国被判无期徒刑》，载央视网：http://m.news.cctv.com/2019/12/24/ARTIiKvIQJoSdSkx3fJE62NI191224.shtml，访问日期：２０２０年８月２日。

第四节 公私理财破刚兑，高额回报不可信
——警惕理财风险

【关键词】理财 刚性兑付

【引人入胜】

改革开放四十多年来，我国城乡居民的收入水平不断提高，除了满足基本的衣食住行之外，闲置资金也多了起来，越来越多的人选择投资金融理财产品进行财富的保值增值。但是，也有些不法分子假借理财产品之名，非法吸收公众存款，甚至是明目张胆地诈骗。那么作为普通的投资者，如何防范理财产品的骗局呢？

【条分缕析】

一、关注产品发行主体

识别金融诈骗陷阱，最重要的就是识别产品的发行主体是否是金融机构。在我国法律框架下，金融机构必须经过监管部门批准，必须持有中国银行保险监督管理委员会颁发的"金融许可证"或中国证券监督管理委员会颁发的"经营证券期货业务许可证"。在我国金融机构主要包括银保监会颁发牌照的银行、保险公司、信托公司，以及证监会颁发牌照的证券公司、基金公司、期货公司。如果是私募基金产品的发行主体，应当是在中国证券投资基金业协会备案的私募证券投资基金管理人。

在认购产品时，投资者应当重点关注合同乙方的签署主体，乙方也就是产品的受托人。如果发现乙方不是具有上述资质的金融机构，对这类产品就要提高警惕，小心陷阱。

二、关注产品销售渠道

一般来说，正规金融产品需要在金融机构的营业场所进行销售。比较典型的是我们在银行、证券营业部的营业场所，经常看到客户经理在推荐理财产品。需要注意的是，按照法律规定，金融机构发行的产品，可以自行销售，也可以委托其他金融机构代为销售。比如，银行销售的一些高收益产品，有时并不是银行自主发行的产品，而是为信托公司代为销售的信托产品。投资者在看合同或者产品说明书时，既需要识别销售机构的金融资质，也需要识别产品受托人的金融资质。

2018年《中国人民银行、中国银行保险监督管理委员会、中国证券监督管理委员会、国家外汇管理局关于规范金融机构资产管理业务的指导意见》（以下简称"资管新规"）出台后，更加严格地规定了合格投资者的限制条件，只有符合规定的高净值人士，才具有认购银行理财、信托产品等的资格。如果销售人员未对投资者的身份进行认证，就热情推销高收益产品，那么很有可能存在陷阱。

如果是亲戚朋友介绍的理财产品，一定要谨慎投资，建议不要通过熟人代为认购，一定要自己亲自到营业场所，查看营业执照的经营范围、"金融许可证"或"经营证券期货业务许可证"，还需要核实销售人员是否是该机构的职工。一般银行或证券公司会在醒目位置张贴工作人员的工作照，方便投资者辨认。正规金融机构是拒绝接受现金和POS机刷卡的，一定要以银行转账方式支付或者由银行自行扣款。因为现金流转没有留痕，难以保存证据；而POS机划款时投资者看不到收款方的信息，诈骗分子有可能利用这一点实施诈骗。

另外，随着智能手机的普及，手机银行以及各类理财产品的App层出不穷。在认购理财产品时，建议在该产品发行主体的官方网站或App进行认购，尽量不要在第三方平台认购。特别是认购100万元以上金额的理财产品，建议不要通过手机银行，不要轻信熟人推荐，尽量前往销售方或者发行方的营业场所签约，注意核对合同内容与产品说明书是否一致。

TIPS：

哪些人是合格的投资者？

"资管新规"第五条规定，合格投资者，是指具备相应风险识别能力和风险承担能力，投资于单只资产管理产品不低于一定金额且符合下列条件的自然人和法人或者其他组织：

（一）具有2年以上投资经历，且满足以下条件之一：家庭金融净资产不低于300万元，家庭金融资产不低于500万元，或者近3年本人年均收入不低于40万元。

（二）最近1年末净资产不低于1000万元的法人单位。

（三）金融管理部门视为合格投资者的其他情形。

三、树立风险自担意识

理财产品多种多样，简单来说，可以分为固定收益类产品、权益类产品、商品及金融衍生品类产品和混合类产品。对于大部分投资者来说，投资中涉及最多的是固定收益类产品、权益类产品。固定收益类产品是存在固定利率的金融产品，一般是按季或按年付息，到期还本。这类产品的年化收益一般在3%～7%之间。在金融行业，风险和收益是相匹配的，如果一个固定收益产品的年化收益超过9%，那就要提高警惕了，可能存在较高本金损失的风险。

权益类产品不存在固定利率，一般是投资于股票市场和股权市场，这类产品估值波动大，可能出现变现困难的情况，而且风险较高，当然也可能获取较高收益。适合风险承受能力较高的投资者。

市场上没有绝对安全的金融产品，只是风险高低的差异。监管部门规定："金融机构开展资产管理业务时不得承诺保本保收益。出现兑付困难时，金融机构不得以任何形式垫资兑付。"所以投资者要树立"风险自担、买者自负"的理念，金融产品不存在刚性兑付。作为投资者，不能盲目听信销售人员的宣传，一定要仔细阅读合同中的风险提示，充分了解产品的底层资产。注意关注产品的资金用途，是用于债权还是股权，有无固定的交易对手。

重点了解以下产品要素：产品资金的投向、是否存在融资人、产品是否存在分级、交易结构、项目期限、收益和本金分配方式、产品风险、信息披露方式等。如果产品存在融资人，建议投资者自己通过企业信用信息公示系统、中国执行信息公开网、中国裁判文书网等多种渠道查询融资人的信息，充分了解融资人的信用情况，了解产品可能存在的风险，经过深思熟虑后再决定是否购买。如果本人确实不具备识别风险的能力，建议请教律师、金融机构从业人员等专业人士，在支付认购价款前，搞明白产品的资金投向和潜在风险，做好充分的调研和论证。

四、维权救济途径

（一）对非法金融产品的救济

首先，应当识别自己购买的产品是否是金融机构发行的产品，如果是非金融机构发行的产品，自行交涉无果的话，建议采取以下途径。

1. 法院起诉

在诉讼前，需要准备好证据材料，如双方签署的合同、打款凭证、对方经办人员的名片或身份证等材料。根据《中华人民共和国民事诉讼法》，涉及合同纠纷，由被告住所地或者合同履行地人民法院管辖。投资者需要到上述法院提起民事诉讼，要求对方履行合同约定，按合同约定还本付息。不过在实践中，如果遇到诈骗，通过司法诉讼途径拿回本金的概率较低。对方常常会以各种方式推诿，不予应诉，而且早已转移其名下的财产，即使胜诉，也无财产可供执行。

2. 公安报案

在诉讼不能取得理想效果的情况下，一般该类案件可能涉及非法吸收公众存款罪、诈骗罪，建议向对方所在地或者犯罪发生地的公安局报案，并提供相关的事实和线索，等待公安机关的调查结果。如果公安机关怠于立案，投资者可以向检察院举报，由检察院监督案件进展。

（二）对合法金融产品的救济

1. 监管投诉

如果所投资的产品是正规的金融机构产品，出现违约情形，可以到受托人住所地的监管部门投诉，一般为当地的证监局或银保监局。监管部门会通过对金融机构现场检查、查阅交易文件、受托人管理资料等方式，核查受托人是否存在违法违规情形，是否尽职履责。如果受托人存在违法违规情形，或者存在管理瑕疵，受托人应当承担相应责任。

2. 法院起诉

在监管投诉无效的情况下，投资者可以搜集相关证据，到受托人住所地或者合同中约定的诉讼地点提起诉讼，提供对方存在违法违规或者管理失职的证据，要求受托人履行相应的责任。

不过，投资者需要注意的是，在"资管新规"出台后，监管部门着重强调"卖者尽责、买者自负"的投资理念，强调金融机构打破刚性兑付。即使金融产品出现违约，在受托人尽职尽责的情况下，金融机构也无须垫资进行刚性兑付。所以投资者一定要对自己投资的产品有清晰的认识，充分认可合同中约定的可能出现的风险，否则一旦产品出现问题，很有可能无法取回投资本金。

TIPS：

什么是刚性兑付？刚性兑付有什么法律后果？

"资管新规"第十九条规定：

经金融管理部门认定，存在以下行为的视为刚性兑付：

（一）资产管理产品的发行人或者管理人违反真实公允确定净值原则，对产品进行保本保收益。

（二）采取滚动发行等方式，使得资产管理产品的本金、收益、风险在不同投资者之间发生转移，实现产品保本保收益。

（三）资产管理产品不能如期兑付或者兑付困难时，发行或者管理该产品的金融机构自行筹集资金偿付或者委托其他机构代为偿付。

（四）金融管理部门认定的其他情形。

经认定存在刚性兑付行为的，区分以下两类机构进行惩处：

（一）存款类金融机构发生刚性兑付的，认定为利用具有存款本质特征的资产管理产品进行监管套利，由国务院银行保险监督管理机构和中国人民银行按照存款业务予以规范，足额补缴存款准备金和存款保险保费，并予以行政处罚。

（二）非存款类持牌金融机构发生刚性兑付的，认定为违规经营，由金融监督管理部门和中国人民银行依法纠正并予以处罚。

任何单位和个人发现金融机构存在刚性兑付行为的，可以向金融管理部门举报，查证属实且举报内容未被相关部门掌握的，给予适当奖励。

【以案说法】

一、案情简介

郭大爷70岁，退休在家。他家附近一家投资公司，门前经常有业务员在推荐所谓的理财产品，并宣称高收益无风险，并经常组织免费的活动，赠送小礼物，郭大爷经常参加这些活动。业务员和郭大爷熟悉后，开始推荐高收益产品，经过业务人员不断营销，郭大爷决定认购。郭大爷通过POS机刷卡缴纳了15万元，并和该投资公司签订了《委托投资协议书》，合同中约定产品投向于某郊区的某个特色小镇建设，投资期限为6个月，年化收益率为36%。投资公司在给郭大爷支付了1个月的利息后，第2个月未按时支付利息，业务人员不再接听电话。郭大爷怀疑自己被骗了，告知儿子实情。儿子听完，表示高达36%的年化收益率明显就是个诱饵，郭大爷被骗了。郭大爷去这家公司要求返还本金，对方借口领导不在，不断推诿。郭大爷提出要看看公司的营业执照，郭大爷仔细看了公司的营业执照后发现，在营业执照经营范围里明确写着："未经有关部门批准，不得以公开方式募集资金；不得向投资者承诺投资本金不受损失或者承诺最低收益。"郭大爷这回明白自己被骗了。

经过多次索要无果后，在儿子的帮助下，郭大爷去派出所报案，公安调查后发现，该公司的法定代表人已携款潜逃，认定该案件涉嫌刑事犯罪，郭大爷的养老钱很有可能血本无归。

二、案件分析

本案中，郭大爷轻信业务人员的虚假宣传，认购了所谓的理财产品。如果郭大爷在付款前充分调研，就能够发现，该投资公司根本就不是金融机构，根本不具备发行金融产品的资质。36%的收益率明显高于市场平均水平，正规金融机构的产品一般不会高于10%。而这些诈骗团队正是抓住了老年人金融知识匮乏、爱贪便宜的心理，用高收益作为诱饵，并给予一些小的礼物，从而骗取他们的钱财。因此，在投资金融产品时，建议投资者记住以下步骤，擦亮眼睛，避开理财陷阱。

> 有小便宜切莫贪，富由勤俭古来训。
>
> 过高收益需谨慎，核实资质切莫忘。
>
> 细看合同多留心，专业人士多商量。
>
> 转账留痕看户名，留存证据多保障。